U0928198

●许应裘应邀参加了在北京人民大会堂举行的庆祝新中国成立 52 周年招待会

林韩璋 著

中国·广州

献　词

一个出身寒微，自强不息终成大器的人；

一个少年参军，立志报国为民服务的人；

一个大学毕业，将一生大好年华献给祖国文教事业的人；

一个顺应时代发展潮流，搏击在澎湃的改革浪尖上的人；

一个白手起家，艰难创业，事业取得极大成就的人；

一个弘扬中国传统文化，坚持诚实守信，崇尚自然和谐之道的人；

一个极尽孝道，奏响“中泰一家亲”动人赞歌的人；

一个不忘感恩社会、回报社会，致力于公益慈善事业的人；

一个年届耄耋而又精力充沛、思维活跃，闪耀着青春的火焰、年轻的激情的人；

这个看似平凡实则不平凡的人，就是一代著名儒商——许应裘先生。

谨以此书

献给尊敬的许应裘先生及其海内外的亲友们

献给“厚德载物”的儒商们和伟大时代的所有中国人

序

我拿到这本由林韩璋先生所著的《许应裘传》后，迫不及待地一口气读完，深深为这本书中的奇人奇事所打动，心情久难平静，沉吟良久，无限赞叹！

我和许老结缘20来年了，他比我年长20岁，是我非常敬重和爱戴的长辈，也是我亦师亦友的一位忘年之交。基于这种关系，许老托人将此书带给我，让我作序，我自然盛情难却，也乐意谈点个人的感受。

将许应裘先生称为当代的一颗“儒商之星”，这不是对他的过分推崇，而是实实在在的评价。2013年11月底退休之后，我终于有机会随许老到他的家乡丰顺县留隍镇参观学习，并受到当地县、镇有关领导及其家乡亲友的热情接待。短短几天，我先后参观了由许应裘先生历年累计捐资8 500余万元修建的“站口小学”、“球山中学坚真科学馆”、“坚真纪念亭”、站口至留隍镇的公路以及惠及几十万人的“坚真韩江大桥”，亲眼得见他为家乡教育和公益慈善事业所做的重要贡献，亲耳得闻家乡领导和群众对他发自内心的称赞，使我对熟悉的许老充满了敬意，他不愧是党培养起来的一位新时代颇具传奇色彩的儒商，一位从不忘本、从不忘恩的乡贤，一位值得我们学习的好榜样。

作为一位平凡而又低调的儒商，许应裘先生身上有三个很显著的品德：

一是孝敬之德。读《许应裘传》，最让我感动的是他母亲那催人泪下的苦难经历。许应裘先生深知没有母亲就没有他的一切，因此，从旧社会死里逃生的他，立志要做好人、做成功的人、做有益于社会的人，用全部孝心回报母亲对他的养育之恩。他尚未出世，父亲就远走异国他乡，母亲23岁就守了活寡。他不辞千辛万苦到泰国寻亲，虽然父亲的故去未能让望眼欲穿的母亲旧梦重圆，却让母亲了却了一桩心愿。于是，他将对父母的孝敬之心转化为一种大爱亲情，竭尽全力帮助泰国母亲和异母弟妹，用感人至深的德行谱写了一曲“中泰一家亲”的历史华章。

二是诚信之德。许应裘先生年过半百才下海经商，既无资本，又无经验。但是，他吃过苦、受过难、当过兵、任过教，深知做人做事莫过于第一要诚实、第二要讲信用。凭着诚实守信的坚定信念和坚韧不拔的毅力，他在商海上闯过了一道道难关，获得了众多朋友的信赖和帮助，他把中华民族的孝道作为生命的动力，把诚信做人作为经商的黄金法则，创造了一个又一个奇迹，成就了事业，成就了人生。

三是感恩之德。许应裘先生认为，感恩是幸福的源泉，不懂得感恩的人永远得不到幸福。他感恩社会，把在外打拼赚来的钱大部分都用于捐助家乡的教育和公益事业。他感恩帮助他的人，念念不忘丰顺革命老前辈、老红军战士李坚真大姐对他的培养和教育。在李大姐去世后，为纪念这位华夏女杰的丰功伟绩，在丰顺县委、县政府的大力支持下，由他倡议和捐资为李坚真建亭立碑，将坚真纪念馆建成广东省革命传统教育基地和广东省廉政教育基地。他感恩亲友，感恩公司每一位员工，他所做的解人之忧、济人之困、帮人之需的事例举不胜举。

读《许应裘传》，让我再度思考这样一个问题：人活在世上到底是为了什么？许应裘先生的回答是：“我活着的目的不是享受，我的享受就是为国家、为人民做点有意义的事。”他的人生感言和经商感言是那么平实，给人以做人之道、成才之道、处事之道、经商之道的启迪和教益，是弥足珍贵的精神财富。

我衷心祝贺《许应裘传》顺利出版，这是许应裘先生的乡亲献给他的一份厚礼。借此机会，以“乡情”为题，作诗一首，祝他健康长寿！诗云：

许翁应裘八二寿，
事业辉煌德高厚。
不负韩江东流水，
乡情乡愿写春秋。

田 伟
（中国国际友好联络会顾问、
广东省海外联络办公室原副主任）
2016 年 1 月于北京

前　言

时代呼唤儒商。

旧时称读书人为儒，而有知识、有文化、有修养的商人泛指儒商。自古以来，“商”与“文”似乎是难以融合的，一个人既是文人，又是企业家也是不多见的。中国有句古话：“无商不奸。”人们印象中商人是唯利是图的人，连孔子也是非商主义者、非利主义者。其实，这是人们对中国文化、对孔子的一个大误解。孔子尽管轻利，但他只是反对谋取不义之财；孔子重义，但也提倡正当致富、劳动致富。

然而，人类在生存活动中，如果纯粹地追求物质，将丧失人性中最美好的部分。而儒商则不同，物质的富足只是为其提供一种生存保障，更加彻底的追求则是让灵魂获得享受。在这种状态下，只有文化才能够清洗灵魂的污垢，使人变得高尚。这就是人类生存的美好境界——儒商境界，也是人类在“肉体”和“灵魂”两方面最富足和最完美的生存状态。

我们已经看到，世界上那些“以商立国”的发达国家，认为诚实是无价之宝，所以他们恪守商业上的诚信，认为诚信比生意更重。而在一贯倡导仁爱、诚善、公平、礼义的儒家文化的中国，在近代，由于西方殖民帝国主义者的入侵、攻击，中国传统文化却沉沦了；再加上“文化大革命”中对传统文化采取了一种极端化、毁灭性的处理方式，中国传统文化已沦为优劣混杂的庞大体系。今天，中国走出战争、进行自我历史批判，经济上正在复兴、崛起，中国传统文化也正在复兴、崛起，特别是在大力构建社会主义和谐社会上，需要挖掘我国传统文化资源，弘扬优秀传统文化，形成符合传统美德和时代精神的道德规范与行为规范。而蕴涵着可资借鉴的优秀文化的资源——儒商文化和儒商精神也需要挖掘。

儒商文化和儒商精神归纳为：诚信为本，以义取利。它包含着世界商业精神的五大准则：第一，以人为本，顾客至上；第二，以德为本，服务至上；第三，以诚为本，质量至上；第四，君子之争，公平竞争；第五，和合为本，互利合作。也就是说，世界商业精神再次回归到诚善、仁义、勤俭与聪慧的中国文化精神，中国传统文化就出现了由沉沦走向复兴的历史转机和时代契机。在这大好形势下，"优秀文化的人文殿堂里，时代已设下雅室以待儒商"。事实上，一大批坚信"诚信为本、以义取利"既是长远制胜之道，又能有效促进人的身心和谐与社会和谐的儒商已经脱颖而出了。

许应裘就是这样一个儒商。这个评价一点儿也不过分。通过对许应裘80 年来人生阅历的回顾可以证明。

许应裘在艰苦环境中成长，直到新中国成立后，才告别艰苦岁月。他从小就立下勤勉苦读、出人头地、报国为民的决心。他响应祖国的号召，14 岁就心怀壮志，自愿参军入伍，成为一名光荣的中国人民解放军战士。后来部队推荐他进入大学读书，他毕业后从事文教事业。当历史的车轮进入 20 世纪 90 年代初期，改革开放的大潮涌动在广袤祖国城乡大地的时候，许应裘具有远见卓识，毅然投身于广州地产界，雄心勃勃地搏击在澎湃的改革浪尖上，在商海中开始他的拼搏、奋斗。

许应裘大学本科毕业，长期从事文教工作，又受到儒学陶冶，有着学者素质和文化灵性。他深知，君子爱财，取之有道，万万不能靠投机钻营、欺行霸市去贪得不义之财，"苟非吾之所有，虽一毫而莫取"。从商后，他坚持"诚实守信，开拓创新"的经营方针，并以"诚信无价宝，情义比天高""感恩是做人的根本"为准则，这使其事业得到快速发展。虽然金钱是他事业成功的标志，但那只是更有利于他对社会做贡献。"博施于民，而能济众"，是许应裘的毕生追求。

许应裘在事业取得巨大成功后，不忘感恩社会，致力于社会公益事业，从来都是一诺千金。从 1985 年至今 30 多年来，他已向社会捐赠逾8 520万元。他本着"报效祖国，为善光荣，乐善好施"之人生信条，为社会、为家乡的各项公益慈善事业做出了自己的贡献，受到家乡人民和社会各界人士的广泛赞誉。2013 年 12 月初，许应裘专程回到家乡丰顺县参观视察，他表示将一如既往地关心支持家乡建设。

从上可知，许应裘是一个受儒学熏陶，有着仁义礼智信的儒雅人格的儒商。

一颗从粤东韩江之滨升起来的“儒商之星”，锲而不舍地照耀着他的祖国，他的故乡……

儒商许应裘，80 年来波澜壮阔、跌宕起伏的人生，富有传奇色彩。他历经磨难、艰苦奋斗，奇迹般地成为广州地产界巨贾，他的创业足迹必将镌刻在中国新时代儒商的金榜上。

桃李不言，下自成蹊。榜样的力量是无穷的，许应裘的事迹起到了启迪后人，激励后人磨砺意志、振奋精神的作用。

林韩璋
2016 年 1 月

第三部分 寻亲佳话

第四部分 心灵之歌

第一部分

艰苦历练

宝剑锋从磨砺出，梅花香自苦寒来。

——《警世贤文·勤奋篇》

第一章

人文荟萃的家乡

福建省长汀县和宁化县交界处的崇山峻岭，汇众山之水，形成了汀江。汀江过长汀，奔上杭，出永定，闯过“三百滩头”，一路回环曲折，迤逦南来，进入广东境内。

梅江发源于陆河县与紫金县交界处的峰峦叠嶂，自西南向东北，流经五华，叫琴江，至兴宁水口，始称梅江。梅江跋涉粤东诸县，广纳众水，一派历尽沧桑的从容。

汀江、梅江与发源于福建省平和县葛竹山的梅潭河在三河坝汇集，韩江便脱颖而出，带着粼粼波光的浩荡的江水穿流于高山峡谷之中，向南流经潮州、汕头，注入南海，全长470公里，是广东省仅次于珠江的第二大河。

●韩　江

韩江古称员水，凶猛的鳄鱼曾盘踞江潭，危害人畜，故韩江也称恶溪。这里古属潮州，远隔京畿，僻处边陲，是一处蛮荒瘴疠之地，被历代朝廷选为流放官员的场所。仅唐一代，朝廷的许多大官，如常衮、韩愈、李德裕、杨嗣复、李宗闵等都曾被远贬到潮州。官员罪越大，贬得就越远，而潮州距当时作为政治、经济、文化中心的长安有近八千里之遥，是流放官员的“最佳之地”，韩愈曾言“潮州底处所，有罪乃窜流”。

“风雨瘴昏蛮日月，烟波魂断恶溪时”“恶溪瘴毒聚，雷电常汹汹”“有海无天地”“无路何能还”，这是古代文人对潮州这片“蛮境”的描写，甚至有人把这里的树木称为“瘴树”，花儿也称“蛮花”。直至唐代文坛领袖韩愈到来，才改变了潮州在人们心目中的地位。

原来，当年的宪宗皇帝佞佛，因派遣使臣去迎佛骨而掀起朝廷上下信佛狂潮。韩愈毅然上疏，慷慨陈词，痛斥佛之不可信。宪宗恼羞成怒，要杀韩愈，幸宰相裴度奏免，遂改被押送出京。不久，其家眷亦斥遂离京，韩愈年仅12岁的女儿也惨死在贬潮路上。

韩愈虽被贬潮州，但仕途的蹭蹬，家庭的不幸，并未使他就此颓废消沉，他壮志满怀，以“修身、齐家、治国、平天下”为己任。他关心民间疾苦，上任后不久就走访百姓，听得人们诉说韩江有鳄鱼为患，“食民畜产将尽，以是民贫”。他就前往视察，表示必为民除害。于是，他写了《祭鳄鱼文》，命衙役备猪羊果品，亲临江边祭拜，在茫茫的大江中和鳄鱼宣战。神奇的是，“祝之夕，有暴风雷起于湫中。数日，湫水尽涸，（鳄鱼）徙于旧湫西六十里”。从此，百姓不再受苦。这个传说虽然近乎虚诞，但韩愈以驱鳄的实际行动去感动人民，驱除了百姓的畏惧，增强了驱鳄的信心。此后，韩愈会了大颠，祭了湖神，释放了奴隶，起用潮州本地文人赵德建了州

●产溪河

学，教诲士民，传播正统的中原儒家文化。虽然到潮只有短短的9个月，但是他对潮州文化的影响非常大，乃至后来潮州的山水，如韩山、韩江等，都以他的姓来命名。

●产溪河经站口汇入韩江

韩江中下游西岸，有一条小河流，叫产溪河，发源于兴宁县的铁牛牯，经丰顺县的建桥镇、丰良镇汇城西水及璜溪水，再经龙岗至黄金镇望楼村汇白溪水，至黄金镇高田村再与龙溪水汇合，经站口汇入韩江。

产溪河与韩江交汇处波光耀眼，江浪拍打在岸堤上，溅起一朵朵水花。停泊在岸边的几只小船，一声渔唱，惊起水中白鹭。

站口，是产溪河、韩江的人民走向海洋的必经要冲。合流后的韩江更加宽阔，清澈的河面上来往穿梭着各种船只。岸上，成片的竹林入眼青翠，茂密的果园果实累累。站口如同一幅清新淡雅的山水画，向世人展现着它妩媚与绚丽的风姿。

小小村落，暮霭炊烟，小桥流水人家，极富水乡风情。这里又是人文荟萃的地方，古迹旧址不少，文化底蕴深厚。

●站口村一角

离站口不远的溪北梅印山，有个古窑址，窑呈馒头形，依山傍势而筑。1985 年 4 月，丰顺县文物考查队发现该处周围有瓷片堆积层，器物有杯、碟等，经考证确定为宋末遗址。

站口曾设产溪驿，又称留隍驿。驿站，是古时用来供官员往来暂住、邮递文书或转换马匹的地方。产溪驿濒临韩江，江面开阔，天风飒爽，入秋景色如画，成为当地一胜景，历代文人多有题咏。明代万历十年（1582年），时任潮州知府的江西泰和人、进士郭子章，人称“青螺先生”，曾游于此，尽情领略站口那独具特色的水乡风情，写下了脍炙人口、千古传诵的著名诗篇《留隍夜宿》，诗曰：

产水驿前回，留隍路已开。
海云随浪卷，竹月破窗来。
猿鹤时相狎，鳄鲸不用猜。
秋声飘岭树，归梦绕乡台。

诗的大意是：在产溪驿前转了个弯，便开始进入到留隍的路了。遥望天外，海面上的云气随浪翻卷；从窗的缝隙处映进了透过竹林的月光。这里的猿鹤不时在一起戏玩，从前恶溪中的鳄鲸，现今已销声匿迹，（百姓）再也不用心存疑忌。风吹岭头树，阵阵作秋声，不禁撩拨起思乡之情。

船在水中行，人在画中游，是一幅多么赏心悦目的景观啊！难怪作者“归梦绕乡台”，思乡之情油然而生。

文章祠遗址

更值得站口人引以为豪的是，村口韩江旁的石崖顶，清代时建有一文章祠，县内士子外出读书或赴考时必到此祠跪拜，以示虔诚。那时候，产溪河水深溪阔，可通木航船，县城丰良一带群众坐船可直达站口，再由站口经韩江上至嘉应州（今梅州市）、下抵潮州府城（今潮州市），站口遂成为文人举子、骚人墨客荟萃之地。

站口，这么美丽可爱和人文荟萃的地方，我们没有理由不为她歌唱!

站口地处粤东山区的丰顺县。丰顺县在春秋战国时为百越地，秦属南海郡揭阳县，汉代属交州南海郡揭阳县，东晋至隋属义安郡海阳县，唐代属潮阳郡海阳县，宋、元、明时属潮州府海阳县。清乾隆二年（1737年），两广总督鄂弥达巡视潮州府，认为海阳县（今潮州市潮安区）丰政都（今丰顺县丰良、霤隍一带）群山围绕，地僻峦险，远离县城，鞭长莫及，其地“仲坑一山，数十里密菁林深，向为盗薮，又为数县交界之地，奸民负险梗化”，遂奏请朝廷设县，以加强统治控制。次年，经高宗皇帝钦准，割海阳县丰政都、揭阳县蓝田都、大埔县清远都和嘉应直隶州万安都的部分田粮户口，建置新县，县治设在汤田（今丰良镇），是为丰顺县。

丰顺建县后，站口属大霤隍社站口乡。霤隍，是丰顺这个年轻县中最古老的圩镇。它的原名叫万江，大概因濒临韩江，又处在众支流（汀江、梅江、梅潭河及境内产溪河、凤凰溪、九河溪、蔗溪等）之汇合中心地带而得名。万江历史悠久，早在新石器时代就有人类在这块沃土上辛勤劳作，繁衍生息，发展民族的经济，创造人类的文明。后来，相传宋末皇帝赵昺被元兵追赶，往南撤退途中，曾在万江境内的宫汶头古庙借宿一夜，乡民便把万江改名为“留皇”，为避元朝嫌疑，聪明的“留皇”人又给两字各加上了左耳旁。以后不分官方民间，一概以“霤隍”为正式地名了。事实上，南宋小朝廷播迁潮州之时，赵昺年方 5 岁，被封为卫王，既不是皇帝，也不是太子。赵昺的异母兄弟宋端宗赵昰病死硇州（今广东雷州湾）后，扈从官员拥立赵昺继位，他彼时才 6 岁，行朝从硇州迁往崖山（今广东新会南，宋代末崖山是新会海边一个较大的孤岛），一直到次年 2 月投海殉国，一共做了 10 个月的小皇帝，既没有离开崖山，更不用说到霤隍来了。这个传说把宋帝昰误为宋帝昺，因宋帝昰曾来过潮州，山野偏僻之民在偶然的情况下见到了皇帝，哪怕是冲龄幼主、落难君王，也足以使当地人民引以为荣，乐于附会，广为流传。

●位于韩江中游西岸的留隍古镇

●古镇滨江一角

留隍地处莲花山中段与凤凰山、释迦岽之间，东北部和西南部群山环抱，千峰挺秀，是镇域主要山地；中部溪谷平地，岗陵起伏，耕作条件较好，是主要耕作区；韩江自西北向东南斜贯全镇，两岸为冲积小平原，土地肥沃，物产丰富。产溪河、凤凰溪、九河溪、蔗溪等纵横交错的河流流经境内均汇入滔滔韩江，直奔南海。红岽山、大岭岽、尖峰山三山如屏，韩江一水似带，构成了一幅“三山一水护古镇”的壮丽图画。而古万江八景的万江古庙、庵堂佛灯、碎锵响石、埔径荡藤、横渡秋风、妈宫香火、横居宝塔、军塘渔筏，犹如颗颗璀璨夺目的明珠，散落在这风光秀丽的画卷之中。

据史籍记载，七八百年以前，留隍就有万江古庙。不论是顺水而下还是逆水而上的夜航船舶，远眺西岸江畔古庙不绝的香火，便知道已来到万江，可以泊岸夜宿了，这里已是一个颇为热闹的小渔村。而留隍开始发展的阶段，是古揭阳县城设于该地之后。

北宋宣和三年（1121 年），揭阳县城设于留隍，直到南宋绍兴二年（1132 年）被撤销，并入海阳县。当时的县衙门就在古庙所在的宫汶头一带，又在附近的江边设渡口，名为揭阳县渡船所。自此，官员来往，商贾贸易活动频繁，村民出圩入市，留隍从一个小渔村逐步发展为繁荣的小商埠。

留隍居梅州、潮州、揭阳三市之间，处于潮汕和客家两大民系杂居的地方，潮汕文化和客家文化不断碰出火花，已经深深地融入留隍人的日常生活之中，由此形成了一种既非纯潮汕文化，又非纯客家文化的具有潮客文化相融特色的“半山客”文化。留隍人既具有客家人的刻苦耐劳、勤勉好学、奋发进取、勇于开拓的特征，又具有潮汕人强烈的冒险精神、经商意识及创业精神，这个群体生存、繁衍和发展，并且不断培育造就一批又一批出类拔萃的贤士俊杰、风流人物，如清代进士、翰林院庶吉士郑家兰，民国时期广东省第四军军务长陈励吾，将军陈勉吾、郑宗可，现代爱国民主人士郑显芝等。

许应裘就是在这种特殊的自然环境和人文环境中成长起来的。

许应裘年少时，有一次跟村里的人坐圩船（赴圩的客船）到黄金镇赴圩。水路途中，与一艘载沙船相遇。因天旱水少，河道狭小，两船又互不让道，争吵中两船都搁浅在枯水上，谁也走不了。

争执吵架解决不了问题。沙船主突然问道："请问你贵姓？"

圩船主正着急船不能开走，见对方飘来一句八竿子打不着的话，生气地回答道："我姓许，关你屁事！"

饶有风趣的是，沙船主非但不生气，还提出一个特殊的解决办法。他说："我出个主意，我先说我陈姓先祖的一个名人，你再说你许姓先祖的一个名人，且你说的那个名人比我说的这个名人的官职要大，说对了，我帮你推船，就让你先过；说不对，我先过。"

"这……"这竟把斗大的字识不了一箩筐的圩船主给难住了。

突然，一个人从船舱里跳了出来，说："我来回答！"小应裘一看，原来是村里的老秀才许辍，此人颇有文才。

"好！"沙船主自恃有点历史知识，趾高气扬地说，"陈元光，平蛮主帅！"

许辍沉思一会，说："许天正，岭南行军总管兼平蛮副帅也。"

沙船主得意地哈哈大笑起来："你输了！许天正的官比陈元光的小。"

许辍不慌不忙地说："不！当年聚居于潮州、泉州之间的畲、瑶啸乱为害，史称'蛮僚啸乱'，公元669年，唐高宗皇帝李治诏敕许陶为副帅，以岭南行军总管身份携子许天正、佐主帅陈政及陈元光父子南下入闽平乱。大军及闽粤府兵近万，经年苦战，陈政及许陶先后战殁军中。陈元光及其子先后袭主帅职，许天正则袭职岭南行军总管兼副帅，相继辅佐陈氏三代，代主帅职三年，直至啸乱平息，振兴泉、潮、惠等数州，传播中原文化，变蛮僚刀耕火种之俗，建村三十六堡，兴庠序，表置漳州，开拓沿海商贾集散地，召集流散，奖励耕殖，兴教用典。东南大局平定之后，武则天准奏，开漳州府，以陈元光为漳州首任刺史，许天正为漳州首任别驾。因此，许天正与陈元光两人世称许陈两氏开漳始祖也。"

许辍一口气说出了完完整整的一段历史。沙船主听罢，心中不由惊叹许辍的学识。这时，陈元光和许天正谁的官大已不重要。沙船主自愿认输，他“扑通”跳进水里，帮助圩船主推船。不一会儿，圩船在众人的欢呼声中开走了！

产溪河上“秀才舌斗沙船主”的精彩一幕，在小应裘心中掀起了万丈波澜，他开始知道了知识的力量，并对学习知识有了兴趣。他很是佩服许辍的才华，之后经常找许辍听故事。许辍也很会讲故事，讲得眉飞色舞，每次小应裘都听得入迷了。

许辍讲得最多的是他们祖宗的故事。一次，小应裘说：“先祖的故事一个比一个精彩，但我们祖宗是怎么来的?”

“你真愿意听?”

“当然想听呀!”

“好呀！振兴华夏，光宗耀祖，乃我辈当务之急。我看你天庭饱满，脸宽唇方，将来一定会有出息，一定能飞黄腾达。我们许氏的历史是一个很长很长的故事，先祖把它写成一本厚厚的书，叫作《许氏族谱》，你想听，我就回家拿来读给你听!”

不一会儿，许辍拿来一本纸张已经发黄的书，翻开书页，一字一句地读起来：

> 许氏源自姜姓。炎帝神农生于姜水，以姜为姓。裔孙伯夷为尧帝典官、使掌四岳，为诸侯伯，号太岳。周武王灭纣，建立周朝。武王有妃姜氏，皇亲姜信（文叔）受封于许国（今河南许昌），裔孙以国为姓。战国初，许国首都容城为燕国所灭，子孙迁居冀州高阳（今河北境内）。其后传衍各地，族人以“高阳”为郡号，称高阳郡望。许氏代有贤才，战国许行，楚人，见滕文公，为神农之言，作并耕之说。东汉许慎，汝南人，字叔重，官至太尉，南阁祭酒，性淳笃，少博经籍，时人语曰“五经无双许叔重”，著《说文解字》十四篇，推究文分部类从，至为精密，后世言小学者皆宗之，曾官洨长，故亦称许洨长。唐代许浑，安陆人，登太和进士，大中中为监察御史，历虞部员外郎、睦郢二州刺史，所至有善政，工诗。元代许衡，河内人，幼有异质，七岁入学授章句，问其师曰：“读书何为?”师曰：“取科第耳。”衡曰：“如斯而已乎?”师大奇之。稍长，嗜学如饥渴，往来河

洛间，得伊洛程氏及新安朱子书，益大有得，慨然以道为己任，推行程朱之学，世祖时召为国子祭酒，议事中书省，拜中书左丞，集贤殿大学士；衡善教，所至无贵贱贤不肖皆乐从之，随其才昏明大小，皆有所得，听其言，虽武人俗士多感悟者，学者称鲁斋先生，谥文正。上所举者皆学术之著，忠勇之士，首推许远，高阳新城人，高阳许氏，夙著望族，远之先祖，历居显宦，远于唐玄宗时任睢阳令，安史乱起，至德三年正月，贼将尹子奇寇睢阳，远以睢阳兵荡告急于真源令张巡，巡入睢阳，与远合兵守之，贼众迫城，许张督士卒苦战凡十六日，贼夜遁去；二月，尹子奇复来寇，许张宰羊飨士卒，全军出战，斩贼将五十余人，杀士卒五千余众，更射子奇，中左目，几获之，贼乃收军退避；七月，贼众又围城，城中食将尽，而援兵不至，冬十月，食尽，议弃城东走，远巡谋议，以为睢阳乃江淮之保障，若弃之去，贼必乘胜长驱，是无江淮也，不如坚守以待之，始与士卒食茶纸，既尽，遂食马，马尽，罗雀掘鼠……人知必死，莫有叛者，但因营养不良，士卒皆病，贼登城，兵不能战，遂陷。远巡俱被执而死；初守睢阳时，卒仅万人，前后大小战凡四百余阵，杀贼十二万人，守且一载，虽尽力而城陷，然唐室得以全江淮之财，用以济中兴，其功大矣，其忠义并乎日月，后睢阳人立庙以祀之，号称双忠公。宋时，德化许氏，亦著族望，太平兴国间，八世同居，长幼七百八十一口，太宗旌其门闾；淳化初，本州奏言许家春秋常之食，诏岁贷米千斛，称义门焉。许将，闽县人，宋神宗熙宁举进士第一，累拜翰林学士，龙图阁直学士，历知成都府，元祐中进尚书左丞，累官门下侍郎平章事，出知河南府，致仕卒，谥文定。许翰，襄邑人，哲宗元祐进士，绍兴初，累官资殿大学士，通经术，正直不挠，历任三朝，致位政府，议论恺切。许克昌，嘉兴人，高宗绍兴举进士第一，累官右正言。许奕，简州人，宁宗庆元进士第一，历起居舍人，使金，还

许将塑像

奏和议之不可恃，宜备战，擢给事申，进显谟阁直学士，致仕卒。元代，许有壬，汤阴人，幼颖悟，一目读书五行，登延祐进士，至正中累官集贤殿大学士，改枢密副使，拜中书左丞，历事七朝，垂五十年，遇国家大事，无不尽言。明代，许进，灵宝人，成化进士，除御史，累迁兵部尚书，巡抚大同，著边功；子许赞，弘治进士，嘉靖中累官吏部尚书，兼文渊阁大学士，加少傅。许国，歙人，嘉靖进士，神宗时，累官礼部尚书，兼东阁大学士。清代，许乃普，钱塘人，嘉庆进士，官至吏部尚书，太子少保；弟乃钊，道光进士，官至江苏巡抚。许庚身，钱塘人，同治进士，官至兵部尚书。上述为许氏功名之盛者。至考粤中之许，有由江西越岭而来，有于唐末黄巢之乱，随王潮之军入闽者，家于泉州，宋时有自泉州迁粤之潮州者，君郡城韩山之麓，遂为海阳人。宋真宗朝，陈尧佐为潮州通判，有许申者，字维之，以布衣求见，与之语，言皆精警，通判奇之，适朝廷诏命各地，荐举贤良，申献赋，擢第一，授将侍郎，秘书省校书郎，后出为鄞县令，迁诏州尹；又迁吉柳，建三州，再迁广西提点刑狱，累升刑部侍郎，许申起于布衣，终居显贵，非有过人才干，曷克臻是耶。申有子许因，授太子中舍，孙三人，长开诲，官卫尉寺丞；次开义，官宾州尹；三开一，皇祐元年进士。曾孙许珏，尚英宗之女德安公主为驸马，累官广南西路兵马都监，出征交趾，俘其太子归以为质，交趾遂平。自宋迄今，潮州许氏，遍布各地，皆甚繁盛而著望族焉。

许有壬塑像

许国大学士石坊

当然，小应裘不可能理解这些深奥古文的含义，但经老秀才解释之后，也懂得了一些。随着年龄的增长，其理解进一步加深。

参天之树，必有其根；环山之水，必有其源。许氏家族这种世代相传的传统文化和爱国爱乡的精神，深深地教育了正在成长的小应裘，潜移默化地对他产生了极其深远的影响。从青少年时代开始，许应裘就从军报国，之后成为文教工作者；改革开放之后，他顺应历史潮流，搏击商海，艰苦创业，创办房地产公司。企业发展壮大后，他回报社会，积极做公益慈善事业，深受社会赞誉。这一方面是由于苦难的童年而使他过早形成了坚强的个性，以及奋斗不息、报国为民的精神；另一方面也是他接受许氏家族传统文化熏陶的结果。

第二章

坎坷童年

1935年6月30日（乙亥年五月三十日）清晨，站口村里的屋顶上飘着缕缕炊烟，村头一间简陋破旧的房屋里，突然传来“哇”的一声啼哭，一个新生儿呱呱坠地。

这一天是那么明媚清新，生机勃勃。朵朵白云，将湛蓝的天空点缀得格外漂亮，好像一幅漂亮的织锦。草叶上、花朵上晶莹明亮的露珠，像镶在翡翠上的珍珠，闪着五颜六色的光华。山间里的林涛，与清脆的鸟鸣声、蝉叫声交织在一起，组成了一曲优美动听的交响乐。不远处绿得如玉、亮得如镜的河面上，轻帆点点，百舸争流，一群海鸥披着一身彩霞，欢叫着飞向云天……

●许应裘出生的老屋

婴儿结实洪亮的哭声，震得山谷里发出了阵阵回音。没多久，一个消息便传遍了全村。

“叶世春嫂子又生了一个儿子！”

这个农家的主人叫许聪，他的妻子叫叶世春，他们都是淳朴、勤劳、善良的农民。

●“留皇”的地方留不了子民

这时，经历了一阵剧痛，刚分娩完的叶世春，听见接生婆说生了个儿子时，禁不住从心底里透出一种由衷的欢愉。这个小生命诞生之前，她已有一儿一女，如今又添了一个儿子，在当时农村多子多福的传统观念下，自然是一件值得高兴的事。

但是，她这种欢愉瞬间便消逝了。一股忧愁如同韩江上的波浪，在心胸里激荡着……

霏霏细雨，天色阴沉。站口村村口河边的一块礁石上，一对青年男女正在依依惜别。

“你什么时候回来呀？”

“我挣到一大笔钱，就回来。”

“我肚子里又怀了你的骨肉，你要快些回来呀！”

“我会的，我会的！”

女子紧紧地抓住男子的手，她怕这一别，就是一辈子，再也没有见面的机会。她浑身发抖，任由江风把竹笠掀开，把头发吹乱，任由泪水随意流淌。

女子从胸膛里吟唱出一曲带血的山歌，以诉衷情：

送郎送到石崖头，不尽悲伤不尽愁。
棒打鸳鸯分两地，不知何时水同游。
本欲留君留不住，带条浴布去过番。
钱银知寄人知返，勿忘儿女共妻房。

满是泪水满是血的过番谣，是那么苍凉，那么悲恸，似乎是情感的浇铸、生命的呼唤！

南洋，无疑是一个诱人的地方，赴南洋去掘“金山”，吸引了世世代代的中华血性男儿，“冒风涛蹈覆溺而不顾”，从中国沿海漂泊到世界的另一个角落。

掘金山背后，却是一部充满了苦难与辛酸的血泪史。

过洋当地俗称过番，过番者既要忍受离别父母、妻儿刻骨铭心的痛苦，又要对亲缘情结尽责。以前华人过番，主要是因为天灾人祸，谋生困难。一首歌谣云：“断柴火，等饿死，无奈何，卖咕哩。”“卖咕哩”即卖苦力的意思。许聪家境贫苦，少年辍学，先祖留下几亩田地，大部分在半山腰上，长期颗粒失收，不得温饱；另一部分水田濒临江边，属韩江洪泛区，水患频繁，经常有种无收。许聪夫妇虽辛勤劳作，但一年收入在交了苛捐杂税后，便所剩无多，在平常年景只能勉强度日，若遇天灾人祸则三餐难度。而且，在许聪的姓氏宗族里，存在着强房欺负弱房的不平之事，他们五房是弱的一方，经常受到欺侮，几乎到了不能立足之地。“在村子里困死，不如到外头闯个活路！”许聪只好铤而走险，远渡重洋，这才上演了刚才那一幕。

“火船驶到九州洋，回头不见我家乡。是好是劫全凭命，未知何日回寒窑。”“回寒窑”来源于薛平贵回寒窑与妻子王宝钏团聚的历史故事。据说，许多从汕头坐船去南洋的人，船一离开妈屿口，就号啕大哭，这应该是真实的。去南洋的人中，未娶妻者的思想比较单纯，只希望“赚有钱银多少寄，好回唐山娶老婆”，而有了妻室儿女的，愁烦就更多了，“少年妻子一枝花”，这般离开，可谓惨别了。歌谣《十二月思君歌》描写的就是这样的情况：

> 正月上元是新春，轻声细语叫我君：君你出外障紧迫，使妾难舍情难分。本欲留君未甘离，无奈紧迫情惨凄。劝君早去早回返，谨记言语在心机。
>
> 二月惊蛰是春分，夜昏（晚上）早起想着君。茶饭半点全委食，想着我君心头酸。听着隔房人成双，孤身帐内无人言。使妾有话无人吧，未知何时得同房。
>
> 三月算来是清明，想着我君个人情。好也唔吧劫唔吧，不知我君偌安宁？祷祝天地保佑伊，保佑我君早返圆。先来救我相思

病，慢来一日当一年。

四月立夏是热天，开开箱囊换暑衣。换起暑衣心忙迫（心里着急），只见君衫不见伊。看见君衫目汁流，我君出外未回头。快来救我相思病，相思病重无尾梢。

五月端午划龙船，溪中锣鼓闹纷纷。人人看船成双对，妾今看船割断肠。临行叮咛君有言，切勿想西又想东。郎君叮咛情切切，切切情话记心中。

六月大暑热毒天，夜昏月朗星点稀。步出庭前来看月，嫦娥光彩赛西施。无心看月月归去，夜日想君十二时。夜昏睡落宽宽算（慢慢算），我君出外有半年。

七月算来过半年，未得音讯（信）心犹疑。未得书信半页纸，不知何时归返圆。欲寄寒衣给君穿，就写书信有一封。有信寄去无信返，半惊半疑心头慌。

八月十五中秋夜，夜昏月朗天又晴。思君想君来看月，坐看明月到五更。听得寒蛩啼叫声，凄凄惨惨得人惊。不知我君在何处，欲托明月传心声。

九月霜降近重阳，风吹竹马响连连。昨夜梦见君回返，醒来无君更凄凉。日日思君病日深，一身瘦损头昏眩。自君别后相思病，相思病重日柔轻。

十月小雪小阳春，日日都是在思春。日日思君有讯息，一纸都是有情文。妻你不必挂心机，你夫不久归返圆。赚有钱银归回返，那时不想再拆离。

十一月是北风天，我今孤身无所依。先写书信三张纸，写多一张贺新年。日日想妻无隔时，鸳鸯拆散苦分离。夫妻不久成双对，成双成对勿分离。

十二月来年已终，夫妻不久来相逢。心头紧迫急回返，一夜睡落心烦烦。睡落眠床苦叫妻，俺今就要来团圆。想妻情急忍不得，未曾天光就起离。

收拾包裹就起行，一程过了又一程。来到家门日已晚，手扣（叩）门环叫一声。妻子听知来开门，夫妻相见喜十全。双双上床鱼得水，一夜说话到天光。

幸运的是，歌谣中的男子终于在年终回到家里跟妻子团聚。有的人数年能回来一次，还算好的。有的人“去时小生弟（青年），返时留白须（老年）”，也算有个落叶归根的结果。但是也有多少寄白骨于海外的啊！

“哇！哇！”婴儿的哭声把叶世春从沉思中惊醒了。这时，她的婆婆丘得来到屋子里，凑到婴儿身边，用满是老茧的大手轻轻地抚摸着孙儿。啊，天庭饱满，脸宽唇方，剑眉上扬，两只小眼睛炯炯有神，酷似许聪。丘得一想起半年前离开家乡去暹罗（今泰国）谋生的儿子，悲从中来，难过地说：“阿聪若能看到孩儿出生，该多高兴啊！”

叶世春更是悲喜交集，伤感不已，抽泣着说：“阿婆，给孩子取个名吧！”

在农村，孩子出世后的头件大事，便是取名。究竟取个什么样的名字呢？丘得看了看襁褓中的孙儿，想了一会说：“孙儿的大姐叫觉，大哥叫应明，她就叫应裘吧！”

“应裘？”

“我们家穷透了，大人小孩一年到头都穿不上一件像样的衣服，给他取名应裘，就是希望他长大了，能穿上一件有毛皮的衣服。”

叶世春一时呆住了！婆婆给孙儿取的名字竟是希望孩子将来能穿上一件有毛皮的衣服！她左思右想，又觉得婆婆说得有道理，穷人的一生求的是什么呢？不过是有饭吃有衣穿。叶世春温柔地把脸贴在婴儿的面颊上，深情地呼唤了一声：“应裘！”

小应裘微微睁开眼睛，咧着小嘴笑呢，似乎也喜欢这个名字。

一代儒商、慈善家许应裘就这样翻开了他生命篇章的第一页。

使祖辈始料不及的是，被期望能穿上一件有毛皮的衣服的许应裘，今天不仅成了一位大富翁，而且把满腔的爱洒向人间，“安得广厦千万间，大庇天下寒士俱欢颜”是他不断追求的人生理想。

许应裘的童年时代是在极其艰苦的环境中度过的。

许聪远渡重洋前，家境已相当困难，但好歹有个男人当家，许聪过洋后，家庭生活更加贫困，叶世春含辛茹苦维持一个家，上孝奉婆婆，下抚育三个儿女。

叶世春耕种的几亩山田，土地贫瘠，靠山泉和降雨灌溉，久旱即见旱景，久雨又遭山洪泛滥，不能旱涝保收。当地还有一个陋俗，就是女人不能犁田、耙田，否则田地不长庄稼，一句俗话“女人驶牛雷欲扣”成了妇女的紧箍咒。叶世春家虽有一只耕牛，却只能借给人家，等人家为自家犁耙田后，才给她家犁耙田。但每当农忙时，大家都忙得不可开交，哪有人能帮助她？她只得用锄头把稻田挖掘得如牛耕地，用一双大脚板在泥田里踩出一个又一个的烂泥窝。及至收工，往往已是筋疲力尽，双手伤痕累累、双脚满是血泡了。

虽然叶世春一年到头辛勤地劳动，但因地瘦又不能深耕细作，一枝稻穗长着稀稀落落的一二十粒谷粒，两三亩稻田仅收割两三担稻谷，就算是正常年景，收成的稻谷也仅是全家半年口粮，其他日子全靠番薯、木薯和野菜来维持生活。

丘得会“机白布”（织苴布）。机白布是以苎麻、麻皮为原料，而以苎麻为佳。丘得先将苎麻去掉粗表皮，用水浸湿，使麻质纤维由硬变软，由黄变白；接着用指甲把它破成细纤维，接成长纱做成苴团，再汆好轻纱，然后上旧式木织机制成成品。晚上，她就坐在木织机旁织布，经常操作到深夜。在科学不发达的年代里，要织一匹布可不容易，要经过许多烦琐的手工工序，使用的木机又是简陋的工具，不知要耗费丘得多少心血和时间啊！直至今天，许应裘仍能记起当年祖母织布的情景，他说，祖母一边织布，一边哼唱着歌谣。

这首织布歌谣，至今许应裘仍然会唱，他以洪亮的嗓音唱了起来：

正月绩苴是新年，苴子爱绩正会圆；等到初三穷鬼日，等到初四神落天。二月绩苴春水深，少婶绩苴真正经；久闻少婶绩苴快，一人绩过二三人。三月绩苴三月三，苴子爱汆布爱耕；苴子正爱上木机，又爱做粿过清明。四月绩苴禾苗长，少婶耕布真紧张；织出苎布圩上卖，换来白米度饥荒。五月绩苴是端阳，家家有女返外家（回娘家）；家家姑娘都回来，又爱拗艾插端阳。六月绩苴六月天，有布去卖正有钱；买块豆干等奴仔，母仔食到笑连连。七月绩苴秋风凉，少婶耕布真慌忙；苎布拿去换棉布，换来大细做衣裳。八月绩苴是中秋，个个神明落来游；三姑七姐下凡到，大男细女闹猜猜。九月绩苴九重阳，读书阿哥真调皮；糊了风禽又无线，三餐吃饭爱气娘。十月绩苴是立冬，青蛙田鸡闹田间；挑担阿哥无汁出，绩苴少婶寻火窗。十一月绩苴雪花开，做衫师傅请到来；日日少婶来询问，几多师傅做唔开。十二月绩苴又一年，苴子绩了布耕完；耕个布子收落柜，又爱做粿过新年。

许应裘一提起苦难的童年，就会感叹起来，他说祖母虽会织布，但他从五岁起一直到十一岁，从来没穿过一件新衣，寒冬腊月，母亲把父亲盖过的破棉被（小应裘把破棉被戏称为“猪膀渣”，意为肥猪肉热油后残存下来的肉渣），裁剪成一件旧棉衣，他穿了几年，破了就缝补一下。当时没有针线，他母亲就用粗针穿着苎麻线缝补，因线太粗，缝补后的线结成疙瘩了，一躺下就硌痛身体，睡觉时浑身不舒服。他问母亲什么时候有新衣穿，母亲总是笑着用手指点着他的额头，说：“苛芼仔（也叫‘刺仔’，为当地人对孩子表示喜爱、亲昵的称呼），新衣服还没做好呢！”小应裘不解地问：“一件新衣要几年才能做好呢？”小应裘这句话真是说到母亲的痛处了，她一怔，禁不住眼泪直流！

当时的小应裘当然不会理解他祖母织的布为什么要拿到市场上去卖，而不留给他做新衣。直到他上学后，塾师教了一首古诗《蚕妇》，他才懂得了一些道理。他回到家里，赶紧把这首诗念给母亲听：

昨日入城市，归来泪满巾。
遍身罗绮者，不是养蚕人。

他对母亲解释说：“一个住在乡下的养蚕妇女，昨天进城去卖蚕丝。回来的时候，她却泪流不断，伤心的泪水甚至把手巾都浸湿了。因为她在城里看到，身穿美丽的丝绸衣服的人，根本就不是像她这样辛苦劳动的养蚕人。”

叶世春的眼睛湿润了，说：“阿裘，妈以前之所以骗你新衣没有做好，其实是因为我们跟养蚕人是一样的，即使你祖母织一辈子布，也是不可能穿上新衣的。谁叫我们的命这样苦呀！”

小应裘说：“妈，你不要哭，我长大了要挣好多好多的钱，买新衣给你穿，买鱼肉给你吃！”叶世春看着小应裘一副认真的样子，心里觉得很安慰，转悲为喜，忍不住笑了起来……

许应裘五六岁时，一天，他到竹林里捡竹壳，刚刚还是晴空万里，转眼间就乌云密布，狂风大作，雷电交加，一场大雨倾盆而下。他出门没有戴竹笠，被突如其来的暴风雨打得晕头转向。当他回到家里时，已经浑身湿透，被淋成了落汤鸡，瘦弱的他病倒了。

叶世春急忙到山上采摘一些草药煮水给小应裘喝。要是患了感冒，几天就会好的，但十多天过去了，小应裘还缠绵在病榻上，畏寒，四肢发凉，全身发冷。叶世春很着急，到镇上的中药铺找坐堂医生开了几帖中药，吃后还是不见效。

原来，小应裘患的是一种叫疟疾的传染病。当时的农村，特别是广大山区，人们患病缺医少药，遇上烈性传染病更是无力抗拒，只好听天由命了。

一天，叶世春一家都出门劳动去了，家里只剩下小应裘一个人。他躺在床上，痛苦难忍，辗转不安，呻吟不止，又发起高烧来，突然间神志不清，迷迷糊糊，沙哑地叫喊着："妈妈，我要喝水!"他眼睛略动一动，不见母亲，费了好大劲爬下床，又吃力地从卧室爬到厨房里的水缸边，咕噜咕噜地喝上几勺子冷水，后来不知不觉昏睡过去了……

小应裘的疟疾一直拖了三年，反反复复，时好时坏。后来，一个邻居给他一种叫"金鸡纳霜"（奎宁）的药吃，病才痊癒了。直到今天，许应裘每每回忆当年苦难的情景，都会情不自禁感叹不止。

冯梦龙《醒世恒言》说："屋漏偏逢连夜雨，船迟又遇打头风。"

叶世春一家本来已经处于水深火热之中，又遭遇火上浇油的更大的打击，像一只航行在大海的小舟，无能为力地听任随时而来的狂风暴雨冲击，只能苟延残喘。

当年，叶世春一家经常受到族内强房的欺负。1943 年初春的一天，丘得到山林捡柴枝，恰巧强房的人也到山上捡柴枝。强房的人一见丘得，连声怒喝："走！走！走！这是我们的山林，你五房的人不能到这里捡柴枝!"

丘得一听就怔住了，心想：这明明是祖宗传下来的族内共同拥有的公尝山林，怎么一下子就变成你们的了？她说："这山林什么时候归你们所有了?"

强房的人一听，脸色沉了下来："你的儿子哪里去了？叫他回来争呀!"

面对强房的人挑衅和傲慢的目光，丘得气愤地说："你不要欺人太甚!"

强房的人凶相毕露，说："我就是要欺负你家孤儿寡妇!"说完，就动手去抢丘得的柴担。丘得毫不示弱，于是，两人便拉扯起来。强房的人一转身，出其不意地把丘得的大襟衫给扯破了。丘得十分生气，拿起扁担欲打。谁知强房的人抢了扁担，反而重重地打了丘得一下。丘得顿觉一阵头昏，眼冒金星，跌倒在山上。不知过了多久，她苏醒过来时，浑身酸疼

●饥荒年代饥民剥树皮充饥

万分，筋骨里像被针刺了一样。她站立不稳，跌跌撞撞跑回了家。

丘得被强房的人打伤后，身体一天天衰弱下去。叶世春心急如焚，含着眼泪，到处采摘草药给婆婆治病。但丘得的病情没有好转，贫病交加，一直卧床不起。

这一年，又碰上了大旱。自去年冬初到今年春分，没有下过一滴雨，田里还未成熟的水稻大部分枯死。春分后下了一场小雨，此后直至立夏，滴雨未降。据饶宗颐总纂的《潮州志卷八·大事记》记述："去冬以来，天久不雨，五月斗米（每斗 10 公斤）五百元（两个月时间由 30 多元涨到 500 多元）。沦陷区饿毙者，日凡四五百人。"

这对于原本相当清贫的叶世春一家更是雪上加霜。粮食早吃完了，便吃青菜；青菜吃完了，就开始挖野菜，如青金叶、狗屎树叶、香蕉头、猪母菜、刺苋、苦菜心、金仔狗头等等，凡是可以入口的东西，都挖来充饥。野菜吃完了，就吃稻谷壳碾碎而成的粗糠，掺上一些具有黏性的树叶，做成饼子吃下去。粗糠吃完了，就开始剥树皮和挖草根吃。

然而，就在这个时候，丘得病情恶化，临终前把叶世春叫到床前，说："皮（因叶世春脸上的泪水从来没有干过，故人家叫她叶薄皮、薄皮嫂）呀，行磨来（走近来），我有话说！"

叶世春急忙来到丘得的床前，含着眼泪说："阿婆，有话你说好了！"

丘得一双瘦骨嶙峋的手，抚摸着叶世春，哽咽着说："我已活不成了，你还要把这个家维持下去……为维持这个家，就要顾全大树，舍弃小藤；少了一条藤，就省了一勺水。不然，生藤缠死树，树死藤也枯。"

叶世春痛苦地说："自从许聪过番后，我们婆媳俩相依为命，你不能死呀！"

丘得哽咽着说："生死由命不由人。但我有交代（遗嘱），你听好！不孝有三，无后为大，明（许应明）留在家里，做香炉耳（传宗接代），将来才有脸去见公祖！觉（许觉）和裘（许应裘）去卖掉，卖掉等于放生（给一条生路），保条命，比在家里饿死好，而且，有朝一日，他们会返来认祖的。”

叶世春泪水忍不住夺眶而出。

丘得艰难地喘息着，说：“皮呀，你要答应我！”

叶世春的嘴唇咬出血，说不出话来，只得点了点头。

奄奄一息的丘得露出一丝苦笑，用手压着心窝，断断续续地说：“皮……皮呀……婆……婆……对不住……你……呀！”

叶世春大哭起来，说：“不，不，不……”

丘得的嘴唇还在动着，低声地说着什么。突然，她大喘了两口气，便闭上眼睛，一动也不动了。

叶世春大声地喊，丘得一点反应也没有。她急忙去摸丘得的手脚，像冰一样冷，她知道婆婆已经没气了。

贫病交加狰狞地吞噬了丘得的生命。

叶世春大声哀哭着。孩子们听见了哭声，跑进屋子里来。叶世春叫孩子们跪在地上，向祖母告别……

为给婆婆办丧事，叶世春含着眼泪去找亲人帮忙。

当时，许家五房最亲的人是堂大叔许来、堂二叔许箱、堂小叔许囊，他们合购了一艘木船，行驶在韩江上，运载货物，家境较为富裕。当他们听到叶世春的婆婆过世的消息后，好像有意躲避，急忙把停泊在站口村下路头渡口的木船开走。当叶世春赶到码头时，船已经离岸，消失在波涛汹涌的大河上……

叶世春没有想到亲人竟如此无情，贫穷阻断亲情，原本最亲的人瞬间却咫尺天涯，想着想着，泪如泉涌。

后来还是族人许木钟和老秀才许辍帮忙办理了丧事。他们找来两块床板钉成棺材，草草埋葬了丘得。叶世春长跪在土坟前，大声哀哭着，心里不停地说：“婆婆，我对不起你呀！”

狂风刮得树枝呜呜直响，天空下起了倾盆大雨，路旁一株柔弱的小草在风雨中摇曳，拼命地挣扎着，跌倒，爬起来，又跌倒，又爬起来……

韩江的河，江流滔滔，轻帆点点，浪花扑岸。叶世春竹笠遮颜，伫立在河边的礁石上，凝望远方，任由江风把她那件满是补丁的宽松大襟衣裙扬起……

叶世春的思绪像汹涌无比、一泻千里的江水般飞奔……

思绪沿着韩江而下，跨海越国，在一个长满榴莲、山竹、红毛丹、芒果、木瓜、椰子的地方，一条山溪岸边，有一间茅屋，里面住着一个青年男子，那不是许聪么！

“阿聪，让我跟你说说话吧，我觉得我说的话你能听得见……”

微风吹来，韩江水面上便泛起朵朵浪花，发出哗哗的流水声，就像叶世春在诉说着……

“你过番前对我说过：‘这个家从此就靠你了，你要把子女带大啊！’我记住了你的话，从月明星稀、酷日当空到夕阳西下，都辛苦劳作，从不叫苦叫累，含辛茹苦维持这个家。可是天灾人祸迭至，婆婆贫病交加，离开了人世。她老人家临终前对我说：‘把孩子卖掉，总比饿死好。’但我不忍心呀，毕竟儿是母亲的心头肉。可是，到了这步田地，粮食食完了，食野菜，食粗糠，饥不择食，最后食无所食，我该怎么办呢？你说说看，你说呀！”

叶世春说罢号啕大哭，远在暹罗的许聪是听不见的，天地间回响着这个弱女子的悲怆与呼唤！

这时，叶世春身后传来孩子们的声音：“妈……妈……”

叶世春蓦然回首，发现几个子女朝她走来，急忙擦去泪水，说：“什么事？快说！”

许觉茫然地问道：“妈，你真的这样狠心要把我和裘弟卖了？”

叶世春猛然一怔：“谁说的？”

许觉说：“刚才人贩婆秧婶到我们家，是她亲口对我说的，说完丢下几个钱就颠颠地走了。”

许应明大喊：“不要卖姐姐和弟弟，要卖，就把我卖了吧！”说罢跪在了母亲面前。

叶世春扶起许应明，双手捂住脸，也放声大哭。

许应裘哽咽着，说：“妈，要卖就卖我好了，不要卖姐姐！”

叶世春止住了哭声，说：“阿觉，阿裘，不是妈狠心，孩子都是母亲身上的一块肉，不到万不得已，谁能舍得割掉呀！听人家说，江西有地可耕，没有灾荒，有人收留你们，等于救你们一条命呀！”

许应裘很懂事，上前擦去母亲脸上的泪水，然后跪下，说：“妈，把我卖掉吧！”

许觉也跪下，说：“妈，把我也卖掉吧！”

叶世春大喊一声：“天呀——”泪如雨下。

一家人抱在一起，哭成一团。

那天晚上，叶世春从借债、抵押换来的一小袋谷种里，抓两把稻谷，放进小石臼磨去稻壳，然后用“米箩”（一种浅沿的筐箩），把混进米里的糠筛出来，便成了干净的白米。她煮了一碗白米饭，给许应裘吃，而许觉只能吃稀饭。许应裘要分一些给姐姐吃，姐姐不吃，说吃惯了汤汤水水。当时农村重男轻女，粮食又不够吃，叶世春每顿煮一大锅番薯粥，清清寡寡。她先让应明、应裘兄弟俩吃，并把里面的米粒捞给他们，剩下的饭汤和番薯块才给许觉吃。

吃了饭，叶世春把许应裘叫到跟前，问道：“你叫什么名字？”

许应裘感到奇怪，为什么母亲明知故问？他一双小眼睛里满是惊疑，不解地望着母亲。

叶世春又认真地问道：“你叫什么名字？”

许应裘只好答道：“许应裘！”

“你哥哥叫什么名字？”

“许应明！”

“你听好！”叶世春说，“你要永远记住，你的名字叫许应裘，你哥哥的名字叫许应明！”

许应裘点点头，说：“记住了！”

“你还要记住，我们村叫站口村，村头有座白沙古庙，庙旁有一棵大木棉树和一棵大榕树。”

“记住了！”

“还有，”叶世春停顿了一下，“你长大了要回来，拿一把树叶放在河里，顺着树叶流的方向走，一路走一路问，就可以回到家乡了。”

●站口白沙古庙及古榕

“记住了！”

原来，当年外出逃荒、被贩卖的大部分是到江西、福建，故潮汕流行一句俗话“担仔上江西”。而江西、福建都在韩江上游，所以人们大都知道沿着韩江水流的方向就可以回到潮汕。

山坡上的一间土屋，淹没在漆黑的夜色中，唯有一洞小窗内晃动着一串冒烟的火舌。外人看起来，疑是屋里发生火灾，其实不是。过去贫穷的农民，建的墙壁都是土坯的，没有批荡浆，可插上薪仔（由山上一种指头粗的油薪等野生竹制成，砍下之后砸扁浸在坑沟水里，半个月后涩汁流走，捞起晒干即可用）点火照明。薪仔极易燃，当时贫穷人家没有钱买“洋油”（煤油）点灯，用薪仔作为屋里的照明工具，土坯墙壁随处可以插上薪仔，倒也方便，只是天长日久，墙壁、屋顶、家具都熏得黑油油的，风一吹火星飞溅，时常造成火灾。

叶世春久久地坐在床上，默默聆听着窗外山风横扫落叶的声音，她觉得这好像是一曲满载着悲切，怨恨的、揪心的音律。突然，一道闪电划破长空，紧接着一阵雷鸣，使叶世春的心情更加蹴蹴然不得安宁。

薪仔火熄了，四周漆黑一团。叶世春叹了一口气，糊里糊涂中打了个盹。天快亮时，她突然被噩梦惊醒。她梦见许觉、许应裘姐弟俩正在睡觉，一只猛虎猝然闯了进来，嚎叫着扑了过去，不知是谁惨叫了一声……

叶世春一骨碌爬起床，急忙到孩子们床前一看，见他们还在睡觉，心头的一块大石才落地。她怕噩梦重演，叫醒孩子们，又对着隔壁房里睡着的人贩婆喊了一声：“秧婶，来去呀！”

秧婶起床后，急着催许觉、许应裘上路。许觉依依不舍，拉住许应明的手不放。秧婶上前，伸手在许觉的手臂上狠狠地拧了一把。

许觉哭着对许应明说：“我们走后，你要帮助妈妈干活，好好照顾妈妈……”

“我知道，”许应明也哭着说，“裘弟还小，你要多照顾他……”

“我会的……”许觉说不出话来，哭得很是伤心。许应裘上前安慰她：“姐，不要难过，我长大了要带你回家！”

过了好大一会儿，叶世春才轻声地说：“你们走吧！”这时，她一反常态，没有流泪。但是，她的眼神却流露出无法解脱的悲愁感。

许觉、许应裘终于被秧婶带走了，踏上了茫茫逃荒之路……

《潮州志》载：“是岁，人传赣南前经兵燹，地旷人稀，易于得食，饥民纷纷趋之顾，路途修阻，资斧苦乏，鬻妻卖子者有之，中途填沟壑者

●逃荒路上

有之，流离道左触目伤心，其幸而到达者，又实无以为生。”从潮汕到江西，要奔波六七百公里的路程，灾民们又饿又病，身体虚弱不堪，再加上扶老携幼，往往需要半个多月的风餐露宿，才能到达目的地。大部分人实际上滞留于中途的梅县、兴宁等地，有的则永远倒在了逃荒路上。

许觉、许应裘随秧婶从站口出来，沿着韩江岸边的小路，一直往北方走。一路上遇见很多衣衫褴褛、面黄肌瘦的难民，有的经不起折磨，死在路上，经常听到失去亲人的撕心裂肺的哭声。小应裘恐惧地注视着这惨痛的情景，特别让他感到毛骨悚然的是，他亲眼看见有人将幼婴抛弃路旁，任奄奄待息的婴儿在死尸间蠕动、挣扎。他非常难过，惨绝人寰的大饥荒，深深地震撼着童年的许应裘。

三人不知走了多少天、多少路，一路风餐露宿，历尽艰辛。小应裘腿脚肿了，脚磨起了水泡，但他默不作声，一拐一拐地坚持着走。

出人意料的事情发生了。秧婶带来的干粮不多，一人一天只能吃一点点，经常吃不饱，为忍饥饿，只得大量喝水。过度的疲劳和长期的营养不良，使秧婶得了水肿病。起初，她只是眼睑水肿，不久便延及头面、四肢、腹背，最后肿遍全身。一天，她实在走不动了，含着泪对许觉、许应裘姐弟说："我要死了，不能带你们上江西，你们如遇上好心人，就跟他们一起走；如果不愿意上江西，就回家去吧！"说完便咽气了。

姐弟俩找到了一张破草席，盖在秧婶的尸体上，目不转睛地呆立着。过了好久，许觉才牵着许应裘的手，离开了这伤心之地。

许应裘看着这惨不忍睹的情景，心里感到一阵阵抽悸。姐弟俩孤独无依，何去何从？本来已是惶惶不知所措，这时更加惶恐了。许应裘问许觉："姐，我们去哪里？"

许觉沉思了一会，说："我们回家去吧！"

许应裘说："好，我们回家去！"说罢他捡了一把树叶，放进江里，顺着树叶流的方向，踏上了归途。

姐弟俩没日没夜地走着，又饥又渴时，就捧几口山泉水喝。干粮吃完了，就去挖咸酸仔头（一种野菜），采摘竹上刚抽出的没有展开的嫩竹叶尖吃。当感到累极了，双腿酸痛到实在不能行走时，姐弟俩才躺在路旁休息一下。

七八天的路程，姐弟俩历尽千辛万苦，经受了不可言状的煎熬：突然从草丛里窜出的伸着长长的舌头、大腿般粗的毒蛇；从深山密林深处传来的令人胆战心惊的狼嚎虎啸（韩江两岸山岭连绵，森林茂密，是野生动物的栖息之地。民国至新中国成立初，尚有虎、狼出没）。他们时时刻刻都受到死亡的威胁，当他们回到家里时，浑身松软，已经奄奄一息。

傍晚，叶世春从田间劳动回来，突然看见家门口蹲着两个怪物，人不像人，动物不像动物。她怔了一下，揉揉眼睛，原来是两个饿得已经不成人样的小乞丐，他们衣衫褴褛，一脸灰垢，骨瘦如柴。

还是许应明眼尖，一眼就认出来了，他大声地喊了起来："姐，弟，你们回来了！"

许觉、许应裘挣扎着坐起身，扑向母亲和哥哥……

一家人抱成一团。

过了好久，叶世春哽咽着对许觉、许应裘说："妈再也不让你们上江西了……"

许应明欣喜地说："好呀！我们姐弟三人再也不分开了！"

第三章

求学之路

仿佛命中注定，许应裘又回到了家里，一家人团聚了。

叶世春是位坚强的女性，幼年由于家境贫寒，她吃苦耐劳、勤俭持家、孝顺长辈，并保持着善良、美好、真诚的品质。她虽是童养媳，却与许聪一起维持这个家庭。许聪出走南洋后，她以惊人的毅力，忍受千辛万苦，独立支撑起这个破碎的家。她听从婆婆的遗嘱，把许觉、许应裘卖给人家，后姐弟俩又阴差阳错地回到家里，自此，她发誓把三个子女抚养成人。

当时国弱民穷，民不聊生，天灾人祸频降，叶世春一家度日艰难，常年粮食不够吃，经常上山挖野菜充饥。许应裘后来回忆说，他童年时印象最深刻的，是跟母亲上山采辣椒树叶，用小臼捶得粉碎，拌成糊状煮熟吃。过的是食不果腹、衣不蔽体的生活。

失去童年幸福的许应裘，似乎比一般孩子成熟得都早，自小就懂得为母亲分忧。母亲怀他时，父亲已经去了暹罗，他从来也没有见过父亲。村里几个调皮的孩子，说他是没有父亲的孩子。他问母亲，母亲说他父亲过番去了。他又问，父亲什么时候回来啊？母亲却不知怎么回答，又被勾起了对远方丈夫的思念，泪水不禁滚落下来。小应裘上前轻轻为母亲擦去脸上的泪水，闪着乌溜溜的小眼睛，似乎看出了母亲的心思，像大人般地安慰她说："妈，你不要难过，我长大了要把父亲找回来！"

穷人的孩子早当家，年纪尚幼的许应裘已懂得为家计操心，他四五岁时就帮母亲烧火做饭、饲养鸡鸭、菜园里除草，六七岁就上山捡竹壳、敲松果、捡柴枝。许应裘回忆说，村子里有一片竹林，郁郁葱葱，农民把竹子当作农家一大宝，竹子可编织成谷笪、畚箕、竹箩、竹筐、扁担、粟笞等形态各异的农业用具，还可以制成竹筛、竹帘、竹篮、竹笠、提花篮、竹灯等精巧雅致的日用品。竹子每长一节就长一个竹壳，待那一节完全成熟，竹壳也就完成了守护的使命，开始干枯，一到秋天，便飘然逝去，随风脱落在地面。竹壳是烧火的极好燃料，它干燥易燃，放进灶里，噼里啪啦地响，十分爽气。它又是绿色环保包装用品，杂咸商贩用来包装咸鱼、薄壳等物，相当于现在的塑料袋，十分实用。每到秋天，孩子们都沉浸在这片竹海之中，一边捡竹壳，一边唱啊叫啊，十分快乐。许应裘又说，捡竹壳时，其他孩子喜欢三五成群，又蹦又跳；而他却选择深入竹林，而且全神贯注，三个指头捏紧，捡得特别快，每次的竹篮子都鼓鼓的，比别的孩子都捡得多。

松果成熟后就会从松树上脱落下来，它的形状是椭圆形的，由一片片像盛开的花瓣一样的东西组成，它们沿着顺时针螺旋向上一层层排列，有白色的、黑色的、棕色的，大大小小，各种各样，漂亮极了。这些松果就像一群可爱的小精灵，围着美丽的松树林唱歌跳舞，把许应裘和小伙伴们的童心撩动了，他们喜欢到山上捡松果。但掉落地上的干松果并不多，他们就捡起地上的树枝对着松树敲打；有时也可以抱着树摇，让它掉落下来，但有些树很高大挺拔，敲不着，摇不动，就要爬到树上去摘，这可是费力又危险的工作，需要几个人团结合作才能完成。身为孩子头的小应裘，就会在不知不觉中发挥他极好的组织能力和聪明才智。他像一个胸有成竹的组织者一样，分工明确，虽比较瘦小，却自告奋勇担任上树主力，接着安排力气较大的当二传手、三传手，个子矮小的则在树下负责捡松果。安排完毕，他看准枝丫，双手抱住枝干，双脚一蹬，就如猴子般爬上树去，在松果茂密的地方开始采摘。二传手、三传手也随后爬上树，帮助小应裘拉着比较大的树枝。树上的松果啪嗒啪嗒地一个个掉落在地上，树下的小朋友忙着捡起松果。一棵树摘完后，马上又向第二棵树发起进攻。回家的时候，每个人的篮筐都满满当当。

一次，小应裘上山砍柴，手指不小心被锋利的镰刀剜掉了一块肉，顿时鲜血直流，他忍着十指连心的痛苦，一声不吭地寻觅草药，采摘后敷在伤口上止住血。同来的小伙伴都劝他回家休息，但小应裘摇头说："不要紧，痛一下子就好了，没事的。"有一次，小应裘上山割山草，碰上草丛里的一个大蜂窝，被野蜂蜇得皮浮眼肿，他还是坚持割好一担山草才回家。母亲见到这些情景，不知流下多少痛惜的眼泪，而小应裘却一语惊人："宝剑锋从磨砺出，梅花香自苦寒来！"

许应裘的童年时光，虽然天天帮助母亲干活，但他生性活泼好动，在劳动之余，常常跟小伙伴们一起，随时随地做游戏，而且从小就显示出与众不同的素质。

站口濒临产溪河和韩江，村前村后都是池塘，小孩们从小就会游泳。六岁时，许应裘开始到池塘学习游泳。之前，他常到柔波里戏水，早已熟悉水性。因塘水较浅，他一脚踏住塘底，一脚露出水面乱蹬。找到感觉后，双脚相蹦，试着试着就浮起来了。他十分高兴，模仿青蛙游泳的姿势，伸出双臂用力划水，双脚大力蹬水，手脚同时配合，不知不觉中就学会了游泳。他听小伙伴说，在池塘游水不算会游泳，因为那里是死水（静水）呀！要到活水（有源头而流动的水）游水才算真正会游泳。小应裘便和孩子们结伴到大溪大河中游泳，凭着聪明灵活，他很快就熟悉活水的水性，而且游泳技术和速度大大提高。一帮孩子，为追逐一根漂浮在水面上的木材，你追我赶，乘风破浪！忽有船只驶来，他们便悄悄游到船边，依附在船上，随船前进，倒也逍遥快乐。船工发觉时，会扬起长长的竹篙吓唬他们，他们一个个“扑通”一声，跳下水里，奋力向前游去。许应裘觉得，在大江里畅游，是他童年中最大的快乐。

直到今天，依然让许应裘自豪的是，他八岁时就横渡了韩江！这一壮举，竟让他成为留隍儿童横渡韩江第一人。

离站口村约两公里的地方，有一个小山岭，俗称田仔岭。这里是个天然牧场，满山遍野尽是青草，终年翠绿；山花烂漫，四季飘香。一条清澈见底的小溪从山脚缓缓流淌；微风下，柔嫩的柳丝，如同婀娜多姿的妙龄少女在翩翩起舞；小草也跟着摆动起幼小的身躯；还有悦耳的鸟鸣声，把这里变成了一幅有声有色的迷人山水画。小应裘和村里的牧牛人就在这美妙而活泼的原野上放牧。

因离家较远，山路崎岖，牧牛人中午就在山上野炊。他们从家里带来米、番薯、蔬菜，以及小泥锅、碗、筷

田仔岭

等，再在山上捡柴、提水，又拾来三块石头，临时搭建起一个个小灶，就各自做起饭来。

那时候，一般农民家庭买不起火柴（过去称“洋火”），更谈不上有打火机，人们取火仍用最古老的敲击火石点燃纸煤的方法。那时候，吸水烟的人都备有水烟筒，那是一种用笔直的山柑树枝干去皮雕制而成的奇特的抽烟筒具，点烟的时候，用一种草纸搓成细长条，俗称纸煤，一端着火，慢慢烧着；嘴对着纸煤吹气，气出后急敛，“呼”的一声，冒出一蕊火焰，以此点烟。牧牛人野炊之前，必推选一个小牧童到山下路旁等候吸水烟者经过，讨来纸煤，才能得到火种。

一日，小应裘自告奋勇到山下讨纸煤。那一天，天气炎热，太阳就像一团火，烤得小应裘汗流浃背。已到中午时分，还等不到一个路人经过，他心里着急，自言自语道：“山上三十多人等着做饭，还有十多个小孩肚子饿了，怎么办?”

原来，放牧的人除一些孩子外，大部分是老年妇女，她们都带上自己的孙儿，一边放牛，一边照看小孩，一举两得。

小应裘抬头远远望去，河对岸山岭环抱的村舍屋顶升起了缕缕炊烟，在蔚蓝色的天空中迎风飘扬，飞得很高很高，他那颗天真的童心仿佛也跟着一起飞得很高很高……大河对岸，有一个叫沙厐礤的小村落，住着他的小姑婆（小姑妈）。一次，他跟母亲到姑婆家做客，看到一个小盒子，里面装着很多用木材做成的小棒，盒子又能抽动，十分有趣，问道：“这是什么呀?”

●韩江对岸山岭环抱的沙厐礤村

小姑婆说：“洋火。”

“做什么用呢?”

“能借着摩擦起火，作火种用。”

小姑婆见小应裘痴痴地看着洋火，就从盒子里拿出一根小棒，将含有药料的一端在小盒侧磷面上擦划一下，立刻吐出一串火苗来。

这真让小应裘大开眼界!

这时，江上传来了小轮船的汽笛声，小应裘倏地收住了思绪，脑海里突然升腾起一个念头：到小姑婆家讨一盒洋火回来，给牧牛人取火用。

可是，小姑婆家住在河对岸，中间隔着一条宽达五六百米的波涛汹涌的大江，前后又没有渡船，怎么过江呢？

小应裘没有细想，“扑通”一声，劈波斩浪，向对岸游去！

大人横渡韩江已是奇迹，何况一个几岁的小孩！但就是这个八岁的小孩，一口气就游到了韩江对岸。

上了岸，小应裘找到村里小姑婆的家。

当小姑婆见到这个浑身水淋淋的侄孙时，不禁露出惊讶的表情，她爱怜地说：“刺仔，你胆（胆量）这样大，草叔、有叔（小姑婆的大儿子、二儿子）都不敢游过江。”

小应裘自豪地说：“没什么！”

善良的小姑婆嗔怪说：“你说得倒轻巧，我能不担心吗？”

小应裘开门见山地说：“小姑婆，能给我一盒洋火吗？”

小姑婆说：“你要洋火干什么？”

小应裘便把情况说了一遍。

小姑婆笑着说：“想不到你小小年纪，就懂得为乡亲办事。好！我给你一盒洋火。”说着又拿出一些钱给小应裘，叫他坐船过江。

小应裘辞别小姑婆，出了村口，心想若坐渡船回来，要走好长的一段路，会浪费很多时间，还是游过去快些。于是，他把装着洋火的内裤扎紧在头上，钻到水里，不一会儿，又游回对岸。上岸后，洋火居然没有沾到一滴水。

牧牛的人们一见小应裘带来了洋火，都笑逐颜开，连忙烧水做饭。吃饭时，大家有说有笑，像一个喜庆聚餐的热闹场面。小应裘觉得做了一件好事，自然很高兴，脸上满是快乐的笑容。

牧牛的老妇人逢人便说：“世春嫂真有福气，生了这样一个懂事的孩子。”

水中捉鱼，也是许应裘儿时的一种乐趣。站口村小溪小沟多，蓄满水的稻田遍野皆是。初春，各种树争着吐绿，小草抢着发芽，鱼儿也已经嗅到了春天的气息，开始在水里不停地嬉戏，水田上拂起层层涟漪。小应裘和小伙伴们带上竹罩子，守候在水田旁边，看见鱼儿在游动，就将罩子使劲地远远抛去，把鱼儿牢牢套入罩中。有的鱼儿很调皮，欢蹦乱跳，不愿上钩。这时，孩子们就高高挽起裤脚，跳入水中，双手捉鱼，经常能捉到三四两重的鲫鱼。小应裘比其他孩子更聪明，罩子扔得准，鱼又抓得紧，每次捉得鱼都比别人多。仲夏时，收割完稻子后，水田里只剩下矮矮的稻桩，里面的鱼儿被一团烈火烤得无处藏身，只得集中在几片水塘里。这时，小应裘和孩童们蜂拥来到田里，搬来稀泥垒起一圈泥埂，又捧水拂到圈外，圈内的水越来越少，鱼儿就在浑浊的水里挣扎。这时，孩童们就欢欣雀跃地忙着抓泥池中的鱼。这个说："看哪，我抓了一条小泥鳅!"那个道："我捡了一只大河蚌!"还有的惊喜地叫了起来："哎哟，我揪着了一只大虾公!"孩子们的叫喊声、欢笑声回荡在宁静祥和的田野上……

最让许应裘记忆犹新的是，五岁时，他跟姐姐到黄土丘（地名）的小坑沟里捉鱼，捉了许多浮鱼仔、白目空、斗鱼等小鱼，装进带来的冬菜罐里，谁知一不小心，小应裘手里的罐掉在沟里，摔破了，鱼儿都跳出来，游到水里去了。姐姐很生气，怪小应裘没有拿稳，打了他一下。

直到今天，许应裘仍旧十分怀念苦难童年中的点滴乐趣，他是许家最小的孩子，自然得到母亲和姐姐、哥哥的疼爱，尽管因为生活的缘故，大家没有太多的时间去关心他，但他仍旧在亲密无间的家庭气氛中成长着。

过去，东南沿海和近海江河，海盗猖獗，他们打家劫舍，经常骚扰沿岸村庄，因此各地都有习武保家卫国的传统。站口村一向也武风鼎盛，遍设武馆。许应裘八岁时，"普宁西"（"西"即师傅，是普宁人对师傅的简称）来这里教人拳术。小应裘觉得有趣，经常到武馆看师傅教人打拳，还为拳师端茶倒水，打扫庭院；有时还替拳师挑水，从家里拿一点咸菜给他们。小应裘手勤脚快，颇得师傅爱惜，吃饭的时候，师傅常给他一碗干饭，还教他几下子功夫。小应裘颖悟过人，所学皆能记住，不用多久，便练出一套过硬的拳技和一身武艺。

许应裘学的拳术叫少林功夫。天下功夫出少林，少林功夫成为中华武术的象征。少林功夫指在嵩山少林寺特定佛教文化环境中形成的，以紧那罗王信仰为核心，以少林寺武僧演练的武术为表演形式，并充分体现禅宗智慧的传统佛教文化体系。少林功夫具体表现为以攻防格斗的人体动作为核心，以套路为基本单位。套路是由一组动作结合起来的，设计动作和组合方式，都是建立在中国古代的人体医学知识上，合乎人体的运动规律的。动作和套路讲究动静结合、阴阳平衡、刚柔相继、形神兼备。许应裘得其中要领，拳似流星，眼似电，身似蛇形，腿似钻，动则雷霆万钧，静则稳如泰山。

今日的许应裘，谈到当年学拳的初衷时说，不外只想学点儿功夫，不再受外人欺侮而已。直到长大了，他才懂得，少林武术不仅仅用于攻防格斗，它还包含着一种精神，这种精神是由少林武术形成的历史赋予的。“功夫”一词原是佛教的专用名词，禅宗的修行成果就叫“功夫”，而坐、禅、参活头就叫“做功夫”，做功夫的目的是开悟成佛，超凡入圣，彻底改变人的品质。正因如此，2005 年，少林功夫申报联合国“人类口头及非物质文化遗产代表作”，它申报的是功夫，而不是武术。功夫是修行，是参禅，练功夫的目的是彻底改变一个人的品行素质，少林僧人练武正是一种修行。

●学打拳

许应裘认为，习武不是为争强好胜，惹是生非，而是以德立世，修身养性的智慧真谛。所以，他曾多次教化不良之人弃恶从善，浪子回头。

1975 年隆冬腊月的一天。风呼呼地刮着，江面上有一艘正在行驶的木船。船上有一个青年男子，他是许家五房许箱的儿子许应级，他身穿粗布单衣，寒风直达骨头，他冷得浑身瑟瑟发抖。他突然发现，船舱下面有个暗格，他没有多想一猫腰就钻进里面，觉得尚有一丝热气，不再感到冷了，而是疲倦极了，半卧着便进入梦乡……

原来，暗格里是储放杂物的，上面盖有木板。船主是许家强房许劳兄弟，不知他俩是有意还是无意，许应级睡进暗格后，他们就在木板上堆放货物。暗格里像一个黑暗的冰窖，空气稀薄，酣睡中的许应级突然感到呼吸急促，喘不过气来，急忙去推木板，但怎么推都推不开，从木板块的缝隙中，他看到外头有东西压着，不得不大声呼救。

等了很久，才有人搬开货物，拿走木板，救出了许应级。此时的许应级已近昏迷，经过急救，虽保全了性命，但因缺氧太久，好端端的一个人精神失常了！

腊月二十七日，疯疯癫癫的许应级手持一把菜刀，闯进了许劳兄弟俩的家，见他们正在悠闲地喝茶聊天，不禁怒火中烧，“妄想症”发作，产生了仇恨、报复心理，菜刀一挥，砍伤许劳的右手掌虎口，伤口两寸多长。

一石激起千层浪。强房的人随即行动起来，摩拳擦掌准备复仇，有的人磨刀霍霍，有的人到黄金镇埔东村请来六个打拳师傅，一场恶斗在所难免。五房的人自认无理，急忙请来县水上联社负责人曾庆东等，带上“金花红绸”（吉祥物）、大橘前去做对方的工作，请他们高抬贵手，以和为贵，平息事祸，愿意赔偿医药费及损失。

对方绝不让步，不同意调解，事态一触即发。

就在这时，在部队服役的许应裘恰巧回家探亲，听到族人的诉说，内心很不平静，历来强房恃其房大人多，常欺辱弱房的往事历历在目……

年少气盛、体魄健壮的他，学得一手好拳，又在部队练就一身本领。他想，过去房弱受欺，今天倒不怕这些人惹是生非，遂决定“单刀赴会”，去捍卫弱房的尊严。

腊月二十九日下午三时多，空旷的田野上骤然响起了一个深沉而响亮的声音：“强房，你们听好了！”

强房的人听见有人在门口叫阵，急忙操家伙出屋。大家见来者单枪匹马，不知葫芦里装的什么药，都站在门口蓄势待发。

周围屋里的人一个个都跑了出来。不一会儿，这里就聚集了很多人。

只见一个青年身穿背心、短裤，脚穿白色球鞋，精神抖擞地站在强房大门口外的一块石头上。他高个儿，四方脸上嵌着一双深邃而明亮的眼睛，浓密的眉毛，加上略高的鼻梁，在那张轮廓分明的脸上显得格外的英气。

人群里有人说：“这个后生仔是谁呢？”

有人眼尖，惊讶地说：“那不是世春嫂子的小儿子许应裘吗？”

一下子，人们议论纷纷：

“是呀，他昨天刚从部队回来探亲。”

“他是回来找强房的人‘报仇’的。”

“这好呀，强房一向欺负人，看他们怎么办？”

在众目睽睽之下，许应裘从容不迫地说：“我今天前来，不是为了跟你们武斗，而是要跟你们说理！”

许应裘的话音刚落，强房的人群中就发出了阵阵嘲笑声，大家议论纷纷，都说：这个嘴边刚长毛的小子以为自己能扭转乾坤？

“我不是怕你们，怕你们就不站在这里了！”许应裘说着，一双剑眉立了起来，“如果你们之中有谁认为非武打不可，就请站出来，我奉陪到底！”

大家被许应裘的英豪之气所震慑，没有人敢站出来。

许应裘提高声音说：“俗话说，有理走遍天下，无理寸步难行。讲道理的人是大多数，不讲道理的人只是极少数，我相信大家都是讲道理的人。我就事论事吧！许应级砍伤许劳的手掌，本应受到法律的制裁，但因他是一个精神病人，不能控制自己的行为，所造成的危害不负刑事责任，应由其亲属严加看管并赔偿他人医疗费用。砍人手掌事件发生后，许应级家属急忙托人向许劳说情，请求妥善处理这件事，谁知对方不但不领情，反而请来拳师准备恶斗。”

田野上一阵骚动，几乎所有人都把视线集中到了许应裘身上。

许应裘继续说：“我觉得这样的争斗毫无价值，不仅伤害了感情，而且会造成更不幸的事情，比如，我们给你们打了，我们不服气，雇人再打你们，这样打来打去，会打出人命来的，到头来，后悔都来不及了。本来是族内亲人，现在竟然反目成仇，你们说这是何苦？有道是，美不美家乡水，亲不亲家乡人，人是老家亲。我恳请亲人们忘记过去，放下仇恨，大家都要有一颗宽容的心，原谅别人其实也是原谅自己！好吧，我的话就说到这里，请大家好自为之吧！”

许应裘入情入理的劝说，让强房的人始料不及，特别是原先气焰嚣张、准备武斗的人，个个像泄了气的皮球，哑口无言了。一场即将来临的暴风雨就这样云消雾散了。事后有人传说，许应裘说得句句在理，使准备武斗的人心服口服，弃恶从善。又有人说，许应裘一餐吃两斤大米饭，两个炖猪脚，身体健壮如牛，且身怀绝技，武艺高强，使准备武斗的人不敢轻举妄动。许应裘却说，习武的人不一定要打人，而是在危急情况下，可以威慑对方，制止恶斗的发生。

事实上，这件事情恰好体现了许应裘的豁达、宽容与善良本性，以及以德立世之情操。

叶世春家有一头耕牛，原先由许应明放牧，许应明上学后，牧牛之责便由小应裘担任。清早，小应裘从草棚子牵牛出来，到了村口，便开始骑牛，他把牛头按下来，踩在牛头上，牛扬脖子把他送到牛身上去，他左手扶着牛背，右手挥动鞭子，边走边哼着放牧儿歌，沉浸在小牧童的那种“牛得自由骑，春风细雨飞。青山青草里，一笛一蓑衣。日出唱歌去，月明抚掌归”的境界里。

没过多久，一阵朗朗的读书声，把他吸引过去了。

这天，小应裘放牛回来，经过若宰公祠书斋（当地村里私塾）时，窗口飘出的读书声，犹如一首美妙的乐曲，深深地吸引了他！他缓步移至窗前，看见教室里的学生都坐得端端正正，眼睛专注地看着课本，抑扬顿挫地读着，脸上不时洋溢出陶醉之色。小应裘情不自禁地咿咿呀呀跟着朗读起来。他以后便经常到书斋旁边，跟着诵读诗书，学得津津有味。

小应裘发现，读书是这么有趣，许多从来不曾知道的东西，书本都能告诉你；而且，书本还会教你做人处世的道理，读书真好啊！他突然萌发出一个念头：我要读书！

一天，小应裘回到家里，劈头第一句就问母亲："妈，你为什么不让我读书？要让我青盲（瞎子，这里指不识字的人）呀！"

叶世春说："等你哥哥读完五年级后，才给你读书！"

"等不及了，我要跟哥哥一起上学！"

"我们家穷，只能一人先读（入学），一人后读，妈不会让你青盲的。"

小应裘是个孝顺的儿子，听母亲这么说，也不再说什么了。只是从这时候开始，他就暗暗下定决心，在入学之前，利用放牛之余，自学功课。

每当许应明在家复习功课时，聪明可爱的小应裘一定会坐在他的身旁。"人手足，山水日，马牛羊……""人之初，性本善。性相近，习相远……""赵钱孙李，周吴郑王。冯陈褚卫，蒋沈韩杨……""天地玄黄，宇宙洪荒。日月盈昃，辰宿列张……""弟子规，圣人训，首孝悌，次谨信……"哥哥一句句教，弟弟一句句学，小应裘背书时还摇头晃脑。哥哥手把手地教弟弟用毛笔描红，学了很多字。

此外，小应裘还经常在放牛之余，到书斋外面听塾师讲课，由于他天资颖慧，过目不忘，不仅熟记塾师所讲书理、诗文，而且能代在塾学生续句。

有学者说过，大凡有志之人，无论年长、年幼，一旦心里有了宏大的目标，就会有永不枯竭的动力之源和永不气馁的行动。许应裘就是这样的人，在进入学校读书之前，他如痴如醉地熟读了《三字经》《百家姓》《千字文》《弟子规》《幼学琼林》等童蒙课文，还选读了《千家诗》中的启蒙诗歌选本。

虽然他朗读时大多是囫囵吞枣，但他在理解时却很认真，一字一句毫不含糊，总要问个一清二楚。例如，当哥哥教他读"昔孟母，择邻处。子

西溪边，紧靠鮀济河，古韩江出口处的庵埠，以其优越的位置，成为竹木材中转站，柴杉行随之兴旺起来。那时候，站口村民也在庵埠设立发记、进记、兰记三个柴行。许应明读完小学五年级第一学期后，就到庵埠发记柴行帮厨。

许应裘中断学业后，在家放牛、种地。他太爱读书了，但因中途失学，想通过读书出人头地的愿望成了泡影，感到十分困惑。他写信给在庵埠的兄长许应明，诉说自己几乎天天都处在苦闷彷徨的状态，就像被关进笼子里的鸟，他很想冲出去翱翔。

不久，许应明来信了，他说已经联系了庵埠一间小学堂，该校同意许应裘前去就读。听到这一喜讯，许应裘高兴得手舞足蹈，边跳边喊："我又可以读书了！"

此后，许应裘就读于庵埠侨林第十保小学，经过入学前测试，由于成绩优秀，原本读五年级第一学期的小应裘，直接跳到六年级第二学期。许应明用他微薄的工薪供给弟弟读书的学杂费和生活费。

许应裘深感这次重返校园的机会来之不易，便发奋攻读。但因没有读五年级第二学期和六年级第一学期，开始时他感到学习很吃力。但他越感到学习吃力，便越是如饥似渴地学习。一个学期读完了，许应裘以优异的成绩从侨林第十保小学高小毕业。

一唱雄鸡天下白。中国人民在中国共产党领导下，开始了工农武装割据，粉碎了国民党反动军队的多次"围剿"，进行了震惊世界的两万五千里长征，建立了陕北抗日根据地，取得了八年抗日战争和四年解放战争的伟大胜利。1949 年 10 月 1 日，中华人民共和国成立，这一天下午，北京三十万军民在天安门广场隆重举行开国大典，毛泽东主席在天安门城楼上庄严宣告："中华人民共和国中央人民政府今天成立了！"他按动电钮，五星红旗冉冉升起。人民解放军三军受阅部队迈着威武雄壮的步伐通过天安门前，群众游行的队伍高举红旗，纵情欢庆人民当家做主的共和国的诞生。

10 月 5 日，闽粤赣边纵队第四支队第二武工队从东隔横渡韩江，开进隔隍镇，与边纵部队派来的队伍会合，在中国人民解放军的强大压力下，盘踞在隔隍的喻英奇保安部队的洪之政保安团仓皇逃窜，隔隍宣布解放。许应裘听到这一消息，顿时兴奋不已，急忙从庵埠回到隔隍，跟家乡人民一起，载歌载舞欢庆新生活的开始。

●球山中学老校门

留隍各学校纷纷复课。许应裘参加小学升初中的考试，以高分被球山中学录取。当许应裘精神焕发，迈着矫健步伐，踏进球山中学的校园时，其兴奋之情难以形容。

球山中学，位于留隍风景宜人、环境幽静的驿官山上，昔时这山坡上曾建房屋数间，住着驿官，故称驿官山。又因驿官山地处韩江河畔，远远望去，就像一个巨大的圆球耸立在江边，十分壮观，所以当地人称之为球山。球山中学原为丰顺县第二、四、五区合办的私立初级中学，创办于1927年，首任校长李介丞，丰顺县砂田镇黄花村人。抗日战争前夕改称为丰顺县第二中学，为当时丰顺县三大学府（球山中学、丰顺县第一中学、丰顺县第三中学）之一。球山中学办学历史悠久，与潮安县金山中学、大埔县虎山中学、梅县东山中学、广东韩山师范学院一起成为韩江流域近代著名的“五山”学府，这五所中学教学质量较好，人才辈出，尤其在新中国成立初期至“文化大革命”之前更为突出。球山中学校园里鸟语花香，林木葱茏，座座教室为浓荫所覆盖，大操场旁边高大的木棉树花红似火，风雨过后，落红遍地，煞是好看。

许应裘就读于球山中学期间，任教的老师大都年轻有为，朝气蓬勃。据许应裘回忆说，当时的校长是一位博学多才的老革命——朱伯琼，教师有林彰明、李光大、谢修业、李炎元、梅振耀、侯炯、郑卓英、吴艺丰、陈师道、陈达道、李克刚、张涛、杨仁辉、王仁、林斯灵、刘冠雄、刘惠中、黄树桐等，他们都倾注全力于教学工作，既热情，又耐心，备课充分，总是尽量上好每堂课。在老师悉心的教育指导下，许应裘如饥似渴地汲取知识，掌握本领。他回忆起当年在球山中学上学的日子，一切仿佛都历历在目：

朱伯琼校长学识渊博，讲课生动活泼，特别是他朗诵古文时，声情并茂，音节铿锵，真是韵味无穷，余音绕梁……

林彰明老师教代数课，讲课时精彩迭出，突出重点、难点，为学生架设了一座从未知通往已知的金桥。

陈师道老师教语文课，妙语连珠，出口成章，让学生有如沐春风的感觉，学习语文的兴趣越来越浓。

谢修业老师教物理课，用各种有趣的物理实验来激发学生的兴趣，由浅到深，加强学生的理解力。

郑卓英老师教化学课，从开始用火的原始社会讲起，到使用各种人造物质的现代社会，告诉学生其中化学起到了非常重要的作用。

林斯灵老师教英语课，他一口标准流利的英语，使学生对英语有了一个新的认识：原来英语也没有想象中那么难。

黄树桐老师教美术课，让学生轻松、快乐地享受美术所带来的无穷乐趣。

梅振耀老师教体育课，他健美的体魄、优美的示范，给学生以积极影响，在他的带动下，球山中学的体育活动搞得有声有色……

一个教育家说过，人的全面发展，就个人而言，是指人的整体素质的和谐提高。一个学生想要全面发展，除了读好书之外，一定要参与文体活动，特别是体育活动，不仅可以使四肢发达，更重要的是可以增进智力，让学生更聪明；可以提高情商（以智情而言，即人的整体素质包括智商和情商），培养学生的社会意识。许应裘就是一个品学兼优的学生，他勤奋、专心、善思，学习成绩经常名列前茅，又喜欢各种体育活动，如篮球、排球、乒乓球以及田径运动等，在赛场上，他总是大显身手，取得好成绩。

一次课外活动，许应裘与老师、同学们去操场上打篮球，休息的时候，老师跟同学们说："俄国大作家列夫·托尔斯泰说过：'理想是指路明灯，没有了理想就没有坚定的方向，没有方向就没有生活。'假如人类没有了理想，将会变得怎么样？假如人类没有理想，将不会走出山顶洞口，将不会有农耕社会、工业革命，飞机不能上天，轮船不能航行……有了梦想，有了理想，才能走得更远，飞得更高。同学们，你们的理想是什么？也就是说，你们将来要做什么？"

这个说："我要当工人。"

那个道："我要做医生。"

还有的说："我将来要上大学，找个理想的工作。"

……

最后，老师点名了："许应裘，你来回答。"

许应裘眼睛里闪烁着智慧的光芒，他沉思了一下，说："我是国家和人民培养的，祖国的需要便是我的志愿。"

"回答得好！"老师高兴地说，"你再说说，什么是祖国的需要？"

许应裘完全没有想到老师会问得这么深奥，心里不由一阵紧张。他把一绺头发往上一撩，冷静地说："过去，因为家里穷，受了强房恶势力的欺侮，所以，我想读书是为了出人头地，发财致富，好让受苦一辈子的母亲过上好日子。现在我才觉得，当时对人和事物的认识还比较肤浅，只注意眼前和表面的东西。我认为，人们读书，是为了将来更好地建设新中国，一个人要具有远大理想，但要把个人奋斗目标同国家利益结合起来，这种理想信念，才是我们取之不尽、用之不竭的人生力量源泉。"

许应裘停顿了一下，又说："什么是国家的需要，我也说不明白，但我认定一个理，国家需要我们做什么，我们就要毫不犹豫地去做什么！我想，孙中山先生追求的'天下为公'和范仲淹老夫子的'先天下之忧而忧，后天下之乐而乐'的思想境界，大概就是这样的吧！"

老师笑了笑，说："许应裘同学的发言很好，他为我们上了一堂精彩生动的课。我补充一下，所谓国家的需要，简单来说，是以国家的发展、社会的需要为核心，个人利益服从集体利益。英国哲学家罗素说过：'个人理想与社会需要，只有同这个世界结合起来，我们的理想才能结出果实；脱离这个世界，理想就结不出果实。'同学们，我们的理想应同国家的需要结合起来，并且脚踏实地地去努力！"

操场上响起了一阵掌声。

许应裘在球山中学读书的第二年，部队来学校征兵，选拔优秀人才入伍。年方 14 岁的他，积极响应国家的号召，兴冲冲地报了名。由于学习成绩好，身体素质过硬，家庭成分好，他成为当年球山中学被选中的几名学生之一。许应裘光荣入伍，实现了他"祖国的需要便是我的志愿"的坚定志向。

许应裘戴上大红花，在一阵锣鼓声中踏上了军列。他告别了亲人，以及生他养他的家，为保家卫国，他立下誓言："自愿参军，报效祖国，锤炼自己的意志和品格，在绿色军营中书写人生的壮美华章。"

↘第四章

平凡母亲　伟大的爱

在许应裘成长的道路上，母亲对他的影响是巨大的。许应裘曾说过："母亲23岁就生了三个小孩，姐姐、哥哥，还有我。母亲是靠一根扁担和一把镰刀来养活我们的。在那么艰苦的岁月里母亲把我们养大成人，真是很不简单！我是学习母亲艰苦奋斗的精神才有了今天。"

许应裘的母亲叶世春，清宣统二年（1910年）出生于东陼埔头村的一个农民家庭。由于家庭贫困，她三岁时就被父母以极低的价钱卖给许家当童养媳。童养媳，当地俗称"新妇仔"。以前贫穷人家为了延续香火，怕日后没钱娶儿媳妇，往往在儿子几岁时，便以低价抱养一个女孩子来做童养媳。甘愿将女儿卖给人家做童养媳的，都是因为日子难度，无法养活过多的孩子。

女孩子从小由婆家抚养，待长至十四五岁时（也有人认为能挑起满满一担水后），让她同儿子圆房（结婚）。多数不举行婚礼，一般选择在年三十成亲。到了这一天，父母从家中临时腾出一间房子，草草收拾一下，给双方说声"从今晚起，你们两人睡在一块"。双方不拒绝的，房门一关，从此成了夫妻，开始生儿育女。

童养媳的命运是悲惨的，这些小女孩被抱养回来后，不送去学校读书，整天待在家里做家务；如遇上恶婆婆，还经常受到百般打骂，受尽虐待。等到长大要圆房时，如女孩不肯，婆家就采取强迫手段圆房。婚后的童养媳，在家庭中的地位不但没有改善，反而继续下降，丈夫对她稍有感情者，她尚能得到一些慰藉；丈夫没有良心的，她晚上是他的妻子，白天是全家人的奴隶，洗衣、喂猪、割山草、下田，繁重的劳动全由她承担。平时吃饭，逢年过节，只有等家人吃完之后，她才能以残羹剩饭饱腹。上至公婆下至小姑都可以使唤她，稍不如意便会遭到责骂甚至拳打脚踢。

然而，出身贫穷的丘得，也同情其他贫苦人，她抱养叶世春后，不把叶世春当作童养媳，而是视为女儿看待。叶世春和许聪两小无猜，亲如兄妹，夫妻婚后也很融洽。叶世春勤劳朴实、端庄贤淑；许聪则通情达理、坚强自信，他俩一起生活，刚柔相济，相得益彰。叶世春在家种田，许聪替附近船主当船夫，生活虽然倍感艰辛，但夫妻恩爱，勤耕力作，共负家庭生活的重担。不久，许应骙的姐姐和哥哥，陆续来到了人间。

自从成家后，孩子相继出世，许聪思想中增添了一种对家庭的责任感。贫穷的山村，船夫的生涯，加上时局的艰辛，许聪自感难以挑起养家糊口的重担。于是，强烈的责任感驱使他出去拼搏一番。他跟妻子商量，要远渡重洋，另谋生计。

有一首歌谣说：“拍呀拍剪刀，绣绫罗，阿兄坐船过暹罗，踏上埠头落力拼，寄钱回家饲（养）老婆。”这是许多华人到海外的初衷，离家是为家，离家不忘为家。叶世春是个通情达理的人，见丈夫决心已定，也没有拖丈夫的后腿，只是眼里噙着泪水，默默地为许聪收拾行装。

所谓行装，不外是一条水布、一只市篮和一包甜粿。

水布，俗称浴布，是用一条线纱织成的花格水布，下田可做围裙，洗澡可做浴布，扎在头上是头巾，垫在肩上代替肩垫，铺在树下是席子，买东西用它来装，用途甚广。市篮，是有盖的粗编竹器，篮身两旁有弓柄，用时多斜背在肩后，故也称背市篮。甜粿，是一种糯米甜糕，原是家乡人在拜神、祭祖或时年八节时制作的食品，可以保存较长的时间。昔年出洋者，坐的是红头木帆船，船期动辄一两月，甜粿当作干粮，以备船上充饥。有句俗话说：“无可奈何炊（蒸）甜粿。”逼不得已才选择过番这条路，炊甜粿也就是“无可奈何”了。水布勒在腰间，肩背装有几块硬邦邦的甜粿的市篮，搭上红头船，便任由命运飘荡了。

●隮隍妈祖

许聪远行之前，去许氏宗祠祭祖。宗祠的大厅，神龛上面供着列祖列宗的神位。他点燃了一炷香，跪在神龛面前，祈求祖宗在天之灵，保佑他一路平安，顺风得利。

他从许氏宗祠出来，加快脚步，三步并作两步走，往隬隍圩镇妈祖宫烧香许愿。

妈祖本名叫林默娘，出生于北宋时期的一个官宦家庭。因为出生一个月都不哭一声，所以取名叫默娘。她心地善良，做了很多善事。27 岁那年，她在海上奋不顾身抢救遇险的渔民，因为风浪太大，被台风卷走，不见了踪迹。人们不愿相信她遇难了，认为她已经升天变成了神仙。于是，村民在沿海建立庙宇来纪念她、供奉她，希望她可以保佑出海的渔民。由于大批移民漂洋过海，迁往异邦，需要一种精神依靠和信念，所以把妈祖奉为海外华侨保护神。隬隍妈祖宫建于清乾隆五十四年（1789 年），设主座，雕塑妈祖金身，凤袍冕旒，俨然一副天妃的模样。

许聪一口气走了几里路，来到镇上，买了些香烛祭品，便往妈祖宫敬香。上香后，他跪在妈祖神像面前，心中默念：求妈祖的神力庇佑，海途平安，将来若兴旺发达，必回到这里还愿，再塑金身。许聪许愿完毕，向妈祖求来一些香灰，带在身上，随身保护自己，这给了他远涉重洋的信心。

就这样忙乱了几天，终于到了出门的吉日。在亲人们的千叮咛、万嘱咐下，许聪到了隬隍搭上红头船，途经峙溪、归湖、潮州，直至汕头，然后换轮船赴暹罗。

自此，夫妇天各一方。彼此思念，欲见不得。

许聪到了暹罗后，不久便寄来“回头批”（批，即侨批，连同家书或简单附言的汇款。回头批，即过番者到他国后第一次寄回的侨批，也称平安批），批上以歌谣一诉衷情：

> 信一封，银二元，叫妻刻苦勿愁烦。
> 孩子欲教示，猪仔要知饲（养），
> 田园努力做，待到赚有（钱）赶紧回家来团圆。

见“批”似见亲人面，顿作甘霖化泪花。叶世春收到了丈夫的回头批，悲喜交加，晚上躺在床上翻来覆去睡不着，她走出土屋，听见不远处的河岸上，波浪冲击着悬崖，发出阵阵弦乐似的美妙回响。她想到顺着韩江而下，穿江过海，在那遥远的番邦，湄南河旁边，在一间茅屋里，许聪也许跟她一样辗转难眠吧？

犹记得丈夫过洋前一天晚上的情景……

两人一夜无眠。许聪为了安慰愁肠百结的妻子，念了一首歌谣：

> 天顶飞雁鹅，阿弟有“亩”（妻）阿兄无。
> 阿兄生仔叫大伯，大伯听着无奈何，
> 打起包裹过暹罗。
> 海水迢迢，父母心枭，
> 老婆唔娶，此恨难消！

叶世春哑然失笑，说：“不是父母偏心，而是阿弟比阿兄生来雅（英俊），人家看上他哪，所以先结婚，才会阿弟有妻阿兄无！”

许聪笑了，说：“有这种情况，但毕竟是个别的。”

“要不，是这位阿兄对父母不孝，被父母赶出家门，才会给阿弟先娶媳妇。”

“这也未必。”

“要不，阿兄是前妻生的儿子，阿弟是后母生的。”

“你的想象力太丰富了，不一定所有的后母都不好，有的后母对前妻生的儿子也是很好的。”

叶世春突然悟出真谛，说：“不是父母心枭，而是父母无钱。我看歌谣这个‘枭’字，要改为‘硗’（穷）哩！”

许聪点点头，说：“对！过洋的人多是因为生活困难，万般无奈，不想在穷村里困死，才到外头闯个活路……”

叶世春接上说：“是的，与其困在家中过穷日子，不如漂泊海外，绝处求生！”

听到叶世春说“绝处求生”时，一种难以言状的愁烦感突然侵袭了一向自信的许聪，他不禁打了一个冷战，轻轻地叹了一口气：“可是，茫茫大海，哪里是尽头？烟波浩渺，何处是生路？”

“车到山前必有路，船到桥头自然直，”叶世春反而安慰他说，“你这次到南洋，一定是‘亥爷得饭妈祖福’！”

“亥爷得饭妈祖福”指的是：昔年澄海樟林有一姓林者，少年丧父，母拟改嫁，路遇母猪拦阻，以为天意，折回。后儿子经营红头船，做过洋生意发家，以为妈祖保佑，为立新庙，因感念母猪拦路、母不改嫁之功，塑猪像配祀妈祖殿侧，同为世人膜拜。古以十二生肖配十二地支，猪即亥，称亥猪，民间雅称猪为亥爷。“得饭”为潮汕方言，“托福”之意。

这句话除有托福于他人之意外，还有得天神保佑的另一层意思。许聪十分感动，对妻子说："谢谢你！我到了暹罗后，一定要艰苦奋斗，有所积累，定回故土，到那时，'洋船到，猪母生，乌仔豆，缠上棚'！"

这时，东方天边刚露出鱼肚白，夜幕渐渐消失了。不知从哪里飘过来一首凄楚的歌谣：

郎去番邦妹在唐，山迢迢也水茫茫。
在家阿妹无双对，郎君在外打流郎（浪）。

常言道："在家千日好，出门半朝难。"只要有口饭吃，谁能抛妻别子，丢下父母，冒着海上的危险，跑到人地生疏、语言不通的南洋呢！许聪感叹万分，再也控制不住自己的感情，两行热泪滚落下来。夫妻拥抱在一起，大哭一场。

许聪到了暹罗，初时，他省吃俭用寄些钱回家。可惜，好景不长，许聪以后生活难以维持，无法再寄钱回来，音信中断。

自此，叶世春用柔弱的肩膀独立担负起赡养婆婆和抚养三个子女的重担，在贫困的生活中挣扎求生。

有位哲人说：有一种爱，一生一世不求回报，那就是母爱！母爱，崇高如山，深沉似海，纯洁如云，无私如田。有一个人，一生一世值得你爱，那就是母亲！世界上最动听的声音，那就是母亲的呼唤！母亲，人世间最美妙、最令人心醉的称谓。无论你怎样去描述、形容，都无法概括、表达其深邃的内涵。从一个幼小生命的孕育，到养育其独立于天地之间，那包含天下的母爱，会影响整个生命的全部过程。

直到今天，许应裘每忆起操劳一生的母亲，都不禁悲袭心头，泪水模糊了眼睛。他想起读过的中国红军之父朱德总司令为纪念母亲写的《回忆我的母亲》中的一段话：

"母亲是一个平凡的人，她只是中国千百万劳动人民中的一员，但是，正是这千百万人创造了和创造着中国的历史。"

美丽而幽静的站口山村，一边是清澈的韩江水悠悠流淌，千娇百态的水韵风情；一边是青翠茂密、郁郁葱葱的山林风光。勤劳朴实的人们在这片土地上日出而作、日落而息。

许应裘记起小时候跟着母亲上山砍柴、下地干活的情景，母亲尽挑重活，轻松活留给儿女做。上山砍柴时母亲叫他捡竹壳、树枝，割禾时叫他拾稻穗，打禾时叫他晒禾秆，耕田时叫他踏禾头，插秧时叫他送粥水……有时小应裘抢着做重活，母亲总是说："你还娇嫩着呢！"母亲天不亮就起床，做饭、种田、砍柴，样样能干，任劳任怨。许应裘的母亲就是千千万万个中国妇女中的一员，母亲双手粗大而长满厚茧，一双大脚板上磨出了厚厚的茧子，这是她一生辛苦、沧桑的见证！

夜深了，山村渐渐沉寂下来，辛劳一整天的人们都已进入梦乡……一个寒冷的夜晚，身穿单薄衣衫的母亲，正在灯下穿针引线忙个不停，突然打了一个冷战，一不小心针扎着了手，"哎哟"一声，惊动了正在复习功课的小应裘。小应裘急忙走上前去，拉住母亲的手，仔细端详，心疼地说："流血了！"母亲说："没事。"多少次，小应裘半夜醒来，看到昏黄的灯下，母亲缝衣纳鞋的背影；炎夏夜里，房子里闷热的像一只大蒸笼，母亲坐在床边用蒲扇使劲地扇风，给他们驱赶蚊子……

想着，想着，许应裘的眼眶湿润了……

他想起了清代诗人周寿昌写的一首《晒旧衣》：

卅载绨袍检尚存，领襟虽破却余温。
重逢不忍轻移折，上有慈母旧线痕。

许应裘的母亲叶世春具有坚强的意志，没有被艰苦生活所击倒，反而造就了坚强不屈、吃苦耐劳的品质，也培养出善良朴素、温良贤淑和外柔内刚的性格。更重要的是，她懂得读书的重要性。她用上山砍柴、拔山溪米（一种淡竹）挣来的钱，加上东挪西借的钱，供儿子上学。她先供大儿子许应明读完小学五年级，继而供小儿子许应裘进入学堂。

今日的许应裘，只要讲到当年母亲吃苦耐劳、辛勤劳动，以获取一点微薄收入供他们兄弟读书时，总是感慨万分："母亲经常在鸡头啼时就起来，到几里外的杉仔尾（地名）砍松柏枝，堆成一大堆晒干，到第三天下午就捆回来，第四天天未亮便挑到留隍圩镇去卖，有时到小胜村附近山脚的松柏树下拔寄生的山溪米。别人上山打柴时都带着饭包（米饭蒸熟后用布包紧），中午在山上吃。母亲没有带，中午饿着肚子，摘了头壳只树的叶子弯转成小圆筒形，装溪水以充饥。母亲总是顶着月光上山，伴着星星回家，靠着一把镰刀和一根扁担来供我们兄弟读书。"

许应裘在崇正小学读书期间，因战火纷飞，学校停课，便辍学在家。母亲看在眼里，痛在心上，当她闻悉潮安县庵埠一间学堂同意许应裘前去就读时，立即为儿子准备行装，凑齐学费，并再三嘱咐儿子珍惜机会，专心致志读书，学好本领，将来才能出人头地。

在许应裘成长的道路上，母亲叶世春不仅用深沉真挚、无私无悔的母爱时时刻刻照顾她的儿女，还教育儿女要自立、自强、奋斗不止。

母亲言传身教的一些往事，令许应裘终生不忘……

一年农历除夕日，孩子们手捧着一串串鞭炮在村头大榕树下，“噼噼啪啪”放个不停。黄金镇黄洞村小贩刘好寮来到站口村叫卖猪肉。

叶世春走过来，对刘好寮说：“好寮伯，先给我一斤猪肉，钱以后还你。”

刘好寮说：“你的奴仔（孩子）这样小，等到什么时候有钱还给我？”

叶世春说：“我过了年砍芦秆卖，就还给你！”

刘好寮冷冷地说：“不行！”

叶世春听罢，内心好像被针扎了一下，眼睛发红，慢慢地湿润起来。

突然，一阵寒风吹来，令人感到刺骨的寒冷。叶世春不禁打了一个冷战，她轻轻地叹了一口气，头也不回大踏步走了。

当天傍晚，叶世春用大蒜（蔬菜）和大米混合在一起，煮了一锅菜粥，另外炒了几碗蔬菜。小屋子里空气中弥漫着一股浓郁的菜米香。吃饭时，叶世春大喊一声：“儿呀，吃饭啦，今夜是三十夜（除夕夜），妈妈烹了一碗肥猪肉给你们吃！”

孩子们一年到头都没吃过猪肉，听母亲一说，怎不欢欣雀跃呢？大家围着饭桌，急忙举筷，小应裘发觉不对，说：“妈，没有肥猪肉呀！”

叶世春笑着说：“儿呀，白萝卜就是穷人的肥猪肉呀！”

一句话说得孩子都笑了起来。有钱的人家会杀猪宰羊，欢天喜地过个年，而叶世春没有钱，把白萝卜当成肥猪肉，一家人团聚在一起，也欢欢喜喜地度过了一个除夕夜。

许应裘上初中时，母亲靠砍柴得来的钱供他上学。这些钱除买些学习用品外，已所剩无几，根本不可能解决生活费问题。许应裘的粮食、菜只能由家里供给。同学中一些家庭较富裕的，饭桌上经常有鱼有肉，而许应裘的菜只是一些家里腌制的菜脯、咸菜，有的咸菜里竟已经生虫！母亲对许应裘说：“儿呀，咸菜无虫，天下无人！我们家庭环境不好，生活困难，不能跟人家攀比。”

“吃得苦中苦，方为人上人。”这句话就成了许应裘的座右铭，使许应裘认识到要比别人更加努力，才能取得更大的成就。在这句话的激励

↘第五章

少怀壮志

许应袭离开学校后，自愿应征入伍，被分配在特种兵（侦察兵）部队。

14 岁，花一样的年龄，是人生中最绚丽的季节，本该是跟小伙伴们在草地上追追闹闹放风筝的时候。而 14 岁的许应袭，却踏上了他从军报国的美好征程。

部队的生活，紧张而有序。许应袭初来到军营，一切都感到十分新鲜，心情极为兴奋。

起床、早操、吃饭、训练、学习，就是军营里的生活，很多人刚进部队都要有一个适应过程。比如每天必须列队训练，虽然动作简单，但训练时间却很长，它的主要目的就是培养军人的服从意识，达到令必行禁必止。这些训练甚至细化到日常生活，如被子要叠成豆腐块，衣服要叠成什么样，怎么站怎么坐等等，目的是培养军人良好的形象和气质。然而，出身贫苦的许应袭，过早地告别了怀有纯真美梦的儿童时代，很快适应了军营生活。他努力学习部队的条条令令，并遵守部队的相关规章制度，知道什么是该做的什么是不该做的。

许应袭不仅适应了军营的生活，而且发现这里的生活是如此的充实，一切都是那么美好！在这里虽然大量的训练让他累得躺下就能睡着，但当他身处训练场时，不知不觉就会生龙活虎起来。

这就是军营，一个充满着真挚情感的地方，一个让他脱胎换骨的地方。他在一篇学习心得中这样写道："记得我刚刚迈进军营时，身上还有着一股浓浓的'学生气'，当时我的自主观念很强，喜爱自由，不喜受人束缚，所以服从观念并不强烈。但是经过一段时间的学习训练后，我的'学生气'越来越淡，'兵味'越来越浓，我逐渐让服从成为一种习惯，把命令当成信仰，把纪律刻在心上，把‘军人’这两个字的含义当成一生的追求！这里没有安逸的生活，但井井有条的生活却如此充实，我爱军营!”

侦察兵的训练是比较艰苦的，其训练强度高于其他任何专业兵种。第一年进行高强度的体能训练，包括五公里越野、百米冲刺、扛人跑、双人蹲起、鸭子步、单双杠练习、俯卧撑等；第二年开始学习侦察兵技能，包括捕俘、侦察兵战术、侦察兵应用射击、基础射击训练、十米大绳空抓上、拳术、散打、摔跤、地形学、排雷、滑降等。许应裘年纪虽小，但勤勉且灵巧，他全身心地投入到紧张的学习训练中去，刻苦钻研基础理论知识，努力掌握军事技能，以坚韧的毅力经受着部队艰苦生活的磨炼。别人一个动作练100次，他就练几百次，他不怕苦，不怕累，当心里有了学好军事知识和本领报效祖国的宏大目标，就会有永不枯竭的动力和永不气馁的行动。

1953年7月，许应裘参加了攻打东山岛的战斗。东山岛，形状像一只翩翩欲飞的彩蝶，展翅在万顷碧波之中，因此又称蝶岛。它地处东南沿海，扼闽、粤海上交通咽喉，乃闽南沿海之屏障，自古为兵家必争之地：明代名将戚继光为抗倭修筑铜山古城，明末郑成功为收复台湾操练水师，施琅出兵统一台湾，无一不是在东山岛。东山岛面积220.18平方千米，距大陆最近距离仅1 800米。从岛上到陆地，无论是人员来往还是货物进出，全都靠船舶运输。

美丽的东山岛

●东山岛战役打响

当时，国民党军不仅盘踞着台湾，而且还占据了闽浙沿海包括大小金门、上下大陈在内的24个岛屿。国民党采取“以大吃小”“速来速退”“抓一把就走”的手段，对沿海不断进行袭击，与解放军争夺岛屿，还不断派遣特务潜入大陆，开展情报活动。

7月15日，蒋介石调动了4个主力团、2个海上突击大队、1个海军陆战中队，共1.2万多人，在13艘舰艇、21辆水陆两用坦克和30多架飞机的配合下，发动对东山岛大规模的突然袭击。

驻岛的中国人民解放军公安部队的战士们，随着指挥员一声令下，一齐向敌人开火，一颗颗子弹呼啸着扫向敌群，一颗颗手榴弹在敌群中开了花，敌人的几次冲锋都被打退了。战斗越来越激烈，因敌我双方兵力悬殊，各个阵地形势严峻，公安八十团团长游梅耀一面指挥部队节节抵抗，向岛中央的核心防御阵地退却，一面请求增援。

16日清晨，增援的先头部队分别赶到岛对面的海边。增援部队陆续上岛后，便与公安八十团组成联合指挥所，并马上决定：公路的西防区由广东增援部队负责反击，东防区由福建增援部队负责反击，公安八十团仍然驻守在阵地牵制敌人。总攻开始后，广东增援部队首先杀入敌群，以两个营的兵力正面出击，福建增援部队多路出击。此时敌人见解放军越打越多，而他们越打越少，便急忙改变了与解放军争夺岛屿的计划，利用少数兵力掩护主力撤退。17日17时，敌人纷纷涌上军舰逃走，蒋介石的计划宣告失败。

许应裘是随着驻广东的人民解放军第四十一军一二三师由潮汕增援东山岛的。在战斗中，许应裘表现得十分英勇，在枪林弹雨中冲锋陷阵，显露了一个军人在疆场上的英雄豪气，书写了一个革命战士的血火传奇。后来，他参加高考时，作文内容就是以他当年参加攻打东山岛战斗为题材。

一个强大的民族，背后必定站立着一支强大的军队。新中国成立以后，以毛泽东为首的党中央充分认识到建立一支强大的人民军队的重要性，毛泽东多次提出：“中国人民必须建设自己强大的国防。”1954 年，中国人民解放军在全军开展了以军事为主的正规训练，要使军队永远保持旺盛的斗志和极强的战斗力。当时刚调离中南局、担任中央军委领导的叶剑英明确指出：“在军事装备难以在短时间内有大改观的现实面前，要以劣胜优，以弱胜强，就必须扬己之长，避己之短，从提高军事训练质量上下功夫，以提高部队军事素质来弥补武器装备差劣之不足。”

当时，刚擢升为侦察排长的许应裘，朝气蓬勃，干劲十足，全力投入到军事训练热潮中去。他带领全排战士，喊出“练出过硬本领、练出真功夫”的响亮口号，刻苦训练，枕戈待旦。

●东山岛战役胜利

1955 年 7 月的一天，许应裘带领战士们在大操场上练兵。那一天，骄阳似火，暑气蒸腾，战士们一个个汗流浃背，挥汗如雨，但激情洋溢。只见练兵场上身强力壮的他们，龙腾虎跃，精神抖擞，一派朝气蓬勃的景象。

这时，某部炮兵团团长王国屏到连队视察，恰巧经过大操场，看见战士们在烈日炎炎下练兵，不禁眉头紧锁，停住脚步，大声喝道：“谁是排长？”

许应裘闻言一震，急忙从练兵场上跑出来，立正，扬声答道：“许应裘！”

王国屏看着这个满头汗水顺脸直流的小战士，心里不由怜惜起来，涌起一股难以名状的感情，脱口而出：“好小子，你真行！”

许应裘笔直地站立着，凝神聆听着首长的训话：

“中午，是火伞高张的时刻，甚至能把一桶冷水变成热水呢！这样的天气，你竟敢带战士们来练兵，真是胆大包天！你想想，倘若战士们中暑怎么办？没有健康的身体，能解放台湾（解放台湾是新中国成立初期，毛泽东和中央军委准备实施的一次重大战役计划）吗？能将革命进行到底吗？如果明天中午我再看见你们在练兵，就要进行严肃处理！”

说罢，王国屏大步流星地走了。

王国屏此番言语既是严肃批评，又是循循善诱，耐心说服，使许应裘懂得了“爱兵如子，胜乃可全”“得民心者得天下，得军心者得胜利”的道理，这对他今后的成长道路产生了极大的影响。尤其是他在后来创业中，善于创造一种和谐的工作环境和气氛，给予员工无微不至的关怀，视员工为子女。当记者采访许应裘时，他常常会讲述当年这段难以忘怀的经历，然后激动地说：

“王国屏将军爱兵如子，这让我感动了一辈子，终生难忘。以后我们一直都有联系，2005 年他还专程来广州看我，送给我一个珍贵的火箭模型，那是他在二炮当领导时，参与组织、指挥氢弹试验与制造的纪念品。正所谓‘滴水之恩当涌泉相报’，2006 年王国屏将军谢世后，他的大儿子做生意向别人借高利贷，把‘将军楼’拿去抵押，然后是我出钱帮他赎回了将军楼。”

事情的原委是这样的：

2006 年的一天中午，珠江河畔风雨肆虐。空中雨点如注，地上的水哗啦啦地响成一片；劈劈啪啪的雨点不停地敲打着玻璃窗。

许应裘的办公室里，笼罩着一股阴霾，烦闷、焦躁的气氛，似乎使人透不过气来。

这时，电话铃声急促地响起来，许应裘拿起电话听筒，电话里传来了工作人员的声音，说有一位远方客人来访。

来访的客人自我介绍说，他是王国屏将军生前下属的一个师长，姓陈，他沉痛地告诉了许应裘一个坏消息：王国屏将军病重抢救无效，于今年逝世了。

许应裘一下悲从中来，泣不成声。刹那间，他仿佛看到王国屏将军矫健的身影，仿佛听到王国屏将军浑厚的声音……

沉默了许久。陈师长说：“王将军逝世后，他的妻子流落街头。”

许应裘大吃一惊，急忙问道：“为什么？”

“王将军的大儿子做生意没有本钱，向别人借了高利贷，把‘将军楼’的房产证拿去抵押。原来借了 16 万元，现在利滚利，几次翻番后成了 360 万元。由于生意失败，无力偿还，债主把王将军遗孀及其家人都赶出了将军楼。”

“王将军生前对革命事业赤胆忠心，大义凛然，没想到他的遗孀竟落得这般下场，真让人感慨万千，悲泪欲流。”

“是啊，我们都十分同情王将军遗孀的不幸遭遇，准备在全军发动捐款活动，希望帮助她渡过难关。”

“陈师长，我有一个请求。”

“请说!”

“王将军生前爱兵如子，为人师表，我曾亲聆其教诲，深受教益，他对我一生影响甚大，我愿意捐资帮助王将军遗孀赎回将军楼。”

“好呀，那我先代表众官兵感谢您!”

“王将军大儿子向别人借的16万元由我负责还，其余高额利息不合理，请你看看要怎样处理。”

“这件事我会妥善处理，以慰王将军在天之灵。”

许应裘随即通知下属，把16万元现金交给了陈师长。

临别时，许应裘紧握陈师长的手，说：“等你的好消息。”

陈师长说：“很快就会有好消息，事情办妥后我马上给你打电话。”

这时，雨停了，一条彩虹出现在碧蓝的天空中，赤、橙、黄、绿、青、蓝、紫七种美丽的色彩交织在一起，相映生辉，像一座桥气势雄伟地横卧天际。

夜，正深沉，许应裘熄灯就寝。

一位年轻军官身穿军服，佩戴着熠熠生辉的大校军衔，腰间挎着手枪，精神抖擞地前往债主屋里。

年轻军官说：“我受王将军遗孀委托，跟你谈谈借款之事。”

债主说：“好的。”

“王将军的大儿子向你借款16万元，因做生意失败，不要说还利息了，就是本金也难以偿还。王将军生前所在部队的官兵们，有感于王将军一生盛德若愚，风范长存，故纷纷自愿捐款，筹集16万元还给你。”年轻军官从手提袋里拿出一大沓钱，放在桌上，说：“这是16万元现金，请你收好；将军楼的房产证，也请你完璧归赵。”

“这不可能。”

“为什么?”

“原来借款16万元，但加上利息，至今已成了360万元，要想一笔勾销，必须还我360万元。”

“你放高利贷，数额巨大，这是国法所不容的!”

“目前国家没有专门的法律条款对放高利贷的行为定罪名，我不犯法!”

年轻军官严正指出："高利贷不受法律保护，我起诉你扰乱金融秩序罪、非法经营罪和高利转贷罪。"

债主神态傲慢地说："我不怕！"

年轻军官目光炯炯地说："我再问你，你有什么权力霸占将军楼？"

"不还钱，抵押物就归我所有。"债主说罢，旁若无人地大步离开。

年轻军官大声喝道："你回来！"

债主停住脚步，转身望着威严的年轻军官。

……

一阵电话铃声，惊醒了许应裘刚才的一场梦。他一骨碌爬起来，抓过听筒，一听是陈师长的声音：

"许总，我告诉您一个好消息，将军楼的房产证已经拿回来了！"

"好的，好的，我刚才还梦着呢！"

"王将军夫人委托我向您表示感谢！"

"请你转告王将军夫人，这是我应该做的。"

"真的谢谢您！"

"若说要感谢，也应该谢谢你，我出钱你出力嘛！"

"应该的，应该的！"

……

许应裘放下电话，走到阳台上，只见大地依然笼罩在一片浓重的夜幕中，天空中仅有的几颗小星星一闪一闪的。突然间，晨曦微露，天空渐渐展现微弱的光亮，由暗而明，由弱而强，继而初升的太阳射出第一道光芒，刹那间火球腾空，凝眸处彩霞掩映，光影千变万化，空中射下百道光芒。"今天的朝阳可真美啊！"他情不自禁地发出感叹，急忙从阳台快步走下楼梯，迎着瑰丽的朝霞，加入小区的晨运队列……

许应裘就像一块优质的天然矿石，在部队的大熔炉里，倔强不屈、刚毅勇敢。

许应裘在部队既磨砺了意志，又学到了军事知识，掌握了军事本领，他的手枪射击技术，在全军比赛中曾获得第一名；军事、政治、文化各方面的考核年年都被评为优秀，17 岁时他被任命为侦察排长，授予少尉军衔；他曾代表四十一军一二三师参加全军考试，又曾代表四十一军参加中南军区考试，统计成绩为：政治 5 分、文化 5 分、军事 5 分（当时以 5 分为最高分），为连队争得了荣誉。许应裘也被战士们笑称为"全军标准军人"。

正当许应裘信心满满地在部队的大熔炉里熔炼的时候，一件料想不到的事情发生了。

许应裘为从军报国投入了全部热情，因此他不怕吃苦，不怕困难，工作总是抢在前冲在前，“你下你的海哟，我趟我的河，你坐你的车，我爬我的坡，既然是来当兵哟，既然是来报国，当兵的爬冰卧雪算什么！什么也不说，胸中有团火，一颗滚烫的心呵，暖得这钢枪热。你喝你的酒哟！我嚼我的馍，你有儿女情，我有相思歌，只要是父老兄妹，欢声笑语多，当兵的吃苦受累算什么！什么也不说，心中有祖国，一颗博大的心，愿天下呵，都快乐”。每当许应裘唱起这首歌的时候，心里总是澎湃着一股激情。然而，天有不测风云，人有旦夕祸福。

这段时间，许应裘带领战士们起早摸黑修建坑道、工事，几乎昼夜不停地干，累了，就睡在坑道里。坑道里尽是烂泥，又潮又窄又黑，一下起雨来，雨水通过土层从四面八方渗进来，一觉醒来，往往是浑身泥泞、湿漉漉的。恶劣的环境和风寒湿邪侵袭，使原来身体强壮的许应裘也害上了风湿病。初期，他的关节肿胀疼痛，之后发展到腰痛，全身不适，行走困难，经部队卫生所医生治疗，虽能控制病情，缓解症状，但不能根治。他只得请假回到家乡，找民间的草药医生治疗。

就在这时，高等院校到部队招收学生。因许应裘在部队各方面表现都很出色，他所在部队推荐他到高校进行深造。许应裘也认为自己读书不多，现在有这个机会，就一定要争取。

然而，许应裘面临的最大问题是，他初中尚未毕业，还有三年高中课程未曾读过，必须在三个月内把功课补上去，参加全国统一的高考，时间非常紧迫，其难度，就可想而知了……

“我成吗?”许应裘不断地问自己。这时，他想起了他的教官曾跟战士们讲起的美国一个海军军官的女儿海伦的故事。

教官说：“1880 年6 月27 日，海伦出生于美国一个叫塔斯泰比亚的小镇。海伦出生 18 个月后，一场意想不到的重病使她变成了一个又聋又瞎的残疾人，她听不到妈妈轻声哼的摇篮曲，看不见爸爸慈祥的面孔。她的眼前是无边无际的黑暗，耳边是死一样的寂静。这个幼小的生命掉进了痛苦的深渊。”

教官接着说，当海伦长到五六岁的时候，她聪明伶俐、思绪活跃，但她不懂得人们是用语言交谈的，还以为别人也跟她一样生活在黑暗之中。为了抚育海伦成人，她的父母费尽了心血。他们带她到著名的眼科大夫那儿去就诊，试图医治好她的双眼，但没有成功。为了能让孩子成长起来，他们聘请家庭教师，希望能为她寻找到“光明”。

小海伦是一个意志特别坚强而又聪明的孩子，她的进步是惊人的。她学会了用手指摸读盲文书，在摸读时，她的手指像微风中的树叶一样不停地动，一旦学会了生词，就反复练习。有时读得入了迷，上床以后都带着盲文书摸读。1887 年，当海伦 7 岁时，她学习说话的愿望越来越强烈。父母就请来聋哑学校的教员莎莉文小姐，教海伦说话。在说话的时候，莎莉文老师就让海伦把手放在自己的脸和脖子上，让她试着模仿自己的口形、舌头的动作，学习发音方法。这是件异常艰难的工作，可是顽强的海伦硬是坚持下来了。功夫不负有心人，九个月后，海伦终于能说话了，当她第一次叫出“爸爸”“妈妈”的时候，父母热烈地拥抱了她。

海伦对于外部世界的绝大部分知识，都是通过各种语言来获得的。词语对她来说就是眼睛和耳朵，也是她心灵的窗口，因此，她从不轻易放过学习语言的机会。经过艰苦卓绝的努力，她学会了英、法、德、意、拉丁语五种语言。这对于一个聋哑人来说，付出的艰辛是常人难以想象的。海伦学会了多种语言，凭着她对这个神秘世界的理解，她爱上了文学，一有空就来构思自己的文章，以此表达自己对这个世界的认识。她结识了许多著名的作家、诗人、编辑、演员，跟他们学到了不少东西。1905 年，海伦先后发表了《我的生活故事》《我的生活世界》等自传体小说，很快以她的独特魅力成为一个世界闻名的人物……

教官把故事讲完了，最后说：“战士们，我们要学习海伦这种顽强的意志力，坚毅不屈的精神，这能使我们有决心在人生的道路上，不断战胜一个又一个的艰难险阻，迎接以后生活中的种种挑战！”

许应裘从海伦的感人故事中，似乎获得了战胜困难的精神力量……

他满腔热情，备战高考，蓄势待发。

母亲到镇上向亲戚借来一套高中课本，交给许应裘。她忧心忡忡地说：“儿呀！古话说，十年寒窗苦读日，一朝金榜题名时。过去考取功名，是要读十年书的，而你三个月内就要读完这一叠沉甸甸的书，难呀！”

许应裘安慰她说：“妈，不用担心，俗话说，欲行千里，先立其志。我已立下志向，一定要考上大学。十年一剑，勒铭燕然。为了实现我的目标，我会结合自己的实际情况，安排好复习计划。妈，相信我吧！”

“你这样说，妈就放心了。”母亲说，“儿呀，考上大学，是取得什么功名呢？”

许应裘一怔！他记得曾听村里的老秀才许辍说过，封建社会的科举制度，小时在乡间私塾启蒙，称为童生；参加乡试合格，便是秀才；秀才赴省城统考，考中者便是举人，举人可以接受朝廷委派去做官。至于今天的大学生，相当于什么样的功名，他也说不清楚，但母亲问了，他不得不支吾地说："或许是举人吧。"

"考上大学，就是举人了，举人就是天上受人敬重的文曲星了，好呀！"母亲高兴地说着，又回头对许觉、许应明说，"我们全家人都要支持应裘读大学，家里所有事情都不让他分心。"

许觉、许应明齐声说："好呀！"

学而时习，志在春秋。在母亲和姐姐、哥哥的支持下，许应裘开始没日没夜地拼命读书。他报考的是文科，当年文科考试科目是语文、政治、历史、地理、外语。军人参加高考可以免考外语。除外语一科外，其他各科必须在这几个月内读完。苦读了几天后，尽管他整个身心都投入了，但课本实在太多，依然读得晕头转向，犹如"盲人摸象"，抓不住重点，心里很苦恼。

许应裘突然想起，各科高考必有大概范围、题型和考点，这就是考试复习提纲；如果有复习提纲，就能有纲可循，事半功倍。但他不是应届高中毕业生，复习提纲到哪里去找呢？

然而，一个非凡的人，总有着比别人棋先一着的分析问题的能力和过人的决策能力，许应裘就是这样的。即使是孩童时期，他也是与众不同的。他八岁横渡500多米宽的韩江时，就懂得游泳路线不能是一条直线，而应该是斜线，遵循"随波逐流"的原则，即顺着水流的方向，才能快速、高效、省力。今天，没有复习提纲，他第一时间就想请一些学校帮忙解决。于是，他写信给一些中学。不久，就收到了汕头金山中学、河南许昌中学、浙江温州中学等学校寄来的复习大纲。

他根据这些复习大纲，制订了一份复习计划，基本上涵盖了三个月的整体学习安排，包括每月以及每天的细节规划。

文科高考的这些科目，很多是需要死记硬背的。许应裘认为，清晨是人一天记忆力最好的时间段，这个时间便安排背诵课文。每天清晨，迎着第一缕朝阳，他就起床晨诵。初夏，是山区农村最美的季节。各种树争着吐绿，小草抢着发芽，一丛丛、一簇簇的野花竞相绽放，一派生机勃勃、美丽活泼的景象。许应裘朗朗的读书声飘出窗口，犹如一首美妙的乐曲，在田野里回荡，给美丽的山村增添了一抹亮色。许应裘今天滔滔不绝的口才和过目不忘的记忆力，就是在这个时候刻苦练成的。

一些历史事件，如甲午中日战争、戊戌变法、辛亥革命等等，都比较难记。许应裘就把它们写在小纸条上，贴在小卧室的四周墙壁上，空余时间看看，加强记忆。早晨醒来，一边穿衣，一边读着，对特别难记的就出声朗读，甚至背诵下来。这样多看多背多复习，久而久之就记住了。

那时候正是酷热季节，烈日炎炎，空气在灼人的阳光下好似在颤抖。屋子里更热得像蒸笼，使人透不过气来。许应裘挥汗如雨，全然不顾，在三个月的短短时间里，竟自学了高中三年的全部课程，这不能不说是一个奇迹，由于他的刻苦努力，高等院校的大门，正向他敞开……

还必须提到的是，许应裘有着先知先觉的天赋。他对朋友说过，当时他分析了新中国成立后历年高考作文题目，都是结合当年形势来命题的，上一年的高考作文题目是“大跃进中激动人心的一幕”，是因为那一年开展大跃进运动，而今年全国人民正在鼓足干劲、力争上游地进行全民规模的生产大跃进运动，必定涌现了不少好人好事，因此，今年的作文题肯定是这方面的内容，果然不出所料，那一年的高考作文题目是“记一段有意义的生活”；前一年高考地理有一道试题叫“长三角经济意义”，他认为今年高考也有这样一道题，只不过不是“长三角”，而是“珠三角”，也被他猜中了……先知先觉就是对事物的敏感度强，在别人没有发现的时候，他最先预知。先知先觉的人表现在考试上，就是俗话说的“会抓题”。事实上，除了天分之外，更多的是勤奋。许应裘还说过，在高考时，一些试题他会清楚地知道出自课本的哪一章哪一节，如果不是熟读课本，就是书放在他的面前，也不会知道在哪一章哪一节的。

正是：披星戴月奋斗三个月，火树银花绚烂九月天。许应裘在高考时考出了好成绩，被一所省著名高等院校录取。

九月的广州，天高云淡，阳光明媚。许应裘怀着无比兴奋和略带紧张的心情，第一次踏进了梦中的大学校门。

一进校门，只见满园苍翠，环境优美，景色宜人。教学楼、行政楼、图书馆点缀于浓荫之中，似乎绿色的生命在涌动。顺着绿树掩映的大道，人文景观遍布，文化气息浓厚，许应裘心底升起了一种亢奋，他从心底喜欢上了这个地方。

当时，按部队规定，许应裘可以带薪到高校学习。在这所高等院校里，许应裘读的是中文专业，主要课程有中国古代史、近代史、世界史、文学概论、中国文学、世界文学、逻辑学、马列主义基础知识等，还有教育学、教育心理学、教学法。很多课程是全新的，许应裘以前都没有接触过。而且，大学的学习方式跟中学有所不同，老师在讲台上滔滔不绝，旁征博引，一讲就是两个多小时甚至三四个小时，学生在下面静静地听，懂与不懂，全凭自己的悟性。刚进入大学的许应裘，很难适应新的学习环境。

加之，他的中学课程基础知识不扎实，这给他的学习带来很大的困难，很多功课深奥难懂，简直听不懂老师在讲些什么。但是，许应裘最大的特点就是一旦认定目标之后，便努力进取、不怕困难、执着追求，这种精神不仅体现在他读大学时克服困难、适应新环境的过程中，也体现在以后白手起家，取得巨大成功的事业上。

许应裘深知，学习是一个持续、连贯的过程，每天的学习都需要一个合理的顺序，每门科目的学习更应具有连贯性。如果其中一个环节没有做好，必定会影响到下一个环节，从而导致学习节奏的混乱，最后导致知识消化不良。前面已经学过的知识还没掌握好，老师再讲新的知识，自然就会听不懂了。不懂的知识点越来越多，新的内容又纷至沓来，从而使人陷入越读越困难的境地。

为此，许应裘给自己制订了学习计划：专心听讲，趁热打铁，及时复习，认真看讲义，写内容提要和课堂讨论发言提纲。学会预习，变被动为主动，当天作业完成后，预习明天的功课；大学一年级第一学期结束后，利用寒假时间预习大一第二学期的全部课程；大学一年级第二学期结束后，利用暑假时间预习大二第一学期的全部课程……这样，到了大学四年级第一学期的寒假，已预习完大学的全部课程了，当年暑假就可以专心看课外书了。

读大学这段时期，许应裘非常努力、非常勤奋，正如他自己后来回忆时所说：“我上大学的时候是个笨拙的孩子，没有天分，刚上大学时，学习成绩总比别人差，很苦恼。我想，笨鸟要先飞，只有靠勤奋，以后天的努力弥补先天的不足。中外历史上有很多勤能补拙的事例，如爱因斯坦小时候被公认为一个小笨蛋，笨到老师也觉得他无可救药了。可是呢，因爱因斯坦具有常人所不及的勤奋，长大后他获得了诺贝尔奖，以及数不清的奖项。梅兰芳年轻的时候去拜师学戏，师傅说他长着一双死鱼眼睛，灰暗、呆滞，根本不是学戏的料，不肯收留他。然而，天资欠缺的他不但没有灰心气馁，反而更加勤奋了，经过多年的不懈努力，梅兰芳的眼睛终于变得如一汪清澈的秋水，熠熠生辉，含情脉脉。这些名人刻苦学习的精神深深地激励着我。书山有路勤为径，学海无涯苦作舟。我付出了比别人多十倍、一百倍，甚至一千倍的努力，终于学有所成，成为新中国一个有用的人才。”

“弄假像真终是假，将勤补拙总输勤。”许应裘凭着坚强的意志和惊人的毅力，刻苦学习。笨鸟终于先飞，学习成绩经常名列前茅，成为学院中文系一名高才生。

一次，许应裘参加学院年级的演讲比赛，他演讲的题目是“离骚：浪漫主义杰作”。他以洪亮的声音，明确的主题和内容，引起了师生的关注。他说：“《离骚》是伟大的浪漫主义诗人屈原以自述生平的表现手法写的一首长篇抒情诗，全诗共370多句，近2 500字，分为前后两个部分，前一部分回顾历史，后一部分是对理想之实现的探索，这是一篇光耀千古的浪漫主义杰作。”

诗有诗眼，文有文眼，写诗作文点题，犹如画龙点睛。许应裘一口气道出了关键，抓住了文眼，具有“着一字而全境出，牵一发而动全身”之妙，博得了全场热烈的掌声。

“那么，说它是浪漫主义之杰作，表现在哪里呢?”许应裘在热烈的掌声中继续说，“《离骚》所表现的社会内容，直接根源于楚国政治黑暗腐朽的现实生活，所抒发的思想情感，是诗人自己遭到不公平待遇的哀怨。然而，在作品的艺术表现中，诗人完全摆脱了现实生活的固有逻辑，而进入想象的境界，富于奇幻神异。”

许应裘进一步论述了《离骚》的写作特点，他指出：“诗的开头一句‘帝高阳之苗裔兮，朕皇考曰伯庸’，好似有一种神奇的魔力，一下子把读者的心点燃了；接着诗人从自述身世、品德、理想写起，反复倾诉其对楚国命运的关怀，表达了他要求革新政治、与权贵集团斗争的强烈意志。诗的上半部虽然是诗人写自己的现实生活，但通过比兴手法铺叙夸饰自己的‘内美’，即美好品质，已具有奇异想象的特色。下半部通过奔腾飘逸、上天入地去寻觅心中太阳的想象，把奇幻神异的特色更加淋漓尽致地表现出来。请看：朝发于苍梧，夕余至县圃；令羲和驾车，望舒使前驱，飞廉后奔；鸾皇、雷师、凤鸟随从左右；旋风积聚力量，率领着云霓直奔天门；上下求索去追求理想，寻找出路……强烈的抒情与奇幻的想象结合，更深沉地展示了他的心路历程，反映出他热爱楚国的思想感情。《离骚》虽然带有自传的性质，但它又具有大量的超现实的描写，如运用‘香草美人’的比喻，渗入了浓重的神话因素。诗中的构思，具有某些情节性，但也并非客观的、真实生活经历的叙写，而完全是主观想象的飞腾，处处展示变幻莫测、摇曳多姿、梦幻诡奇的神奇境界。这一切都说明《离骚》表现出了积极浪漫主义的精神。”

最后，许应裘激昂地说：“诗人把炽烈的感情与奇丽的超现实想象相结合，把对现实的批判与历史的反思相结合，形成了绚烂的文采和宏伟的结构，塑造了一个坚贞高洁的抒情主人公形象，这是诗人屈原在中国诗史上的奇异贡献，成为我国古代积极浪漫主义文学创作的典范。同学们，‘路曼曼其修远兮，吾将上下而求索’，我们要走的路还很漫长，但我们要百折不挠，不遗余力地去追求和探索!”

许应裘精彩的演讲之后，会场上响起了一阵阵热烈的掌声。

许应裘第一次进图书馆，好似小偷进了宝库般，欣喜不已。从此，他便成了学院图书馆的常客。他既像是一条小船驶进了知识和智慧的海洋，又像是一个贪玩的小孩漫游在芳香的百花盛开的花园里，流连忘返。“理想的书籍是智慧的钥匙”，他牢记这句至理名言。他如饥似渴地阅读着，从鲁迅、茅盾、老舍、巴金、丁玲、周立波、郭沫若、张恨水、赵树理等我国著名作家的作品，到巴尔扎克、莎士比亚、普希金、莱蒙托夫、列夫·托尔斯泰、高尔基、米哈依尔·肖洛霍夫、马克·吐温、莫泊桑等外国作家的作品，他都有所涉猎，遇到好的篇章，抄录下来，反复品味，牢记于心。

然而，许应裘虽博览群书，但不可能全部精读，对此，他深有体会：“读大学时我虽看了很多书，但一些书并没有仔细看，只能了解大概，可是，脑中存着这些书目，用时方有寻处，这是大学读书给我最大的收获，至今仍受益不止。”

许应裘的阅读兴趣是多方面的，涉及范围也非常广泛。除了文学外，他还喜欢读经济，读哲学，还读一些数理化书籍，这使他得到了全面发展，积淀了深厚的文化底蕴，为他以后步入社会，参加工作，以致后来成为大企业家铺下了坚实的基石。

经过四年坚持不懈的努力，许应裘在德智体方面都得到了发展，各科学习成绩优良，拿到了学院的大学本科毕业证书。而且，他多年的风湿病也痊愈了。原来，在他读大二上学期时，一位老师告诉他，天津大学的一位校长，有一个治疗风湿病的民间偏方，据说非常灵验。许应裘抱着试试看的心情，写信给这位大学校长。想不到的是校长爱生如子，很快就寄来了偏方。许应裘如获至宝，马上按这偏方用药。不久，奇迹出现了，许应裘只吃了几次，多年风湿病就痊愈了。暑假时许应裘回到家里，母亲不断打量着他，见他健壮有力，高兴地说："儿呀，你真是福大命大啊！"

许应裘大学毕业后，从事文教工作，在平凡的岗位上，奉献着人生最美好的青春、智慧和真诚……

第六章

搏击在澎湃的改革浪尖上

1978 年，在中国当代思想史上具有里程碑意义的“改革开放”的号角吹响了，中华民族伟大复兴的现代化事业翻开了新的一页。

这一年 12 月，中共十一届三中全会在北京召开。伟大的社会主义改革开放从这次全会揭开序幕。建设有中国特色社会主义国家的新道路以这次全会为起点正式开辟。十一届三中全会是中国进入社会主义事业发展新时期的光辉标志。它标志着中国共产党终于从历史挫折中重新奋起，带领中国人民开始了改革开放和为实现社会主义现代化而奋斗的新征程。

●1979 年创办深圳经济特区

随着改革的逐步推进，对外开放开始有了重大突破。创办经济特区为实行对外开放提供了一个新的思路。在1979年4月的中央工作会议期间，邓小平听取了广东省委负责人关于在毗邻港澳的深圳、珠海和侨乡汕头开办出口加工区的建议，当即表示：还是办特区好，过去陕甘宁就是特区嘛，中央没有钱，你们自己去搞，杀出一条血路来！中央工作会议讨论决定：在深圳、珠海、汕头和厦门划出一定的地区单独进行管理，作为华侨和港澳商人的投资场所。1980年，将“出口特区”改名为“经济特区”，决定在深圳、珠海、汕头和厦门设置经济特区。在来自全国各地的建设大军的艰苦努力下，深圳、珠海这样往日落后的边陲小镇、荒滩渔村，不过四年工夫，就变成了高楼矗立、初具规模的现代化城市，成为引进外资和先进技术的前沿地区。

20世纪80年代末90年代初，国际上，苏联解体，东欧国家剧变，国际社会主义运动出现低潮，长期以来的东西方两极冷战结束了，世界向多极化发展，经济全球化趋势不断加强，第三次科技革命使世界日新月异。在国内我国的社会主义建设积累了经验，取得了一定的成果，人民的生活得到改善，饱经风霜的民族开始重新焕发青春活力。然而，1989年春夏之交发生的政治风波，使中国的改革开放事业一度蒙上了阴影，中国社会前途堪忧。邓小平冷眼观察了三年，眼看他倡导的改革开放事业可能毁于一旦，他再也不能沉默了。1992年春天，邓小平再一次到南方视察并发表讲话。

1992年1月18日至2月21日，邓小平先后视察武昌、深圳、珠海、上海等地。视察途中，他多次发表讲话，强调党的基本路线要管一百年，动摇不得。改革开放胆子要大一些，敢于试验。判断的标准，应该主要看是否有利于发展社会主义社会的生产力，是否有利于增强社会主义国家的综合国力，是否有利于提高人民的生活水平。邓小平在谈话中科学地总结了党的十一届三中全会以来的基本实践和基本经验，从理论上深刻回答了长期困扰人们和束缚人们思想的许多重大认识问题，是把改革开放和现代化建设推向新阶段的又一个解放思想、实事求是的宣言书。

1992年3月26日，《深圳特区报》发表长篇通讯《东方风来满眼春——邓小平同志在深圳纪实》，报道了邓小平在深圳的行程、讲话，这在国内外引起强烈反响。

邓小平的“南方谈话”如一股强劲的春风，吹遍了祖国的每一个角落。停滞不前的中国航母再次发力，全国经济生产全面复苏、升温，全国人民为之欢呼雀跃。走在改革开放前沿的广东，让一批在时代变革中先知先觉，又有勇有谋的强人，在市场经济的浪潮中大放异彩。

夜，深沉，星星一闪一闪的，当其他人做着温馨的梦时，东山区新河浦办公楼的一间房里，灯还亮着。一位壮年男子一会儿翻阅报纸，一会儿静静地沉思。从他的一张疲倦的脸上，可以看出，他已是熬过了无数个夜晚。但他的眉宇间却透露出一种超人的胆识和睿智的光芒，给人一种干练、潇洒的感觉和不凡的气派。

他，就是许应裘。

那时候，许应裘的心里颇不平静，邓小平的“南方谈话”深深地震撼了他，他想到自己从事文教事业已有几十年时间了，为培养人才呕心沥血，现在虽然退休了，但还能为国家为人民干一些工作。他牢记邓小平视察南方时说过的话：“我们搞社会主义才几十年，还处在初级阶段。巩固和发展社会主义，需要几代人、十几代人，甚至几十代人坚持不懈地努力奋斗。从现在起到下世纪中叶，将是很要紧的时期，我们要埋头苦干。”他感觉到了一种变革的力量，渴望着自我的超越，要坚持不懈地努力，为改革开放事业鞠躬尽瘁，为建设社会主义大厦添砖加瓦。许应裘苦苦思索着、畅想着……

他觉得浑身有着无穷的活力，身子忽然变轻了，飞上那祥光霭霭、彩云朵朵的天空，凭着一种理想向前奔去，面向远方追求、探索……

他感到从未有过的兴奋和激动，迅猛地飞过南粤上空，飞越珠江和韩江，乘着起伏的心潮，越飞越高……

猛然间，只见前面横躺着一块巨石，中间裂开一道宽宽的空隙。他飞得太快，来不及避开，撞进了空隙，“哎哟”一声，跌入了四周漆黑一团的大海深处……

他被噩梦惊醒了，一骨碌爬起床，心里不免有点惶惑，痴痴地望着窗外那夜幕深沉的天空，几颗小星星，一眨一眨，在窥视着神秘的大地……

突然，一个伟人坚定的声音在许应裘的耳边响起：

> 改革开放胆子要大一些，敢于试验，不能像小脚女人一样。看准了的，就大胆地试，大胆地闯。深圳的重要经验就是敢闯。没有一点“闯”的精神，没有一点“冒”的精神，没有一股气呀、劲呀，就走不出一条好路，走不出一条新路，就干不出新的事业。不冒点风险，办什么事情都有百分之百的把握，万无一

失，谁敢说这样的话？

许应裘站了起来，推窗望去，只见晨曦初上，太阳仿佛从苍茫的宇宙飞来，冲破重重叠叠的云雾，给羊城披上了金色的霞装。他的心情极为振奋，自言自语道：“闯吧，大胆地闯吧！往哪里闯？邓小平不是点破了中国改革中最敏感的禁区——市场经济吗？他一再强调说：‘计划经济不等于社会主义，资本主义也有计划；市场经济不等于资本主义，社会主义也有市场。计划和市场都是经济手段……实践是检验真理的唯一标准，不管白猫黑猫，能捉老鼠的就是好猫。’”

这七八年来，中国的经商热潮，又在许应裘脑海里一幕幕地展现出来……

1984 年，第一次经商热潮在神州大地兴起，许多人纷纷进入商海，一些政府机关工作人员及知识分子群体，他们放弃有保障的就业体系，走出了旧体制的束缚，开始了自己的下海经商之路。在“经济”指挥下，在五彩缤纷的社会大舞台上，演奏着自己的进行曲，或激扬，或低沉，或哀怨，或悲壮。

20 世纪 90 年代初又迎来第二次经商热潮，经济成了时代的主题，“好男儿何必不下海”成为人们的口头禅，“下海”如红彤彤的太阳悬挂在祖国的上空。“下海”一词源于一出戏曲《洛阳桥》，说的是清朝有个状元叫蔡襄，要为家乡建一座洛阳桥。建桥时，桥墩突然打不下去了，这时，老百姓纷纷议论说“海龙王不同意”。于是，蔡襄贴出一则布告，说：“今拟委派一位能下得海去的人与龙王面洽架桥事宜。”两个衙役在酒馆里找到了一个名叫“夏德海”的醉汉，谎称找到了“下得海”的人。几天后，夏德海被带到海边，灌醉后扔到了大海里。后来，人们就把稀里糊涂或冒险去干某种事，概称为“下海”。后来，又有了引申，变成现在所流行的“下海”一词，指改革开放时期，随着市场经济的繁荣，许多人不满于现状，转而经商。

“地产江湖”一词出自被誉为“中国地产界第一 CEO”谢强的口中，他把房地产这个行业描述为“一个江湖”。他说，什么是江湖？人即江湖，恩怨即江湖。江湖是浪漫的，在深夜街头独自挥舞着刻着自己名字的剑，在朦胧的夜色中穿越屋脊林梢，像风一样潇洒。江湖是凄凉的，蒙冤受屈泰然处之，恩怨情仇也如过眼云烟。许应裘说，行走江湖靠的不是尔虞我诈，搏击商海也不是凭着机关算尽，文人从商也有一番别样的风景，搏击在澎湃的改革浪尖上，没有比商业领域的活动更加激动人心的了。

许应裘认为，商业活动推动了社会和历史的进步，尤其是今天的市场经济，给我们这个古老的国家带来了旺盛的生命力和市场的活力，而这份活力背后的整个民族、整个社会的新的价值观、新的道德观也在逐步形成。作为市场经济主力军之一的商人，是今天中国社会进步的重要动力之一，商人的进步肯定会促进市场的进步，而市场的进步肯定会决定和推动中国的民主进程。从这个意义上说，商人是值得人们尊敬的，因为他们用行动改变了人们的生活。

许应裘办事从来不会兴之所至、仓促行事，这是他充分分析房地产业发展的大趋势，分析了房地产业的现状与前景之后决定的。

许应裘平日重视对世界经济发展的研究，他知道，房地产业包括地产和物业。地产是指土地所有权及其在经济上的实现；物业是指住宅、商业楼宇、工厂仓库等建筑物的所有权及其在经济上的实现。房地产业的发展，对于一个国家和地区的经济发展有着极其重要的作用。例如，香港政府利用其对土地所拥有的最终产业权，每年通过出售土地获得了大量财政收入，其中最高收入达到 107.69 亿港币，占当年香港政府财政总收入的 37%。房地产业的发展，还可以为国民经济各部门提供良好的物质条件，如工厂厂房和商业楼宇；为城市居民提供大量住宅；为大批劳动力提供就业机会。同时，房地产经济的发展和金融业的发展相辅相成，房地产经营需要大量资金，这些资金主要来自银行贷款，而房地产业繁荣了，又反过来带动金融业的繁荣。据统计，香港银行在房地产业的贷款占其贷款总额的 31% 以上，居各行业使用贷款之首。在商品经济发达的资本主义国家，地产经济对其经济发展所起的推动作用也是十分明显的。

许应裘从历史的轨迹中，了解了中国房地产业的以往。早在计划经济时代，中国房地产业曾经一度销声匿迹，被福利化的单位住房供给制度所代替。自新中国成立以来，我国长期实行以行政划拨和无偿使用土地为特点的城市土地管理体制，这是自然经济以及承认土地国有而不承认所有权和使用权可以分离的结果。所以，这样导致了我国城市土地管理的混乱和土地的浪费，不能很好地统一规划和合理使用土地。

许应裘清楚地知道，20 世纪 80 年代以前，没有人公开地把房地产看成商品，更不会把它作为商品来买卖，它自然就不会形成产业。直到改革开放初期的 1980 年 4 月，邓小平发表了关于建筑业和住宅问题的谈话，提出要“在长期的规划中把建筑业放在重要的地位”，要把建筑业发展成

“经济的三大支柱产业之一”。要通过住宅的产业化和市场化，来加快改善由于毛泽东时代的社会积累主要用于国家工业化而使中国城市居民普遍过于困窘的居住环境，“要考虑城市建筑住宅、分配房屋的一系列政策，城镇居民可以自己购买房屋，也可以自己盖房。不但新房可以出售，老房子也可以出售；可以一次付款，也可以分期付款，十年、十五年付清”。邓小平的这次讲话，开启了中国房地产业的先河，拉开了中国住房制度改革的大幕，这是中国当代房地产业诞生的标志，一棵充满勃勃生机的幼苗出土了。

在中国房地产业发展过程中的起步阶段，许应裘注意到两个重要事件。

一是 1987 年 12 月 1 日下午，原深圳市规划国土局局长刘佳胜敲下了新中国历史上前所未有的土地拍卖第一槌。

在 17 分钟内，位于深圳罗湖布心路与东晓路交汇处的东晓花园这块占地 8 588 平方米的土地，最终被当时直属深圳市房地产管理局的深圳经济特区房地产公司（深圳房地产集团前身）以 525 万元的最高价夺标，后来建成了当时深圳最大的商品房住宅小区。

第一槌是慎重且沉重的，在当时我国宪法明令禁止土地买卖的背景下，第一槌牵动朝野。当时的中共中央政治局委员李铁映、国务院外资领导小组副组长周建南、中国人民银行副行长刘鸿儒以及来自全国 17 个城市的市长、28 位香港企业家和经济学家来到了拍卖现场——深圳会堂，中外十几家新闻媒体的 60 多名记者共同见证了这一历史时刻。深圳由此树起了中国土地改革的里程碑。

一个月后，广东省人民代表大会颁布《广东省经济特区土地管理条例》，将深圳有偿有期土地使用权出让制度及时地以立法形式予以确认；四个月后，全国人民代表大会正式修宪——在宪法第十条第四款“任何组织或个人不得侵占、买卖、出租或者以其他形式非法转让土地”后面，加上了“土地使用权可以依照法律的规定转让”。这是中国土地管理制度在理论和实践上的一次重大突破，引发了我国土地使用制度的改革。

二是 1988 年 8 月 26 日，在广州珠岛宾馆召开了广州市花地湾居住区开发招标开标会，这是中国房地产史上迄今为止最轰动的一次招标。有一家报纸描写的投标会的盛况给许应裘留下了深刻的印象：

此次招标开发的花地湾位于广州市西南，属芳村区管辖，广州市政府计划五年内在那里建设一个以住宅为主，兼有相当数量的大中型公共建筑的多功能新型居住区，居住区占地面积为100万平方米，总建筑面积为128万平方米。有偿开发这块土地的招标条件是：建设单位无偿建设公用设施和基础设施，同时向政府缴纳一笔资金，用于沟通花地湾和广州市区的花地大道，这一款项的标底为6 000万元。招标采用“明标暗投，价高者得”的办法。

下午3时，公证员当众开启大红的标箱，取出15份密封的投标书，全场所有人的目光都落在公证员手里的标书上。公证员开始逐个唱标，宣读的第一份标书是南方实业有限公司，他们提出的上缴金额为7 500万元，比标底高出1 500万元；接下去，第二家广州穗华房产开发有限公司棋高一招，投标额为9 000万元；第三家是东建实业公司，投标额为9 178.78万元；第四家……第五家……第八家是实力雄厚的广州城市建设开发总公司，投标额突破1亿元大关，达1.000 36亿元，台下兴奋地鼓起掌来。这时，从投标代表席站起了一位穿着蓝色西装的中年人，他点燃一支香烟后匆匆离席。“老陈。”广州市副市长石安海向他打招呼。中年人额头上沁出汗珠，他摇摇头说：“我心里‘咚咚’直跳。这次我们不打算赚钱了，多为广州市做贡献吧。”说完，他向场外走去。

此君是谁？他便是广东省信托房产开发公司总经理陈步忠，在这次投标会上，他的公司以投标额2.8亿元，超出标底四倍半以上的最高价夺标。当他以中标公司法人代表身份上台讲话时，他当场拿出一张支票，交了3 000万元首次付款，激动地说：“我们公司投标主要是为建设广州，改善人民生活居住条件做一些贡献。我们要薄利多干，力争保本。”

许应裘还了解到，党的十一届三中全会以来，在经济体制改革的带动下，房地产这一巨大商品开始启动、流通。20世纪80年代是中国房地产业的初步形成和发展阶段，是房地产业的第一次高潮，使住房这一大商品的属性得到了明确。同时，房地产作为不动产，其价值已逐步得到社会的承认，并且开始进入商品的生产、流通、消费领域，成为影响企业生产经营和个人消费活动的重要因素。据调查，全国已有20个城市以国有土地使用权出让的方式，出让土地达250起，总面积1 030公顷，地价收入8.99亿元；以城市建设、房地产综合开发的方式收取实物地租，以及征收土地使用税、费的工作也已展开。房地产综合开发事业完成的开发工作量逐年大幅度增长，1989年超过200亿元，占全社会固定资产投资规模的5%左右，年销售商品房屋面积达3 000万平方米。

进入20世纪90年代，党和政府为房地产业的发展在理论和实践上制定了政策依据。1991 年 4 月，中共中央在关于制订国民经济和社会发展十年规划和“八五”计划的建设中要求：“城镇住房建设要保持合理规模和增长速度，适当加快房地产综合开发和住宅商品化过程。”经济体制改革的进一步深化，有力推动了房地产业的飞速发展。1998 年初，新一届政府把实现我国国民经济的健康快速增长作为首要任务，住宅建设成为新的经济增长点，“加快住房建设，促进住宅产业成为新的经济增长点”被明确为房改的指导思想，于是人们逐渐从福利分房的习惯里走了出来，买商品房成为一种城市生活的新潮流，人们的购买热情逐渐被激发起来，房地产热在全国蔓延开来。中国房地产业走向商品经济的第二次高潮出现了。

而且，在改革开放中先行一步的广东，各项建设突飞猛进。经济飞速发展，“东西南北中，发财到广东”，20 世纪 80 年代的这句口头禅可谓人尽皆知，广东已经成了各地人杰才俊向往的地方，来自五湖四海的、一批批的人背井离乡，到这块热土上工作生活。新移民大抵包括这样几个来源：20 世纪 80 年代的第一轮“广东热”，已经陆续有人将青春和行囊一起打包南下，那一批最早迁来的人大都在广州、深圳等地站稳了脚跟，在这片风生水起的土地上生根发芽。第二轮的迁移热潮是在 20 世纪 90 年代初开始的，当时广东出台了一系列旨在吸引人才的优惠政策，大批精英蜂拥而至，他们有知识、有文化、有梦想，对待事业，他们奋不顾身，对待生活，他们充满梦想，但又可以做到随遇而安。这群新移民，用他们的智慧和汗水，为广东的繁荣做出了重要的贡献。新移民的到来，导致了广东人口的急剧膨胀，在深圳、东莞、珠海、汕头等城市，户籍人口与外来人口比例严重倒挂。尤其是深圳，外来人口与户籍人口比例为 5∶1。新移民除了希望发财之外，同时希望获得城市的接纳和认同，他们希望有自己的家园。让生活不仅仅是活着，还有“此心安处是吾乡”的归属感。这些都增大了对房地产的需求，令广东房地产业兴旺发展。

基于上述的思想认识，许应裘认为一个可供施展智慧和勇气的平台出现了，他要把握这个机遇，决心在我国商界转型期兴起的房地产业上大显身手。

军人出身的许应裘，有着英勇和果断的性格，他大智大勇，多谋善断，已经决定的事情，就会毫不气馁，义无反顾地去完成。

而且，商业活动也是创造力和想象力的一种实践，需要清醒的思维和自信的胆识，许应裘具备这种素质和能力，市场也就选中了他。

周密分析，果敢抉择，雷厉风行，这就是许应裘！

深夜，许应裘梦见自己如同长出了一双翅膀，飞上那蓝蓝的天空，最后落在故乡的土地上，突然一个熟悉而又陌生的人影飘到眼前，说："小弟，你好!"

许应裘一看，原来是一个老人，便问道："阿伯，你认识我?"

"我经常在这里经过，当然认识你。"

"我并不认识你呀!"

"可是我注意你很久了。"

"阿伯，我做错事了吗?"

老人捋捋胡子，慈祥地说："不！我看你小小年纪，却有一对剑眉飞入鬓角，朗朗星目，炯炯有神，这是贵气啊！你能告诉我你出生的时辰吗?"

许应裘看出老人并没有恶意，便把自己出生的年份和时辰告诉老人。

老人用手指掐算了一会，兴奋地说："你的年份和时辰表明我对你的推算是正确的，你有大富大贵的命。听我一句话，你长大了不论做什么工作，只要能有坚韧不拔的精神，就一定能够成功；当你遇到了困难，就会得到来自四面八方的朋友的帮助，使你不断创造出一个又一个奇迹……"

许应裘瞪着黑溜溜的眼睛，半信半疑地聆听着……

不一会儿，那人影便不见了……

"老伯伯……"许应裘呼喊着，追赶着……突然，他看见老人在云层中屹立着，四周燃烧着火红的朝雾……

这时，早上的闹钟响了，许应裘从沉睡中惊醒了，揉了揉眼睛。他来到阳台，站在兰花前，深深地呼吸着那幽幽的清香，回味着刚才的梦境……

许应裘突然想起，梦境是真实发生过的！那是在他七八岁时，他坐在老屋前的石阶上，一个算命先生经过那里，凝视了他半晌，亲口对他说了上面的一番话。许应裘相信唯物主义，自然不会相信迷信色彩浓厚的宿命之说，但这难道不是一个好的预兆么！一种特殊的自信心，从许应裘心底油然升起……

大富大贵，并不是许应裘一生追求的目标，但他牢牢记住了老人的最后一句话："你长大了不论做什么工作，只要能有坚韧不拔的精神，就一定能够成功；当你遇到了困难，就会得到来自四面八方的朋友的帮助，使你不断创造出一个又一个奇迹……"

许应裘怀着梦想，开始了繁忙、激荡的生活。

接下来的日子，他全身心投入筹办房地产业的工作，整日忙碌着，大有“为伊消得人憔悴”的豪情，在商海中开始他的拼搏和奋斗。自此，他已被卷入一股巨大的旋涡中，渐渐显得力不从心，身不由己。

然而，在困难面前，许应裘没有退缩，他认为，每一个人都渴望成功，但大部分人都没有实现自己心中的理想，究竟是什么原因呢？原因当然很多，但归根究底，主要是欠缺自信心。欠缺自信心的人，好比心中是一个零。当信心降至零的时候，纵使不断地奋斗，就算碰上了一个好机会，也是没有用处的。因为，零乘以任何数字结果都是零。

秦代末年的时候，有几个年轻人，凭着信心，创立了番丰功伟业，其中一个人叫韩信，他的发迹史，使许应裘感触很深。

许应裘认为，韩信年轻时穷困潦倒，连一日两餐都解决不了，但他能在穷困环境中，逐步地建立自信心。当亭长的妻子嫌恶他，不给他准备饭食时，他感到世态炎凉，一怒之下，居然离去不再回来。当漂母（在河边漂洗涤丝棉的老大娘）连续几十天拿出饭给他吃时，他相信人间尚有温暖，心想自己为什么不努力奋斗，待他日有机会好好地报答这位老人家呢？当他乖乖地从人家的袴下爬过去时，内心一定在发誓说：“好！我一定要努力，他日一定要报这个袴下之辱！”就这样，他爆发出如火山般的炽烈斗志。结果，韩信成功了，当他衣锦还乡荣归故里的时候，找到了那位曾给他饭吃的漂母，赐给她黄金千两。又找到了那位曾胁迫他从其袴下爬过的年轻人，但韩信不是向他报复，而是表扬了他当日的做法，正是这样，自己才有了发奋的动力。最后又将亭长夫妇找来，大大地表扬了他们一番，如果当日欠缺他们的“压迫性”鼓励，自己焉肯不断奋斗呢？

许应裘深有感触地说：“记得台湾的女诗人席慕蓉曾说，‘自信本身就是一种美’。诗的浪漫情怀也许在商场上毫无用处，但商场上需要自信却是颠扑不破的真理。有了自信，犹如在心中点上一盏明灯，照亮自己，就不会彷徨，不会迷失方向；有了自信，就能将过去的恐惧心理征服，发挥沸腾于自己血液中的巨大能量；有了自信，就能够临危不惧，迎难而上，身边所有的困难都会变得渺小，一往直前地向着既定的目标迈进！”

许应裘就凭着坚强如铁、无坚不摧的自信和冲破云霄的干劲，勇敢地驾驶着人生与事业的巨轮，紧紧掌握方向盘，洞察风云变幻，熟悉航向水路，在商海大潮中开足马力、奋勇前进！

正如潮汕俗话说的“三分天注定，七分靠打拼，爱拼正会赢”。许应裘每走出一步都是辛苦而艰难的，因为他毕竟是门外汉！他觉得随时都有倒下去的可能，但他还是咬紧牙关，一天天坚持下去。

他想起了女作家冰心写的一首诗：

成功的花，
人们只惊羡她现时的明艳，然而当初她的芽儿，
浸透了奋斗的泪泉，洒遍了牺牲的血雨。

“成功的花”是血与泪滋润的结晶，是奋斗与牺牲孕育的蓓蕾，只有经历这样一种洗礼，才会有花“现时的明艳”。不管是艳丽的鲜花还是其他成果，当别人亮出自己的辉煌成就时，确实是令人羡慕的、欣赏的，但背后的艰辛却不是每个人都能明白的。这首诗正是许应裘之真实写照，许应裘今天能取得辉煌的成就，是因为他付出了比常人更多更辛苦的努力和劳动。他一步一个脚印，坚定不移地走下去，从而创造奇迹，化腐朽为神奇，直到走向成功。

今天，许应裘在谈及他当年创业的心态时说：“我清楚地告诉自己，自己编织的梦想是什么，自己要做的是什么，为了追逐梦想，就要不懈努力，即使泰山压顶，也义无反顾；即使失去所有，也在所不惜。我记得美国教育家、心理学家史华兹说的一句话：‘我们所面临的每一个挑战，都能被梦想所克服。’是的，梦想是一个人奋斗的目标和克服困难的原动力，它使人们由浮躁走向踏实，由彷徨走向坚定，并走向成功。”

●许应裘满怀信心迎接新的挑战

许应裘又说："我认为，太多的犹豫，太多的顾虑，必然吓跑自己的梦想，丢失改变命运的机会。然而，凡是有梦想的人，都有一个不幸的开始，为什么这样说呢？尽管梦想是美丽的，梦想是心底最美的期望，但必须经过无数次挫折和不懈奋斗后，才能够化腐朽为神奇，让梦想成为现实。"

许应裘就是这样一个永不言败、永不言弃的现实中充满创意的梦想家，他的身上有一种顺应潮流、克服困难、勇立潮头的独特魅力。而且，他具有极高的综合素质、极大的心理潜能以及超强的承受和应变能力。这些理性、务实与梦想集于一身，他才能在充满艰难与希望的道路上，赢得一片光明和绚烂。

许应裘用实际行动向人们证明了他的梦想能够实现。

在改革开放的宏阔博大的事业中，许应裘找到了一片灿烂的天空，让他的人生更加绚烂多姿。

第七章

艰难创业

五月的广州，木棉飘絮，花红柳绿。

又到红棉盛放时，浓须大面好英雄，壮气高冠何落落！绿叶还没有长出来，繁花已经满树，赤红的花朵缀满枝头，如猎猎红旗插在苍山翠岭中，又如威武雄壮的英雄高举着熊熊燃烧的火炬。木棉树、木棉花又称英雄树、英雄花。1959 年，时任广州市市长的朱光撰《望江南・广州好》词 50 首，其中有“广州好，人道木棉红。落叶开花飞火凤，参天擎日舞丹龙。三月正春风”之句。李坚真大姐也曾写过一首赞美木棉的山歌，歌云：“南粤木棉擎蓝天，万朵丹心献日边，扎根大地立壮志，枝繁叶茂绿人间。”

● 木棉树

“十丈珊瑚是木棉，花开红比朝霞鲜。”许应裘的家乡也种植了许多木棉树，他从小就喜欢这种英雄树。每当春夏时节，村里路旁的一棵棵高大挺拔的木棉树上，一朵朵红艳艳的木棉花竞相开放，显得非常美丽。一阵风雨过后，遍地落红，像火一样在寂静的地面上燃烧，煞是好看。村里老人曾给许应裘讲述英雄树这个美称的由来。

老人说很久以前，五指山上有位黎族老英雄，名叫吉贝，常常带领人民打败前来侵犯的异族的。一次，因叛徒告密，老英雄被捕，敌人将他绑在木棉树上严刑拷打，老英雄威武不屈，最后化成一株株木棉树，因此，木棉树就叫吉贝树，美称英雄树。

2009 年 5 月 29 日，丰顺县广播电视台《丰顺人》专题摄制组一行五人首赴广州，专程采访了广州凯南房地产开发有限公司董事长、总经理许应裘，受到了这位叱咤商海、名声显赫的商人的热情接待。

金丰花园的大门楼

在广州市赤岗路，位于金丰花园内的广州凯南房地产开发有限公司总部，采访组与许应裘亲切交谈着。许应裘交替使用潮汕话和普通话娓娓道来一段段传奇故事：苦难的童年生活，转战千里的戎马生涯，艰辛波折的创业史，致富不忘回报家乡、回报社会的慈善情结以及为人处世的哲学、人生的感悟等等。他不但健谈而且出口成章，着实让人折服。

田纪云为金丰花园题字

许应裘告诉记者，金丰花园是他开发的第一个房地产项目，1996 年 12 月 26 日开工建筑，2000 年开发完毕，分三期完成，一期是九层楼梯楼，二期是电梯小高层，三期是电梯高层，一共有 18 栋楼，总建筑面积 13.26 多万平方米。

金丰花园，是许应裘引以为荣的作品。这是一个商住楼综合小区，具有商业配套、无敌景观资源及教育资源优势，是广州市楼市众多的“楼盘至好社区”之一，尤其是在社区内建立了广州市一流的幼儿园，使业主的子女在家门口就能享受一流的教育。它以一流的硬件设施、师资力量、教育水准为孩子提供最优质的幼儿学习成长环境，给孩子们打下美好未来的坚实基础。如今，许应裘的小孙子也在这个幼儿园接受教育。

金丰花园建筑群

万绿丛中的幼儿园

老师指导孩子们进行游戏

承载着人们居住梦想的金丰花园，不仅使整个区域的人文环境、教育环境得以改善，而且使历史和文化在这个区域得以长期和谐地发展。

采访中，许应裘谈起金丰花园开发成功时，神采奕奕。他说，金丰花园的开发成功，是他创业史上的第一场大胜仗，为他添上了成功的翅膀，特别是使他感受到了成功的曙光，看到了未来的希望。

听着许应裘的自述，再看看这恢弘壮丽的幢幢楼房，记者似乎也感受到许应裘付出心血后的一种成就感。但从他的神情中，可以看出这个花园成功开发背后隐藏着太多的心酸和无奈。

孟子曰："故天将降大任于斯人也，必先苦其心志，劳其筋骨，饿其体肤，空乏其身，行拂乱其所为，所以动心忍性，曾益其所不能。"这话一点儿不假，许应裘开始创业的时候，备受艰辛，经受了"苦心志""劳筋骨""饿体肤"等"动心忍性"的磨难。

许应裘感慨地说："我刚创业时，什么酸甜苦辣都尝尽，搞房地产，不是说筹资几百万就够，而是要以几千万、亿元以上来计算的，那不是小生意。那时很苦，我每天都是勒着裤腰带，骑着自行车去搞开发，就像当年解放军解放海南岛，用木船打军舰那样。别人搞开发，是用摩托车、小轿车，我怎能跟人家比啊！每天工作十多个小时，不停地跑来跑去，每到晚上回家，已是精疲力竭了。"

回忆像风筝一样，把许应裘的思绪扯上天际。人们静静地倾听着他的诉说：

"我于1992年11月7日拿到了第一块地皮，那时经省市领导批准，与广东生物厂签订兴建商住楼的协议书。协议规定必须在11月12日5天内付清300万元，时间急如星火，要去哪里找钱呀？"

原来，许应裘事先已跟某市农业银行协商贷款300万元，但当地拿下来后，贷款却因某种原因难以到位。显然，此时已经没有了退路……

"昨天还说得好好的，怎么今天就变卦了？"许应裘百思不得其解。但"思"也好，"解"也好，都解决不了问题，他因此陷入困境，面临的问题是如何筹得300万元。他心急如焚，如同热锅上的蚂蚁。

许应裘继续说："正在我束手无策的时候，突然想起在广州某街道信用社工作的熟人何瑞华，我急忙到她单位找她。她一见到我，就问我来干什么，我说来借钱。好在她旁边就坐着单位的党支部书记，党支部书记说：'我认识许总，许应裘，这个人有诚信，你就贷款给他吧。'何瑞华问我地皮在什么地方，我说在广东生物厂。于是，何瑞华跑去看地，问生物厂的负责人：‘许总要向我贷款，你看行不行？’负责人说：‘完全行！我们的地都敢给他，那完全可以。’就这样，信用社同意贷款给我了。”

但是，贷款要办担保、抵押等手续，虽然信用社同意给许应裘贷款，但许应裘必须有担保人和抵押物，否则也贷不了款。这又给许应裘提出了一个更大的难题！

也许话说多了，许应裘很兴奋。他说：“这时候真的没办法了，真的是食不知味，夜不能眠。后来另外一个朋友说：‘许总，我给你担保！’他是很好的人，在关键时刻，他以单位的名义替我做担保。还要抵押物，到哪里去找呀？结果还是另一个朋友，以一幢大楼以及土地给我做抵押物。”

许应裘停顿一下，又说：“人家若不是看重信用，谁敢借给你？我是11月7日拿到地皮，如果11月12日不交钱，合同就无效啦！结果我找到了担保人，又找到了抵押物，于是赶紧去办手续。当我拿着300万元的支票去生物厂交款时，整个生物厂轰动了，大家都说我吉星高照，会行好运的。事实上，我靠的是诚信，人家都很相信我，所以说，诚信就是财富。”

一串跳动的音符奏响了新的乐章。许应裘娓娓而谈，他叱咤风云的创业之路就此开始。

紧张忙碌了几个星期的许应裘，总算松了口气，如期签了合同，疲倦的脸上终于露出了欣慰的笑容，高兴得整夜都睡不着觉。但他清醒地认识到，自己是“空手”进军房地产界的，没有经验，更谈不上有什么“锦囊妙计”，只能摸着石头过河，边干边摸索，正如陈云说的：“我们要改革，但是步子要稳。……随时总结经验，也就是要‘摸着石头过河’……”

他坚信：“世上无难事，只怕有心人。”

合同签订之后，经有关部门的批准，许应裘办理并领取了建设用地规划许可证，规划的红线图内一部分用地是附近农民的土地（非基本农田，且荒废已久，杂草丛生），必须跟他们协商，出让土地。

出让土地谈判，是所有搞房地产的人都要遇到的最为头疼的问题。有的人趁机提出了价格很高的土地出让金（补偿金），有的人说死说活就是不卖，有的人干脆置之不理。

许应裘认为，土地出让关系到农民的切身利益，房地产商既要做好群众一方的工作，也要顾及群众的合理利益，耐心倾听群众的意见，提出合理的解决办法，这样才能“双赢”，维护社会和谐稳定。

许应裘了解到，这些土地是附近农村第四、五、六、七、八队农民的。于是，他就骑着一辆吱吱作响的破自行车，走门串户，去做群众工作。

他多次登门拜访他们，笑容可掬地送上水果和一些小礼品，先不谈出让土地的事情，而是与他们拉家常，建立关系。

一次，许应裘约了某村冯村主任在星期六晚上七时到他家里坐坐。谁知到了傍晚，老天不作美，电闪雷鸣，接着就下起倾盆大雨来。但许应裘不想失约，便和郑参谋等人驱车前往。途中，道路积水成河，因赶时间，小车冒险“冲关”，在水中“游泳”，居然浮了起来。许应裘等人卷起裤脚、脱掉鞋子，下车把小车拉出。到了冯村主任家，许应裘已淋得浑身湿透，像筛糠一样直打寒战。

冯村主任一看到许应裘，便吓了一跳，叫道：“嘿，你怎么……？简直成了落汤鸡啦！”

狼狈不堪的许应裘却不失风度，笑眯眯地说：“我不能失约呀！”

冯村主任觉得许应裘很讲信用，是个情深义重的好人，大受感动。仔细端详，见许应裘一副文质彬彬的样子，一双眼睛含蓄而锐利、深沉而聪睿，加上那饱满的天庭，可以看出他是个干大事业的人，不由得另眼相看。当天晚上他们都很高兴，一边喝着茶，一边无拘无束地交谈着。关于出让土地的事情也在谈笑中得到圆满解决。

告别之时，许应裘紧握着冯村主任的手，说：“村主任，太感谢您了，帮我解决了一个大难题。”

冯村主任说：“要说感谢的话，我也要感谢你呀！我们双赢嘛！”

听罢冯村主任的话，许应裘很是感动，接着说：“大家都知道龟兔赛跑。第一次，兔子骄傲，半路上睡着了，乌龟赢了。第二次，兔子总结经验教训，不睡觉了，一口气跑到终点。第三次赛跑，兔子按乌龟指定的路线跑，兔子又跑在前面，快到终点时，被一条河挡住了，兔子过不去，乌龟慢慢爬到后下河游过去了，它又跑第一了。再赛第四次，它们说干吗老这样比赛呢？咱们优势互补，合作吧！于是，陆地上，兔子背着乌龟跑，过河的时候，乌龟背着兔子游，最后，它们一起冲过了终点线。它们都感到了莫大的满足感，比独自获胜还高兴，这就是双赢的结果。”

冯村主任高兴地大笑起来，他对胆略与才华集于一身，有着远见卓识和高度责任感的许应裘大加赞赏。

后来，许应裘和冯村主任还成了朋友。

许应裘后来说，征地跟谈恋爱一样，先要建立感情，取得人家对你的了解和信任，最后才商量征地问题。这样，人家就会支持你，尽力帮助你解决问题。但不能因为你跟当地干部关系好，就开价太低，还要顾及群众的利益。比如当时征地每亩土地补偿标准在16万元至23万元，许应裘征地补偿价在21万左右。在征地问题上，许应裘坚守“双赢”的原则，尽量做到双方满意，皆大欢喜。

房地产开发前期的准备工作，从立项审批到设计施工等，错综复杂，手续繁多，对于刚入门的许应裘而言，面临的重重困难可想而知。然而，充满斗志的许应裘，用他的聪明才智，勇敢地克服了一个又一个困难。

许应裘对记者说：“开发过程中，我碰到了很多困难。首先，我上大学时，读的是中文系，对理工知识懂得不多，但我不怕，不懂就学习嘛！开始是要申请报建等手续，我是边实践边学习。接着是设计图纸，一般开发商都是请专业人员设计的，但我没有钱，怎么办呢?”

说到这里，许应裘脸上露出了自豪的笑容，幽默地说：“我的工程师、我的技术力量隐藏在人民群众之中。我不懂，又没有钱，只能请我的朋友来帮忙。那个朋友又是亲戚，是高级工程师，请他来帮助我不用付工资。这样，我边报建，边学习设计，看图纸，钻研业务。我每天晚上坚持自修，直到深夜才睡觉，从不懈怠。”

开发房地产，成立公司，至少要有一个像样的地方办公。然而，许应裘开始创业时并没有。他说：“开始报建的时候，没有办公室，人家不是租花园酒店，就是租写字楼，但我哪有钱呀！不久，便租了李坚真大姐曾经住过的新河浦12号其中的一间房子，每月租金500元，外面还可以放两部小车。人家一看，呀！牌子上写的是‘港澳研究中心’，这么厉害！这个矮小破旧的小房子实在太狭窄了，连审阅图纸的地方都没有，只能借港澳研究中心的办公室用一下。”

当年与许应裘共事过的朋友，至今还清楚地记得创业初期的许应裘。他对记者说，那时候，天刚亮，许总就骑着自行车出门办事了，连续十几个小时工作，从征地到筹备开发工作，干了三个半月时间，后来才购了一辆“三点零”小车，也只雇用司机一人，两人日夜奔波，忙着干活，等到取得施工证后才招兵买马。这些事说起来至今都让人感慨不已。

记者感叹地说：“许总，你真是位奇人！这是你创业史上最为悲壮的一页，它记录着你创业的艰难历程。请问，在你的创业过程中，最让你感动的是什么?”

许应裘思考一下，说：“《论语》中有这样一段话：颜渊、季路（子路）侍。子曰：‘盍各言尔志?’子路曰：‘愿车马，衣轻裘，与朋友共，敝之而无憾。’意思是说：颜渊、子路侍立在孔子身旁。孔子说：‘何不各自谈谈你们的志向呢?’子路说：‘我愿将车马、衣服、皮袍和朋友共同使用，用坏了也不抱怨。’在当今市场经济大潮汹涌之时，有人感叹，子路们少了。但是，我反而觉得还有许多人在友情上表现得十分慷慨与磊落，子路们大有人在。如果要让我说最感动的是什么，是朋友，是友情！朋友的关爱，使我战胜了一个个难关，交了很多很好的朋友，是我人生中最大的收获！”

在广州开发金丰花园获得成功后，许应裘又把目标转向深圳。

深圳，原来是一个落后的边陲小镇，1980 年，党中央和国务院在这里兴办经济特区后，在来自全国各地的建设大军的艰苦努力下，不久便成了高楼矗立，有一定规模的现代化城市，成为引进外资和先进技术的前沿地区。经济的快速发展，使得深圳成为人们创业求职的热土，坊间素有“五湖四海中，发财到深圳”的说法，每年深圳都吸引着来自全国各地的几百万外来人员，上演着一幕幕的传奇。由于工作上的需要，有的人慢慢融入这片风生水起的土地，生根发芽，这样，必然带动了深圳房地产业的蓬勃发展。许应裘是看准了令人振奋的前景，才决定进军深圳的。

●布吉成为深圳的核心组成部分

许应裘对深圳各地做了一番考察，他了解到深圳发展已然呈现出纵横捭阖的态势。展开“大深圳”发展版图，不难发现，布吉这一东接龙岗，南靠罗湖，西连龙华的区域，几乎占据了大深圳的地理中心，更值得一提的是，作为“大深圳”城市规划中极为重要的一环，布吉集“东部枢纽、物流、现代工业、居住”等城市功能及产业结构为一体。无疑，布吉将成为大深圳的核心组成部分，同时，也将迎来城市建设的整体升级和城市价值的飞跃提高。

最新的规划是，布吉与平湖、横岗一起被纳入深圳中部物流组团，将着重考虑如何给布吉产业定位，在打破街道限制的基础上，把布吉纳入全市的一体化规划。在新规划中，布吉各片区有了自己的规划空间。四大配套服务区由中心商贸区（布吉）、木棉湾—大芬生活居住区、水径休闲配套区及生活商贸服务区（平湖）组成。在布吉片区功能发展方面，布吉主要依托轨道交通三号线及布吉客运站改造，推动布吉旧城区、中心区的改造，促使工业往丹竹头及甘李片区转移。布吉的片区划分主要定为物流片区、布吉中心区、布吉生活居住区以及布吉工业区。

许应裘在考察布吉时，敏锐地察觉到，新规划更体现了布吉城市环境的改善。布吉绿地规划重点在于建设大芬公园、水径公园等。规划目标中的人均公共绿化指标至2020年不得小于每人8.31平方米。教育设施、医疗卫生设施、文化娱乐设施、体育设施等，在新规划中都将达到市区的标准。

东方盛世花园

最大的改变是交通方面，政府早已预备了三条大道来贯通东部与深圳关内，分别是清平高速路一期和水官高速路、地铁三号线和深惠路。这三条大道直接连通了罗湖与龙岗中心城，是整个深圳东部的交通大动脉，将彻底改变布吉的交通状况。交通状况的改善将直接加快布吉的发展步伐。

经商奇才许应裘，果断决定在这块风水宝地建花园小区。花园小区命名为“东方盛世花园”，定位为水景园林社区。

东方盛世花园坐落在距离布吉关口 500 米处，总建筑面积约 15 万平方米，作为布吉关出关后的第一个楼盘，龙岗区与罗湖区深圳特区管理线刚好经过东方盛世花园外围。这样一来，东方盛世花园可以说是与繁华的罗湖区紧密地连接了起来。走进东方盛世花园就可以远离城市的喧哗，尽享家的安宁；而一旦走出东方盛世花园，10 分钟即可抵达城市 CBD，城市的繁华便利就在眼前。生活的舒适与便利同在，东方盛世投资、居住两相宜。东方盛世花园的兴建，再一次显示了许应裘的独具慧眼、远见卓识。

早晨 6 点钟，闹钟准时响了，许应裘迎着朝霞驱车前往深圳，到深圳直奔项目工地食堂吃早餐，饭菜是工人早餐吃剩的残羹剩饭，有时来不及了，就在路旁的大排档随便吃点。紧接着到市政府、建委、国土局、规划局以及龙岗、罗湖等地办事，有时一天上午要跑八九个部门。办完事后回到项目工地，跟工人们一起吃午餐，聊天，了解工地情况，随时“现场办

●许应裘亲临施工现场指挥建设

公”，及时解决问题或做出决定。当天的事情如果办不完，就住在工棚里，明天继续办。经常是吃完午饭后马上赶回广州，到金丰花园上班，处理日常事务，直到华灯初上才回到家里。

天天如此，风雨无阻，工作量如此之大，不要说是一个年逾花甲的人，就是年轻人，身体也是受不了的！可是，许应袠为了一个目标，他就尽力去做，按照他的话说，就是：“人活着，就是要不断挑战自己！”

许应袠凭着他的天分、勤奋和艰苦奋斗的精神，在他自己建立的王国里稳扎稳打、步步为营，终于使公司走上了正常发展的轨道。

然而，天有不测风云。

当东方盛世花园正在紧锣密鼓地进行开发时，施工过程中发现此项目涉及国防工事。也就是说东方盛世小区不能报建，更不能开工。

军人出身的许应袠深知，国防工事是整个国防后备力量建设的重要组成部分，属于军事设施，受法律保护，任何单位和个人不能随便拆除，否则将承担法律责任。

伊拉克战争、科索沃战争、阿富汗战争等，都明确无误地告诉我们，保卫大城市，搞好城市防空已是现代战争的一个核心内容。特别是对于我们这样一个发展中的大国来说，更是迫在眉睫。搞好城市防空靠什么？国防工事是其中的一个盾牌。因此，只有加强军事设施保护，建设完备战场体系，才能应对未来战争之需。

但是，一些国防工事是很久以前建的，由于地基及周围环境变化的影响，已失去军事价值，已不能适应未来战场建设的需要，这些国防工事该报废的就该报废，该淘汰的就该淘汰；对那些可利用的要明确要求，须新建的要提前规划。

然而，国防工事的报废，必须经国务院、中央军委批准，需要极多烦琐的手续，其难度可想而知。许应袠真是感到心有余而力不足了。

刚刚还是大晴天，一眨眼乌云密布，接着是电闪雷鸣，暴风骤雨随之而至……这突如其来的暴风雨，无情地朝着窗户玻璃乱飞乱撞，雨声哗啦啦地响成一片。

思绪万千的许应袠坐在房子里静默着……

良久，许应袠站起来，走到窗边，推开窗户，一阵风吹来，他顿时清醒多了。

接下来的日子里，许应袠配合当地武装部门，对涉及的国防工事进行调查研究。专家认为：这里的国防工事已失去军事价值，已不能适应未来战场的建设和需要，应该报废。于是，他便一级一级申报办理报废手续，先后经过了 14 个各级军事部门批准，最后由时任国务院总理、中央军委负责人批准报废，历时 3 年 6 个月，才顺利办好报废手续，东方盛世花园小区得以新生。

但是，一波刚平，一波又起。

许应裘接到有关部门通知，计划在东方盛世花园小区地盘上兴建变电站，以供三号地铁发电。

这无疑又是一个致命的打击，许应裘瞬时感到万念俱灰，心力交瘁。

许应裘怎么也无法想象，自己辛勤耕耘，却换来腐败和凋零。他开始感觉到一种强烈的不公平，民营企业得不到有效的保护啊。

这些日子里，许应裘每一分钟都在痛苦中煎熬。但是，痛定思痛，他意识到，小区的兴建，是经国土规划部门批准的，一切手续合法。为了保护自己的权益，他把这突发情况如实向其上司——某三公司报告。

三公司领导非常重视，立即派人到主管这件事的有关部门予以协调。经过反复协调，克服种种困难，东方盛世花园小区又一次得以新生。

然而猝不及防的事，总是一件件接踵而来……

广州车陂江源半岛花园小区的建设正在如火如荼地进行着。恰巧这时，因政府建设需要，小区面前道路需要扩宽，由原来 60 米扩至 120 米，扩宽部分规划在小区地域内。这样一来，小区的占地面积大大减少，仅存二万多平方米。国土局黄处长叫许应裘放弃，认为已经没有开发价值了。

●雄伟壮观的江源半岛大门

这几天，许应裘已到了山穷水尽的地步，痛彻心扉的那种绝望，使他布满血丝的眼睛一天天凹陷下去了。他陷入沉思：放弃吧，自己用血汗独自开发的小区就这样全军覆没了，而且将成为自己创业史上最为悲壮的一页；坚持吧，何处是生路？哪里能自救？如何从困境中摸索出一条解决问题的路？

无数次摸爬滚打于暴风泥泞之中的许应裘，勇敢地选择了后者。在接下来的日子里，许应裘在朋友的帮助下，配合有关部门，请相关专家勘察、论证。专家认为，这条仅500米长的马路，道路宽75米就够了；而且可以向东扩宽15米，不需要通过小区。在小区生死存亡的关头，许应袭保持清醒的头脑，做出明智的抉择，从而救活了他的小区。

一天深夜，许应袭处理完公务之后，仍像平日一样临睡前随手翻阅报纸，突然发现《广州日报》刊登了一个消息，市政府在江源半岛小区对面兴建琶洲交易会馆，规划三号地铁斜过江源半岛花园小区地下直达琶洲。

试想，地铁建在小区地下，等于埋下了一颗定时炸弹，有谁敢来这里买房？许应袭再次陷入困局。

然而，许应袭深知，生活本来就是一个接一个的难题，何况是创业呢？于是，许应袭通过他的上级公司，又请有关专家论证，终于把地铁建在小区外面，使小区化险为夷。

2004年，广州江源半岛花园接有关部门通知，要征收一笔数字非常大的土地出让金，并且限期一次缴清，否则土地将被收回，停止开发。与此同时，深圳东方盛世花园也接到通知，15天内一次性缴清一笔相当大的土地出让金。这简直就是"催命符"！天文数字的巨款使他一筹莫展，无计可施，用他自己的话，就是："真是到了上天无路、入地无门的地步！"眼睁睁地看着两个小区的土地将被政府收回，许应袭的泪水只能流向心底。

就在此时，奇迹发生了！就是后来许应袭的朋友田伟，评价许应袭时所说的："得道者天助人亦助。"

原来，许应袭储存有一块地，自己尚未开发，由于资金周转紧，准备先转让出去，但15年了仍卖不出去，在政府限期缴纳土地出让金通知发出后的第6天，一天晚上，许应袭突然接到一个电话。

"喂，谁呀？"

"你说我是谁？"

"哦，北京老朋友，你好！什么事啊？"

"听说你在广州有一块地要卖，是吗？"

"是的，在广东生物厂东区美心岗花园。"

"我有一个朋友，在银行工作，他说你的地不要卖，卖给他弟弟好了。"

"说定了？"

"定了！"

"什么时候来广州看地？"

"明天就到！"

“好，我等他。”

……

真正是：山重水复疑无路，柳暗花明又一村。

第二天，买家从北京飞抵广州，到现场看地，他非常满意，第三天便签订了转让合约，第四天就凭着许应裘平时为人之诚信，一次性把一笔巨款汇到许应裘的银行账号里。这样，江源半岛、东方盛世花园如期向政府缴纳了土地出让金，两个小区的开发工作得以顺利进行。

人们所不敢想者他敢想，人们所不能为者他能为，这就是许应裘！

古往今来，凡是有大成就的人，无一不是从困境中拼杀出来的，正如司马迁在《报任安书》中所说：“古者富贵而名摩灭，不可胜记，唯倜傥非常之人称焉。盖文王拘而演《周易》；仲尼厄而作《春秋》；屈原放逐，乃赋《离骚》；左丘失明，厥有《国语》；孙子膑脚，《兵法》修列；不韦迁蜀，世传《吕览》；韩非囚秦，《说难》、《孤愤》；《诗》三百篇，大底圣贤发愤之所为作也。”每当许应裘遇到困难挫折的时候，在他的记忆深处就会跳跃出一个个鲜活的灵魂，使他觉得自己所遇的挫折是微不足道的，于是，便会化阻力为动力，闯过一个又一个险恶激流，战胜一个又一个困难，一步一个脚印，坚定不移地走下去，朝着他奋斗的目标，直到走向成功。

●李坚真大姐

曾经有记者向许应裘提问：“您创业过程中，有太多太多的挫折和困难，有太多太多的血泪和辛酸，但都被您战胜了。请问是什么力量支撑着您？也就是说，什么力量是您战胜困难的动力呢？”

许应裘不假思索地说：“是李坚真大姐对我们晚辈无微不至的关怀，谆谆教育我们怎样去战胜困难。”

接着，许应裘打开了话匣子，说起一桩往事。

那是在许应裘创业的初期。一次，许应裘向李坚真诉说创业如何的艰辛，几乎到了打退堂鼓的地步。李坚真耐心听许应裘说完后，笑着念了一首毛泽东所写的《长征》七律诗：

红军不怕远征难，万水千山只等闲。
五岭逶迤腾细浪，乌蒙磅礴走泥丸。
金沙水拍云崖暖，大渡桥横铁索寒。
更喜岷山千里雪，三军过后尽开颜。

念罢，李坚真又向许应裘讲述了她亲身经历的二万五千里长征的艰苦岁月。李坚真说，那是 1934 年 10 月，中国工农红军为了避开国民党的围攻，保存革命实力，开始了战略大转移。历时整整一年，走过了福建、江西、广东、湖南、广西、贵州、四川、云南、甘肃、陕西等 11 个省区，攻占了 62 座县城，进行了 380 余次战斗。红军在长征途中，天上每日几十架飞机侦察轰炸，地下几十万大军围追堵截，加上高山拦路，大河阻隔，饥寒交迫，流血牺牲，真是异常艰苦。女同志就更加辛苦了，她们许多人在那样险恶的环境中得了妇科病，她们连五位怀孕的女同志，在长征途中生孩子，没有营养，没有休息，眼睁睁地看着小生命在挣扎在啼哭。母爱是人的天性，她们也是母亲啊，可她们不能爱，只能默默地忍受精神上的痛苦。但是，在以毛泽东为首的党中央的领导下，红军突破敌人的层层包围，二夺娄山关，四渡赤水河，冲破乌江天险，巧夺金沙江，强渡大渡河，飞夺泸定桥，爬雪山，过草地，穿越荒无人烟的地区，终于在 1935 年 10 月胜利到达陕北革命根据地。李坚真讲完长征故事后对许应裘语重心长地说："红军不怕长征的艰难险阻，是因为他们把千山万水的阻隔看作平平常常的事。而你碰到一点困难就退缩了，这不好呀！一个人要承受压力才能健康地生活，人来到这个世界上，就是要迎接困难、战胜困难！"

李坚真才思敏捷，出口成章，能即景生情唱出很好的山歌，以激发人们的斗志。她跟许应裘谈话时，又拉开嗓门，用那坚定浑厚的声音唱起来：

岭南松树绿葱茏，四季常青不褪冬。
根深叶茂云天外，历尽风霜气如虹。

许应裘说："由于工作的关系，我有较多的机会接触李大姐，聆听她的谆谆教导。李大姐的人格魅力，特别是她笑对一切挫折和磨难的人生观，时刻影响着我的人生，她是我一生中最可亲可信可敬的前辈。先人已逝，风范长存，李大姐永远是我们学习的楷模。”

人的胸怀要像大海一样宽广，笑对生活，勇于接受挑战，面对困难，解决困难，坚韧不拔，方能成就一番大事。许应裘凭着一股顽强的意志，在广州房地产界冲出一条血路，屡创奇迹，终于成功地缔造了他不同凡响的企业王国。有人说许应裘是地产商，有人叫他慈善家，他却说：“我永远都是一个普通的兵！”

第八章

诚实守信谱写经商路

江山代有才人出，各领风骚数百年。

许应裘乘着改革的春风，顺应时代发展的潮流，从一个军人出身的文教工作者，一跃成为搏击商海的弄潮儿，他的成功不是偶然，而是必然。

这种成功的必然，在于他从小就培养的艰苦奋斗的优秀品质。许应裘童年的小伙伴、退休老教师许汉钟曾接受记者的采访，他说："许总小的时候，生活很艰苦，新中国成立前，他的父亲为谋生活就去泰国了，剩下母亲带着未成年的姐姐和兄弟俩，在贫困的生活中挣扎。许总很懂事，小小年纪就懂得帮助妈妈过日子，他有时候到竹林里捡竹壳，有时候到山上砍木柴，有时候跟着妈妈挑竹壳、柴枝去隰隍圩镇卖钱，换米过日子。他很勤劳，从小就有这么好的品质。"

当年的情景就像发生在昨天一样，伴随着韩江的波浪，一幕幕情景仿佛回到老人眼前。

夜深了，月亮也偷偷躲进了云层，只留下几颗星星在漫游着。一个土屋淹没在漆黑的夜色中，唯有一洞窗口，晃动着迷离的灯影。

一个清秀可爱的少年，在小油灯下如痴如醉地读书。

他读苏轼的《念奴娇·赤壁怀古》："大江东去，浪淘尽，千古风流人物。故垒西边，人道是，三国周郎赤壁。乱石穿空，惊涛拍岸，卷起千堆雪。江山如画，一时多少豪杰。"源远流长、博大精深的中华文化，就像"随风潜入夜，润物细无声"的春雨，渗入他幼小的心灵，赋予他远大的抱负、坚定的意志、过人的才智和慈悲的胸怀。

他读李白的《将进酒》："君不见黄河之水天上来，奔流到海不复回。君不见高堂明镜悲白发，朝如青丝暮成雪。人生得意须尽欢，莫使金樽空

●2007年4月8日，许应裘在东方盛世花园开盘庆典会上

●开盘庆典，精彩舞台

对月。天生我材必有用，千金散尽还复来。”他不因家寒而自卑，他知道做人要自尊、自信、自强、励精图治，面对任何逆境，都要坚定信心，无所畏惧地迎接挑战，年幼的他对凄苦的母亲劝慰道：“不要哭，我长大了赚钱孝敬您，让您过上好日子。”

他读杜甫的《茅屋为秋风所破歌》：“安得广厦千万间，大庇天下寒士俱欢颜，风雨不动安如山。呜呼！何时眼前突兀见此屋，吾庐独破受冻死亦足。”他又读白居易《新制绫袄成感而有咏》“争得大裘长万丈，与君都盖洛阳城”；《新制布裘》“安得万里裘，盖裹周四垠”。诗人那博大的悲悯之情深深地感动了他，他暗暗立下誓言，有朝一日我发达了，当遵循爱国诗人之教诲，以慈悲为怀，尽己所能，令“天下寒士俱欢颜”“与君都盖洛阳城”“盖裹周四垠”！

老人说：“我经常看见许应裘在小屋里点着灯读书，读到很晚很晚，有时油灯的油都添了好多次。他常常说，现在刻苦读书，将来要出人头地，不辜负母亲的期望。”

小小年纪本该是在童趣中寻得快乐，而小应裘却在刻苦学习中寻得乐趣，即使很多书深奥难懂，但他仍能够凭着他的悟性去慢慢领会，并运用他独特的想象力去慢慢琢磨。“青山遮不住，毕竟东流去。”这些都注定了许应裘将来必成大器。

许应裘给自己订立的目标是：诚实守信创大业。

1997年9月，许应裘成立了广州凯南房地产开发有限公司，从此在房地产业站稳了脚跟，公司迅速成为广州房地产界最为积极的一支劲旅。经过十多年的稳打稳扎，步步为营，他成功开发了广州金丰花园商住楼小区一、二、三期，接着又开发了广州江源半岛花园、深圳东方盛世花园等，在进入深圳房地产市场以后，其发展势头更加迅猛。

在历年的发展过程中，许应裘创办的公司一直都以实力、稳健、专业而著称。到目前为止，从未向银行贷过款，更无施工方垫资，在社会享有很高信誉。凯南地产凭着先进的管理理念、高品质的开发项目、高素质的人才资源，其市场占有率逐年增长，到现在已成为珠三角知名地产开发企业。凯南房地产的成功，与凯南的服务理念和发展理念是分不开的。

凯南的服务理念是：诚信服务，尽善尽美。发展理念是：以质量求生存，创新求进，为消费者提供高质、经典的品牌产品。而诚信、求实、勤业、创新则是他们的企业精神。前程似锦、任重道远，他们发挥公司多年积累的优势与有利条件，以效益为中心，以改革促发展，以创新求进步，加快发展步伐，逐步实现“创造大众的信心与价值，造福于大众的富裕与安宁”的公司长期发展远景。

许应裘常常这样告诉他身边的人：“对于房地产开发，我们本着不求数量，求口碑、求质量的目标。长期以来，我们的房地产开发都是较为稳健的，以客户的需求为目标，真正做到让客户满意。”

从 1997 年至今，凯南地产在许应裘的带领下，一步一个脚印创造了一个又一个奇迹。

“能够舍弃商业利益，孜孜探索更适合居住的、更具创新精神的建筑。”这句话是业界人士对许应裘的中肯评价。

●“深圳东方盛世花园”销售中心，售楼场面热闹非凡

用许应裘自己的话说就是："要做到胸有成竹，盖房子是项很精密的工程，要对业主负责，所以绝对不能马虎。"

许应裘认为，一个投资商要诚实守信，首先要对业主负责，为业主建适合居住的房子。

适合居住的房子，包括房子质量、配套设施、社区环保等方面。集胆略、才华于一体，有着远见卓识和高度责任感的许应裘，为"建适合业主居住的房子"而绞尽脑汁，积极寻求最佳的建设方案。他常常谆谆告诫下属："凯南要生存，就必须处处为业主利益着想，这样才能保证信誉，才能保证房产有人买，才能保证凯南的发展壮大。"

他还举了一个例子：春秋战国时，秦国的商鞅在秦孝公的支持下主持变法。当时处于战争频繁、人心惶惶之际，为了树立威信，推进改革，商鞅下令在都城南门外立一根三丈长的木头，并当众许下诺言：谁能把这根木头搬到北门，赏金十两。围观的人不相信如此轻而易举的事就能得到如此高的赏赐，结果没有人肯出手一试。于是，商鞅将赏金提高到五十两。重赏之下必有勇夫，终于有人站起将木头扛到了北门。商鞅立即赏了他五十两。商鞅这一举动，在百姓心中树立了威信，而商鞅接下来的变法很快就在秦国推广开来了。

他总结说："这个'立木为信'的故事启发我们，'言必信，行必果'。大诗人李白也说过：'海岳尚可倾，口诺终不移。'在商业上，诚信比生意更重，诚信才是真正的无价之宝。所谓'厚德载物'便是诚信的德行方可承载得起整个世界。以'仁'取天下，天高'仁'为峰。我宣布：凯南地产，永远没有次品！"

一诺千金的许应裘，用思想也用行动，成功地证明了他"为业主建更适合居住的房子"的诺言，被誉为闪烁在广州地产界的一颗耀眼明星。于是，采访他的记者接踵而来。有记者这样叙述：

> 他，有一种奋斗的激情！70多岁的他，仍然精神焕发。早晨，他到工地的第一件事就是戴上头盔去视察、监工，现场解决问题。
>
> 他，也是嫉恶如仇，眼里容不得半点沙子的企业家。他，是视诚信比生命更为重要的人……初次见面，他刚晨练来到工地，和蔼的笑容如邻居家的伯伯，亲切的笑容中实现零距离沟通。
>
> 他对于房屋质量有着近乎苛刻的要求。哪怕是一根柱子、一

个钉子，他都要求做到最好，“要做就做一流的房子”，是他一直挂在嘴边对自己事业的要求。“什么二流、三流统统不要找我，要做我就做一流的，建一流的房子！”

他，就是许应裘。

又有记者这样写道：

对他的采访，与其说采访，不如说是倾听一个长者的谆谆教导。他对房地产开发，不是完全以商业的模式运作，而是在这个过程中除倾注了一个发展商本应具有的“责任”外，还带有一种特殊的感情——对业主和员工的亲情。他就住在自己开发的小区里，和业主做邻居，一起晨练，切实了解小区的物业管理、业主的需求和生活状况。他把员工当自己的儿女，并且对企业最下层的员工更为关心。据说，为了清洁工能够拿到应得的工资，他“炒”了物业公司领导的“鱿鱼”。

2011年6月，当许应裘本人接受焦点房地产网记者专访时，他非常恳切地讲出他为业主负责的内心世界。

记者：听说您已70多岁高龄，却还经常奔波在一线工地，对项目的开发亲历亲为？

许应裘接受记者采访

许应裘：我是经常走工地的，盖房子是很精密的活，最重要的就是做好质量，我是一定要把好这个关的。有人说，这个世界上的人从来不缺乏梦想，而最切合实际的梦想是拥有一个属于自己的家园。被称为“诗圣”“诗史”的杜甫，生活在唐代社会由盛到衰的历史转折点，由于外族入侵，藩镇叛乱，战争不断，他漂泊四方，浪迹天涯，最后落得个“茅屋为秋风所破”的下场，连一间房子都没有。一个家庭，多少年的血汗钱才能买一套房子，这房子就是他的家，他很可能要在这里生活一辈子，甚至传给后代，如果我们盖的房子质量不过关，那怎么能对得起业主！所以，我要求工程质量一定要达标，用料真实，哪怕是一根柱子、一个钉子都要求做到最好，我们要做就做一流的房子。住在我们楼盘的一个老太太曾和我开玩笑说："许总你是不是太有钱了？别人建的房子，厕所、厨房的水泥一砸就烂，你盖的房子，想砸开还真费力。"

记者：是不是因为您对自己的工程质量有信心，所以一直敢住在自己开发的楼盘里？

许应裘：我一直住在我早年开发的金丰花园里，这么多年，还真没有业主因为房子质量的问题来找过麻烦。其实，住在自己的楼盘里并不仅仅因为质量问题，更多的是想增进与业主的感情。我一直把住户当亲人，与住户一起晨练，和很多业主成了朋友，小区里的孩子见到我都叫爷爷，有的孩子见到我非要让我抱抱。

记者：那住在金丰花园的业主是不是有些特殊"待遇"？

许应裘：我是把住户当亲人看，所以凡事都站在业主的"亲人"的立场去处理。例如，如果谁家的小孩生病了，我们会派车免费送到医院。我很早就主张和谐居住，卖楼后，还要把业主当朋友。人们常说"千年亲人，万年邻居"，大家能住在一起，就是要互相关照。

记者：那您又是如何对待员工的呢？

许应裘：我把员工当自己的儿女、朋友，给员工分房，关心员工的婚姻大事，多为员工考虑。大年初一，我给保安和清洁员工发利是。我经常和员工们一起工作，一起生活，一起谈天说地，就像一个和睦相处的大家庭。

记者：凯南地产自 1997 年成立至今，完全开发成熟的只有金丰花园一个楼盘，正在建设的还有深圳东方盛世花园和广州江源半岛花园。为什么这么长时间才运作了三个楼盘？

许应裘：凯南地产一直都是用自己的资金运作，不向银行贷款，所以不能大规模搞开发。而且，深圳东方盛世花园和广州江源半岛花园在拿地后都遇到一些收尾工作，所以启动比较晚。但更重要的原因是，我们坚持做一流的项目，并且做好销售后的社区服务工作。我们不想建好一个楼盘后马上就去做另一个楼盘，而忽视小区日后的管理和经营工作。为业主着想，我们的策略是精耕细作，即使在楼盘销售完毕后还要做好小区的配套设施建设、物业管理，以及维护和保养设施等工作。"负责到底"是我们对小区建筑和生活质量的承诺。我相信，广州很少有发展商像我们这样，在楼盘建成后，还一直花钱修建楼盘损坏的设施。

记者：现在，房地产开发是资源耗费较高的行业，但您很早就注重环保了。这是不是让您牺牲了一些利益？

许应裘：环保和利益难免冲突。我们开发项目，一直遵守一个原则，就是保留原有树木，宁可房子避树，也不能树避房子。例如，开发广州江源半岛花园时，我们宁愿舍弃1.9万平方米的建筑面积也要保留一片古树林。如果用这么大的土地盖房子，可以创造3亿的经济价值。另外，我还要求“三废”须经处理达标后才能排放，使用环保型建筑材料和装修材料，如中空玻璃、陶粒砌块等。此外，小区还设置雨水蓄水池，充分利用雨水补充景观水、绿化、冲洗道路和冲厕等；推广使用透水性地面材料，加大小区透水性地表面积。

记者：除了上述这些，凯南地产在环保方面还有哪些做法？

许应裘：例如，我们组织成立了环保监督队伍，经常开展社区环保活动，积极监督社区污染源，如废气、扬尘、油烟污染等，积极宣传有关法律法规并认真贯彻落实。此外，还有效控制社区内噪声污染源，积极宣传噪声防治的法律法规并认真贯彻落实，又提倡污水处理再利用及使用太阳能和其他节能装置等。

记者：听说金丰花园的业主对小区都很有感情，而且对您和凯南地产的评价都不错。那您是以怎样的思路开发这个项目，并提高业主的忠诚度的？

许应裘：我过去从事文教事业，受文化影响较深，项目开发理念不同于其他房地产商，有着自己的思路。一开始，我就决定以“文化是最高亲和力”的开发理念，走一条文化地产之路。对金丰花园这个项目的定位是将它打造成教育人文社区。因为教育的意义非常重大，不仅仅能改变社区周边的教育环境、人文环境，更承载了树人的历史责任。所以，我们在社区内建立了广州市一流的幼儿园，就是要使业主的子女在家门口就能享受一流的教育。

记者：您为什么不让自己退休，好好享受晚年生活？

许应裘：我觉得一个人要承受压力才能健康地生活。人来到这个世界上就是要迎接困难、解决困难。对于享受，我认为不仅仅是吃吃喝喝。我的享受就是为国家、为人民做点有意义的事！做一件成功的事就是享受人生的最佳方式。在有生之年，我要帮助更多的人过上幸福的生活！

记者：您平时是怎么安排自己的生活的？

许应裘：早晨六点起床与业主一起晨练，早饭后就去工地。我不饮酒，不抽烟，不赌钱，所有的精力都集中在事业上。最近开发深圳东方盛世花园，我是早晨六点坐车去深圳，八点半到工地，中午和工人一起吃饭，下午再赶回广州，再去江源半岛花园的工地或公司处理日常事务。

在采访期间，凯南公司的一位业务主管有事来找许应裘，听到这里也插话说："许总不但跟工人一起吃饭，还经常跟公司员工一起吃饭，不过，我们特别'害怕'跟他一起吃饭。"记者一听觉得很奇怪，忙问为什么。业务主管说："因为饭菜吃不完的时候，许总会将剩余的饭菜像分配任务一样，'分配'到每个吃饭员工的碗里，有的员工吃饱了，但许总亲自添饭夹菜，不得不吃呀！很多员工说，跟许总吃饭，每次肚子都撑得饱饱的。"

记者笑了：这很感人！可是，和工人、员工一起吃饭，您为什么能放下老板的架子呢？

许应裘：在工地上，我不光跟工人一起吃饭，而且和他们住在一起，这是过去当兵打仗时养成的习惯。毛主席都说"要节省铜板"。所以做企业，即使能赚到钱，也要带头节省。

记者：您怎么定义自己赚钱的目的？

许应裘：赚钱首先是为国家创造经济效益，为自己的亲朋好友能过上质量好的生活。其次是为公益事业。我的愿望就是赚钱后，能为国家做几件像样的公益事业。

记者：对于凯南公司未来的发展，您是怎么设计的？

许应裘：我要求企业做稳，小而精，精而强，追求高效。发展过程中，我们不做气球，而是要做皮球。因为气球高高飞在空中，大而美；皮球虽圆滚滚地跑在地面上，毫不起眼，却坚实耐踢，经得起打磨，不像气球遭遇大风就会游移不定甚至爆炸！

宋代文学家苏轼云："古之立大事者，不惟有超世之才，亦必有坚忍不拔之志。"许应裘也不例外，他从无到有、从小到大、从一个山野小子到广州地产界儒商巨贾，就凭着得天独厚的商业智慧、坚毅不屈的拼搏精神，在风风雨雨的征途中，不断地创造奇迹。

然而，纵观古今商场上，创业者以胆识与智慧、谋略与手腕，运筹帷幄，累积成丰富多彩的经商法则，也就是通常所说的"生意经"。各种"生意经"，犹如"八仙过海，各显神通"，奇招百出，妙诀迭起，可谓出神入化，登峰造极，令人叹为观止。

中国作家协会会员徐德志在他的《世界华人富豪生意经》一书中说，李嘉诚的生意经，其中主要一点是目光远大，这造就了他许多时候决策准确，办事有成。其事实是：

20 世纪 50 年代，塑胶制品属新鲜产品，优点多，有取代木制品和金属制品之势。李嘉诚用自己打工艰苦积攒下来的几千港币自办塑胶厂，生意十分兴隆，这是他目光远大的第一次验证。

20 世纪 50 年代后期，欧美出现塑胶花。李嘉诚工厂迅速转产塑胶花，并扩大工厂规模进行生产，为此赚了大钱，为他今后的发展打下了基础。这是他目光远大的第二次验证。

20 世纪 60 年代起，香港经济开始起飞。李嘉诚毅然扭转长江实业公司的业务方向，开始从事地产业务经营。到 1980 年，其公司盈利高达 9 亿港币，成为除了香港政府外，香港最大的地产业发展公司。

1972 年，李嘉诚看到未来的发展前景需要更多的资金，将长江实业公司上市，筹借到大批资金，到 1994 年 3 月，他的旗舰长江实业（占 34.96% 股权），市值为 112.8 亿美元。

进入 20 世纪 80 年代，李嘉诚的目光更加远大。他在大力发展地产业的同时，又投资其他行业，如金融业，经营水泥、建设铁路车站、入主英资洋行等，到 20 世纪 80 年代末，他的长江集团之附属公司和联营公司共 103 家，其中附属公司 72 家，联营公司 31 家。

20 世纪 90 年代起，李嘉诚投资主方向是北京、上海、福建和广东。同时，他把两个儿子送到美国深造，着眼于人才的培养。由此可见，李嘉诚的目光远大之处由己及彼，由自家及整个国家，由现在展望至未来。

那么，许应裘的生意经是什么？其开启金山的钥匙、点石成金的绝技又是什么？

一天，记者采访许应裘时，冷不防提出一个新问题，他问："几千年的世界经济竞争舞台上，强者如林，风起云涌，来去匆匆。但经无数的商人反复验证，去伪存真，形成了一种世界经济文化遗产。今天，您事业成功了，能不能说说您事业迅速发展的秘诀？"

许应裘听后，沉思了一会，笑笑说："这可是个很尖锐的问题呀！有人说过，中国商人对自己的经商心得和经验讳莫如深，从不跟人提起，就算被人问起，也是支吾以对。谁愿意把他开启金山银山的'钥匙''芝麻开门'的咒语公开呢？"

记者迟疑了一会，说：“是的，中国大多数人有不在人前露富的心理，更何况是致富的经验呢！但是，人类在不同时代创造出来的经营经验，能使后人通古鉴今，受益匪浅啊！”

许应裘激动地说：“中华民族文化有5 000多年的历史，博大精深，源远流长，历代先贤呕心沥血，共创震古烁今的美德，这正是每一个中国人所秉承发扬的。若说我的经商经验，实在没有什么秘密可言，不外就是继承了中华民族的传统美德。《礼记》中有一句话说：‘不宝金玉，而忠信以为宝。’我一直以此作为经商之道。”

许应裘直人直语，一语道破天机！

记者：“你为什么以此作为经营谋略呢？”

许应裘笑了，说：“唐代著名的政治家、理财家陆贽有句名言：‘吝少失多，廉贾不处；溺近迷远，中人所非。’其意是说，贪少失多的事，正直的商人是不会做的；只图眼前利益而无视长远利益，连一个普通的人也认为这是愚蠢的。陆贽所说的，就是诚信经商的诀窍。”

“千百年来，人们讲求诚信，推崇诚信，”记者问，“什么是诚信？”

许应裘望着茫茫苍穹，仿佛在透视着历史的往事，说：“三国时期，诸葛亮辅佐刘备并受托孤之重任，正如《出师表》所言：‘深追先帝遗诏，臣不胜受恩感激，今当远离，临表涕零，不知所言。’一心为汉，七出祁山，耗尽毕生心血，留下千古美名。什么是诚信？能够履行承诺而取得他人信任。诸葛亮的所作所为就是诚信。古人云：‘索物于暗室者，莫良于火；索道于当世者，莫良于诚。’意思是说要照亮黑暗，最好的工具是火；想立足天下，最好的工具是诚信。中华民族历来重诺，一诺千金，传诵千古。”

●许应裘笑着说：“诚实守信是我的经商之道。”

记者赞叹地说：“有人说，诚信是一首诗，用心去朗读，用真诚付出，才会品出诗中永远的甜蜜。许总，您本身就是一首充满诚信的诗，值得我们去品味、去学习。”

许应裘问道：“为什么？”

记者说：“我听说，你早年开发的金丰

花园里住的都是自己一家老小、亲朋好友，一个小区一整栋楼共54户都是亲人、朋友，司机都有三房一厅。您就像是一个小区的‘大家长’，维持着‘大家庭’的秩序，保安、保洁员……大家庭里每个人的生活您都关心。如果您盖的房子质量不过关，您是不会住在这样的楼房里的。如果说，诸葛亮履行对刘备的承诺称诚信；那么，您践行对业主的承诺，建一流的房子，也是诚信！”

许应裘说：“诚信是由市场、由人们来考验的。我仍然是那句话：‘为业主建更适合居住的房子。’‘负责到底’是我一贯追求的地产境界。我要说的另一句话是：千万不要将业主当作傻瓜，没有业主的信赖，就什么也没有了；有了业主的信赖，才可以拥有一切。”

记者多次与许应裘接触，对他的才华十分赏识，又十分佩服他的为人处世之道，说：“你用诚实守信谱写自己的经商之路，使业主们很信赖凯南公司，大家都在传颂它。而且，您的成功经验、经商秘诀对人们不无启迪，尤其是对那些有志于创业的人而言更有借鉴意义，因为在今天，诚信已在随着时间的流逝渐渐凋零、枯萎，被人们遗忘、丢弃，失信之风逐渐蔓延，而您自觉做一个诚信之人，凯南公司做一个诚信企业，让诚信的光芒重新照耀民族精神的家园！”

许应裘轻轻一笑，谦虚地说：“我是一个普通人，只是做了一个正直商人该做的事！而且，能使自己问心无愧，心里永远舒坦踏实，有利于自己的身心健康发展。作为社会的一员，假如能时时处处遵纪守法，以诚信为重，那他一定会过得轻松愉快。”

李白《侠客行》诗有云：“二杯吐然诺，五岳倒为轻。”

许应裘自确立“诚实守信创大业”的目标后，他的房地产公司的一切经营活动，都把信誉放在第一位。凡是与业主利益有关的，他都会不惜一切代价去做好；凡是对业主承诺了的，他切实做到百分之百兑现，哪怕是自己亏本也不会抵赖。

许应裘一再告诫他身边的人：“我国有句俗话叫‘诚信是金’，说的是做人讲诚信，就像金子一样宝贵。无论是一个人，一所学校，一个企业，还是一个国家，只有依靠诚信才能够把握发展机会，赢得事业的成功。”

正因为这样，在激烈竞争的环境中，许应裘为企业塑造了良好的形象，获得了人们的普遍认可。在业务上，他如鱼得水、游刃有余、出奇制胜，无论在什么地方都能够绽放艳丽的花朵，结出胜利的果实，带领凯南公司走向卓越、走向辉煌。

↘第九章

儒商情结

在一篇《战场到商场不变“老兵”本色》的文章中，是这样描述许应裘的：

他是一个老兵，一个童年经历过贫困、饥寒，青年时代扛过枪、打过仗，并且戎马大半生的老兵。他的名片上有两只彪悍的骏马，这或是他对戎马生涯的怀念，或是他对企业发展的希冀。

当在江源半岛花园工地，许应裘的办公室里见到他时，我惊讶于他脚上那双非常普通的“白球鞋”。它除了是一种朴素作风的标志，还是一种人格的标志，更是“老兵本色”的体现。

这让我突然解开了一个采访前的疑问：为什么在谷歌上搜索“许应裘”时，绝大多数内容都是关于“慈善”“环保”和“责任”的。其实，一个人的衣着往往就是风格、人格的最好展现。

如今事业有成的他，还保持着艰苦朴素的作风，生活一直很简朴。后来我又听说了一个“2 元钱”的故事。一次，他送朋友回来的路上觉得有点饿了，看到路边有荔枝卖，每斤 12 元，就和人家还价说 10 元。别人不卖，他就走了。回家后才笑自己，腰包里揣着鼓鼓的钱包，还居然为了两块钱委屈了自己的肚子！

许应裘凭着“诚实守信，开拓创新”的经营方针，凭着“诚信无价宝，情义比天高”“感恩是做人的根本”的人生准则，凭着商业智慧，使自己的事业得到快速发展。与一般企业家不同的是，他是知识分子出身，有较深厚的文化底蕴，是个十足的儒商。

旧时称读书人为儒，而有文化、有知识、有修养的商人泛指儒商。自古以来，“商”与“文”似乎难以融合，文人从商也是不多见的。然而，在改革大潮的冲击下，“下海”成为最流行的字眼，徜徉于文教战线或文艺殿堂的名人们不甘寂寞，他们借风扬帆，拨浪弄潮，把从文和经商两者集于一身，给变革中的社会平添了奇光异彩。

中国有句古话“无商不奸”，人们概念中的商人是唯利是图、奸诈之人。连孔子都提出了重义轻利、重礼轻商的观点。许应裘说，其实，这是人们对孔子的一个大误解，孔子尽管轻商轻利，可是孔子并不反对从商，并不反对逐利；而且，孔子的得意门生、杰出弟子子贡也是一个商人！

“端木生涯”、中华儒商始祖子贡像

子贡，春秋时卫国黎地（今河南鹤壁）人，姓端木，名赐，字子贡，另字子赣。他17岁时拜孔子为师，深得孔子学说之真谛和儒家思想之精髓，成为孔子高徒。他弃官从商后，一跃成为春秋时期杰出商人，他是孔子72个精通“六艺”的高徒中最为富有的，是儒商中的杰出代表，商界公认他为儒商始祖，他成为历代儒商推崇效仿的楷模。中国旧时商店的门面通常雕刻“陶朱事业，端木生涯”楹联，作为商店的通用标志，“陶朱事业”成为商业的代名词，“端木生涯”则是商人职业的称谓。这既表达了后世商人对这位儒商始祖的景仰和尊崇，也反映出这位儒商思想创始人在我国商业发展史上的地位和影响。孔子从不反对弟子经商，他教导弟子“见利思义”，还教导先富起来的子贡要“富而无骄，富而好礼”，从而开创了流传至今的“华夏儒商之风”。

所以，时代需要儒商。

儒家文化和科举制度在古代中国体现的是人类社会的进步，这使百姓可以通过读书进入上流社会，社会管理阶层知识化促成了选举制度的规范化。欧洲文艺复兴，学习儒家的人本思想建立了文官体制，学习儒家的教育模式产生了世俗大学和知识阶层，这些成为欧洲近代化进程的重要方面。当今中国，尤其需要有理想、有信仰、有道德、有规范的商业家、企业家、金融家，也就是儒商。

正如国际儒商组织联盟秘书长郑玉玺说的："面对经济全球化的新时代，我们应该充满自豪感和自信心，更应该有一种危机感和责任感。以儒商文化精神为渊源的中华经济的未来，和以儒商文化为渊源的中华民族的未来一样，必须依靠我们自己的努力才能取得。"是的，任何"人类大同""普天大爱"的美好愿望，都不可能自动实现。只有选择进取，才能前进；只有坚持前进，才能在这个竞争的时代争取到自己的位置。可以说，以儒商文化精神为渊源的中华商业文明要续写曾经的辉煌，就必须勇敢地参与世界经济的发展过程。"路曼曼其修远兮，吾将上下而求索。"这正是以儒商文化精神为渊源的中华现代商业文明面对经济全球化时代的必然选择。努力探索这种儒商文化发展的内在规律，以儒商文化精神为新时代之动力，是走上这种"求索"之路的必然途径。郑玉玺又说："中国在全球化时代的创新与民族复兴，必须在以儒商文化为渊源的中国国土上孕生一批影响世界的新型儒商和有影响的儒商企业。中国自20世纪初新文化运动以来持续至今的族群浮躁和文化根系的飘忽，让多少中华儿女企求救亡图存而不得要领，以子贡为旗帜的儒商精神似东方微弱的启明星一样，让我们无限想象继承并发展儒商文化之磅礴，继承儒商文化并加以创新，这是中华民族的良知、道义和义不容辞的神圣责任！"

许应裘深刻地感到，我们国家正行进在"构建和谐社会奔小康"的伟大征程中，中华民族正在迈向伟大复兴的金光大道上，这正需要像子贡那样的一批精英来打造新一轮的辉煌。他对子贡独到的商业眼光、过人的智慧、博大的胸怀、闪光的人格魅力肃然起敬，并以其作为楷模。

许应裘有着儒商的情结。他把从报纸杂志上看到的关于儒商的格言一一记录下来，当作他从商的座右铭，如：

重守诚信，谋利有度，宽厚圆融，内圣外王。
博学儒雅，亦文亦商，以商养儒，以儒促商。
仁爱立人，见利思义，讲信修睦，乐于施善。
以义取利，以利济世，以和为贵，以儒兴商。
仁义诚信律己身，将才雅姿精诗文。
胸盛四海买卖事，取之有道赚金钱。
……

作为儒商的许应裘，从事房地产经营独树一帜，声誉极高，被誉为驰骋房地产界的翘楚。他善于总结经验，认为做一个成功的房地产开发商必须具备三个条件：

一要有小老板的精神。不怕辛劳，甘于吃苦，兢兢业业，起早摸黑，为以后做事业奠定基础。

二要有中老板的眼光。既要埋头拉车，又要抬头看路，不可盲目，但经商视野要越来越大，目标要越来越宏伟。

三要有大老板的气魄。如果没有气魄，就什么事也做不成，要眼观六路，耳听八方，既能从宏观着眼，又能从微观着手。要敢于冒险，看准了，那就干！

古人“成大事业、大学问者”，必经过三种境界：第一境界为“昨夜西风凋碧树，独上高楼，望尽天涯路”；第二境界为“衣带渐宽终不悔，为伊消得人憔悴”；第三境界为“众里寻他千百度，蓦然回首，那人却在灯火阑珊处”。

“昨夜西风凋碧树，独上高楼，望尽天涯路。”语出宋代晏殊的《蝶恋花》，这句话的意思是：昨天夜里秋风吹落了碧绿的树叶，我独自登上高楼，望到了天边路的尽头（也不见离人归来）。比喻“成大事业、大学问者”，虽然志存高远，但不熟路径，迷离徜徉，不知目标所在。“衣带渐宽终不悔，为伊消得人憔悴。”语出宋代柳永的《凤栖梧》，意思是说衣带逐渐宽缓，虽然身体消瘦了，但我始终不后悔，为了思念她，就是憔悴了也是值得的。以此比喻一个人对事业全力以赴，执着追求，锲而不舍，费尽辛劳，乃至疲惫不堪而终无后悔之意。“众里寻他千百度，蓦然回首，那人却在灯火阑珊处。”语出宋代辛弃疾的《青玉案·元夕》，这句话的意思是：在观灯的游人群里，我千百次地寻找，都不见她的影子，忽然间回头一望，那人正在灯火稀落的地方站着呢！比喻几经周折或多次失败之后，一个偶然的启迪使思路大开，获得成功。

许应裘认为一个成功的房地产开发商必须具备的“三个条件”和先人所说的古之“成大事业、大学问者”必经过的“三种境界”有异曲同工之妙。许应裘就是凭着这三个条件和三种境界，一路走来，白手起家，艰难进取，度过一道道险滩，冲破一层层困境，战胜一个个困难，终于取得了今日之辉煌成就。

许应裘的为人之道，经商之道，是众口皆碑的。一如《泰国隴隍同乡会成立二十五周年特刊》中的“隴隍籍企业之光”专栏所称道的：“许应裘的儒商风范值得赞扬，其一，他的经营方针是遵纪守法，稳健经营，开拓创新，不唱高调；其二，他的企业指导思想是做小做强做精，具有灵活性和应变能力；其三，他的作风是艰苦奋斗，亲力亲为，以诚取胜，信誉第一；其四，他脚踏实地，有多少资金办多少事，稳步发展，不向银行借贷，经得起任何风浪的考验；其五，他取之于社会，并回报社会，致富不忘社会，不忘家乡，捐资办公益慈善事业。”

值得一提的是，军人出身的许应裘，通读过毛泽东的《矛盾论》《实践论》等著作，创立企业后，仍旧不忘用毛泽东的战略战术来武装自己。他说过，毛泽东在领导中国革命取得胜利的全过程中，时时处处都展示出以小变大、以弱变强，在困难中前进，在竞争中取胜，这是值得我们学习借鉴，并指导企业经营的宝贵财富。许应裘一生中百折不挠的奋斗精神、爱国爱人的情操、浓厚的儒商情结，都得益于毛泽东著作中的精华。

许应裘的儒商情结，还具体表现在他以诚对待员工上。

作为凯南公司的领头人，许应裘深深体会到，一个企业的发展，除了要有决策者的精明、实力和能力之外，更主要的是要有一大批员工参与工作、管理，如果没有员工帮助他，他纵有三头六臂，也是忙不过来的。一个企业家既要有“博采天下之所长而为己用”的胸襟与能力，又要懂得“有容乃大”的道理，才能广招天下能人帮助他、跟他一起工作，才能有一支全力支持他、与他并肩作战的队伍。

我国战国末期赵国思想家、儒家代表人物荀子曾说过，对于一般百姓，你只剥削他，而没有给予利益；只想百姓效忠你，而你从不关怀他们；只强迫百姓为你做事，你不曾为百姓做实事。这样治理国家，结果只有一个可能，就是灭亡。许应裘善于从古代哲学思想中吸取精华，他认为治国要以人为本，治理企业也应以人为本。

曾经有记者问许应裘：“您的以人为本体现在哪里？”

许应裘听罢，认真地说：“有人说，老板办公司，养活了员工，员工给老板办事是理所当然的。我并不这样看，而是认为员工养活老板，养活公司。所以，我宽待员工，视员工为子女、朋友，使员工在凯南公司感受到像在家一样的温暖。可以说，这就是我对企业以人为本的体会。”

在创业的道路上，不断创造奇迹的许应裘，也在不断创造着他传奇的儒商人生，一曲曲许总真诚地关心员工的赞歌，在凯南公司奏响……

夜，深沉，四周静悄悄的，满天繁星，月色溶溶，忙了一天的凯南公司员工陈学友、叶秋美夫妻俩早已进入梦乡。

忽然叶秋美一骨碌从床上爬起来，迷迷糊糊地说：“学友，起床，我们是不是真的有房了?"

陈学友被吵醒了，问道："你说什么梦话呀?"

"我说我好像是在做梦，梦见飞上了云天，老天爷说我们这辈子买不起房，恩赐一套住房给我们。"

"不是梦，也不是老天爷赐的，是许总给我们的。"

叶秋美才如梦初醒，继而眼睛慢慢地湿润起来，哽咽着说："许总就是我们的大恩人，我们要祝他长命百岁，好人必有好报!"

"是的，"陈学友也激动地说，"我们还要知恩图报，努力做好本职工作，为企业做出更大的贡献。"

陈学友一摸枕头旁边，觉得有点湿湿的，知道是妻子流下的眼泪，这是激动的泪水，这是喜悦的泪水！他情不自禁地紧紧搂着妻子，清楚地听到她胸腔里发出的小鼓般的心跳声。

拥有一套属于自己的房子不再是梦想，已经成了现实，叶秋美感慨万千，彻夜无法入睡，昨天发生的事情，一幕幕在她的脑海里浮现……

清晨，旭日东升，霞光万丈。叶秋美正在上班，一名清洁女工急匆匆跑来，告诉她，办公室叫她听电话。

叶秋美跑到办公室，拿起电话，说："你好！我是叶秋美，请问你是——"

对方说："我是售楼部，你快过来办理套房过户手续。"

叶秋美一听，竟愣住了！心想：我没买房，办理什么手续呀？一想，也许是售楼部小姐搞恶作剧，讥笑她买不起房，故意骗她。她越想越生气，说："你不要欺人太甚，我这辈子虽然买不起房，将来我儿子赚大钱，买房给你们看看!"

对方说："你想到哪里去了？是许总亲自写了条子给售楼部，说要分房给你们夫妻。"

叶秋美听罢，更是丈二和尚摸不着头脑，结结巴巴地说："这……"

"许总的条子就放在这里，你过来看吧!"

"好……好……"

叶秋美三步并作两步，到了售楼部，听售楼小姐说了事情的来龙去脉……

2007 年 4 月 8 日，是深圳东方盛世花园开盘的日子。那一天，该小区第一期商住楼开盘，出现了人头攒动、长队如龙的热闹景象。800 多套楼房在 2 个小时内全部售完，很多客户在前一天晚上就彻夜排队等候选房，创深圳售楼速度最快的第一例，《深圳特区报》及香港报章都做了报道。为加快办理售房合同，售楼部、工程部、开发部等员工连续加班15天，从上午8时一直工作到凌晨4点（除吃饭外），员工每天只能睡4个多小时。清洁工叶秋美表现得更加积极，靠一把扫帚，一块抹布，一双勤快的手，为保证售楼部一天的清洁，她每天工作至清晨6点，每天只睡2个多小时。她的丈夫叫陈学友，是公司的电工，也跟她一样积极工作，像是在为自己工作一样，一丝不苟，认认真真地做事，毫无怨言。事后，全体员工为陈学友、叶秋美夫妇请功，说他们虽是电工、清洁工，工作平凡却又高尚，在这次公司卖房工作大行动中，大效其力，表现出色，立下了汗马功劳。

许应裘一向认为，一个企业需要不断涌现像雷锋一样吃苦耐劳、埋头苦干、公而忘私的员工，才能在企业树立起模范榜样。然而，企业管理者必须在工作与奖励之间建立恰当的联系，有效的奖励反而可以激励员工们更加努力工作。

对于那些多年来对公司有建树，而且又能干和信得过的职员，许应裘就分派房屋给他们，不但感谢和奖励他们，也使他们有进一步的归属感，更加努力为公司工作。于是，他当场拍板，写了条子，奖励陈学友、叶秋美夫妇一套三房二厅住房，还是全楼最好的方位。

叶美秋听罢售楼小姐的一番述说，激动的心情久久难以平静，心头一热，流下了两行热泪，接着竟失声大哭起来……

售楼小姐一愣：“你怎么啦?”

叶秋美急忙擦去眼泪，破涕为笑说：“我心里高兴呀!”

售楼小姐不禁笑了起来。

叶秋美又像小孩子一样，手舞足蹈地奔出售楼部，去叫丈夫一起来办理住房过户手续。

……

一场温馨的婚礼正在举行。

作为主婚人的凯南公司老总许应裘，红光满面，神采飞扬，正在热情洋溢地发言。他说，新娘是凯南公司的一名员工，她不仅漂亮可爱，而且聪明能干、勤奋敬业、好学上进，作为家长，他衷心祝福这一对新人，在今后的人生旅途中，同心同德、同甘共苦、同舟共济，事业上作比翼鸟、生活上作连理枝，共创美好的生活；并用拳拳赤子之心，报答父母和长辈的养育之恩，以出色的工作来回报社会、领导和朋友的关怀和支持。

一句“家长”，胜过千言万语，表达了许总对员工无微不至的关怀，反映出许应袭的真诚、善待下属和视员工为子女的高尚情操。话音刚落，现场就响起了经久不息的热烈掌声。

新娘叫吴璋英，原是华南理工大学高才生，大学毕业后应聘到凯南公司，负责设计图纸。她到公司后，忠心耿耿，兢兢业业，任劳任怨，是凯南公司劳苦功高的功臣。她备受许应袭的赏识和信任，现在全面负责工程设计、预算、监理工作，并担任工程部经理。许应袭曾对记者说，吴璋英不但才华出众，而且尽忠尽职，无私奉献，是公司公认的才女、重臣。吴璋英也对许应袭的赏识和重用非常感恩戴德，2009 年 5 月她曾在接受记者采访时动情地说：

> 我 1996 年从华南理工大学毕业，来到许总的公司工作，现在已快到 13 年了，许总一直把我们员工当成自己的儿女，在生活上、工作上一直都很照顾我们。我来这里工作的第二年，许总就赠送了一套东南方向的好房子给我，因为有了房子，就有了家，才有我今天幸福的生活。

吴璋英来到凯南公司后，一直忙于工作，没有时间去找男朋友。许应袭看在眼里，急在心里，便委托朋友去帮忙为吴璋英找对象；当爱情盛放美丽的鲜花时，他又为吴璋英举行了盛大的婚礼，布置新房。吴璋英怀着对许应袭的感激之情，称他为“干爸爸”，许应袭也乐意接受，叫吴璋英“干女儿”，一曲“父女”佳话就在公司传开了。

不仅仅是吴璋英一个人，许应袭同样当其他员工是自己的儿女、朋友，他给员工分房，关心员工的婚姻问题；亲自为员工操办婚宴、布置新房、垫付礼金；平时，他为员工送去最真挚的关怀，有些看似平常又琐碎的事情，他都会设身处地又十分关切地为员工着想，尽心尽力地为员工解决实际困难；员工如果有什么问题，他会从心里替他们担心。

一位记者在公司采访时，曾听到一个有趣的故事：一个员工结婚时，许应袭同样为他办婚宴、布置新房，将夫妻双双送进洞房。员工妻子看见新房里有洗衣机、热水器、冰箱及全套厨具，各种生活设施配置俱全，十分高兴，但想了一下，觉得还欠缺一件东西，便去找许应袭。

员工妻子说：“许总，我家里还欠缺一架缝纫机。”

许应袭说：“现在生活好了，破旧的衣服没有人要穿，要缝纫机干什么？”

“我将来有了孩子，需要缝缝补补，有一架缝纫机比较方便。”

“好吧，我买一架缝纫机给你。”

第二天，一架崭新的华南牌缝纫机就送到了员工新房中。据说，当年国产的缝纫机中，华南牌是最好的。

一天，劳动局一位张姓同志来公司检查工作。

许应裘走进客厅，紧握张同志的手，说：“欢迎你光临！”

张同志打量着许应裘的神态，风趣地说：“你的身体这么健壮，精神这么矍铄，声音这么洪亮，是我见到的许多企业家中最健康的。请问，什么秘诀使你延年益寿、返老还童呢？”

许应裘脸上露出喜悦的笑容，说：“其实没有什么秘诀，是我经常喝家乡出产的凤凰茶罢了！”

“喝茶？”

“是的。你要不要来一杯？”

“喝茶能延年益寿、返老还童，我岂止喝一杯，多多益善！”

“好的。”

许应裘给张同志泡了一杯热乎乎的凤凰茶，张同志呷了一口，连说“好茶”。

寒暄过后，言归正传。张同志说来公司检查住房公积金实行情况。

许应裘佯作不知，说：“什么叫住房公积金？”

张同志说：“住房公积金是指机关、企业、事业单位及其在职职工缴存的长期住房储金。”

“储存住房公积金是为了职工以后有钱买房吗？”

“就是这个意思。”

“我分房给员工们，连契约都帮忙办理，这不是比储存住房公积金更进一步？”

“什么？你分房给员工？”

在一旁的公司财务总监许勤接上说：“是的，许总把住房分给员工们，连新婚夫妻都能分到两房一厅，我就是受益者之一。刚来的员工住房不用缴钱，连水、电费都是许总垫付。”

张同志睁大眼睛，说：“有这等事？这真是天下奇闻！”

许勤说：“你到公司走一走，问一下，就知道了。”

张同志不禁感叹万分，对许应裘说：“我在劳动局工作20多年，至今连一套住房都买不起。许总，我辞职算了，到你的公司上班吧！”

许应裘笑而不答，他站起来，推开窗户，迎面吹来一阵清凉的江风，带着一股沁人心脾的幽香，霎时间，把办公室里的人也熏醉了……

在开始建设东方盛世花园时，因一些工程进展较慢，影响了整体工程进度。为了按时交楼，许应裘决定让承建的施工队苦十几个月，号召工人以主人翁精神和高昂的斗志，同心协力，艰苦奋斗，克服一切困难，以高质量高标准按时竣工。他每日跟工人们一起，战斗在工地第一线，一来可以带头鼓鼓劲，起表率作用；二来可以深入基层，及时发现问题、解决问题。

当晨光徐徐照亮苍穹时，许应裘就来到了工地，凝视着一幢幢在建的高楼如雨后春笋，好像自己的孩子快要成龙成凤似的，心里便涌起一阵阵欣喜的暖流。但最近一段时间来，他的下属向他报告说，一些工人工作不十分积极，甚至出现懈怠的现象。许应裘对下属说，先不要去批评工人，让他去找工人谈心、拉家常，了解情况。

一天傍晚时分，许应裘来到了工地工人临时宿舍区，突然一曲哀婉缠绵的歌声隐隐传来，他不由循声走去，在宿舍一扇小窗下停了下来。

窗内灯影迷离，一曲缠绵悱恻的旋律，好像一条满载着眷恋与守望的小河，奔流在荒芜的大地上……

夜深人静的时候是想家的时候，
想家的时候很甜蜜，家乡月就抚摸我的头；
想家的时候很美好，家乡柳就拉着我的手；
想家的时候有泪水，泪水却伴着那微笑流……

许应裘蹑手蹑脚推开了门，只见一个小伙子正在动情地唱着歌，其他十几个人有的躺在通铺上凝神谛听；有的迷迷糊糊睡着；有的坐着抽烟，默默地吐着烟圈，一派深沉凝重、寂寞的气氛。他们见公司老总突然出现，颇感意外，措手不及，面面相觑。

许应裘笑着说：“不好意思，打扰了！我只不过随便走走，听见这里有人唱歌，就进来了。”

唱歌的小伙子红着脸说：“老总，唱得不好，见笑，见笑！”

许应裘说：“唱得好，唱得好！而且唱到我的心坎里去了！”

一群工人被弄糊涂了，静静地听着许应裘说话。

许应裘说："这首歌名叫'想家的时候'，是阎维文和万山红在1993年中央电视台春节晚会唱的，我也喜欢这首歌，特别是在思念家乡时常常独自高歌一曲。"顿了顿，他说："大家在这里苦干了两三个月，都没有回家，大家辛苦了！有句话说得好，家是温暖的岸，人是漂泊的船，船眷恋岸。大家对家中父母妻儿有深深思念与浓浓牵挂，这是人之常情，明朝航海家郑和下西洋时，由于出海时间太长，许多船员也都思念家乡，归心似箭……"

工人们都窃窃私语，在猜想老总今天怎么了，竭力推敲其弦外之音，言外之意……

许应裘继续说："当时郑和来到南洋群岛，船员因人地生疏，思乡心切，他无法排解，颇觉愁苦。一日，郑和见路旁有一棵果树，果实大如柚，其形丑陋，果皮长满钉刺，好似绿色的刺猬。有人认为此果外貌不佳，故敬而远之。而郑和却觉得此为奇果，便命人上去摘下数只。当剥开果皮，即是七八瓣黄色果肉，散发出一种怪异的味道。岂料，当郑和和船员们品尝过后，大多数人都称赞不已，只觉它鲜美可口，香味浓郁，久久不散，美不可言。越吃越想吃，甚至上瘾，一天不吃，还特别想念它，就这样思家的念头也一时淡化了。我国古代曾有人写诗赞美它'天南何物最相思，雪样心肠玉样肌。饱极香从回处得，味尝甘到尽时知''我欲群芳常订谱，让它果部潜称王'。"

小伙子们一个个睁大眼睛，竖起耳朵，听得很入神，见许应裘一下子就把故事讲完了，觉得还不过瘾。刚才唱歌的那个小伙子问："老总，此奇果叫什么名字呀？"

●榴　莲

许应裘说："叫'留连'，后来植物学家取其音，改写为'榴莲'。"

工人们兴致很高，纷纷议论着……

"我也想让大家回家去跟家人团聚，但目前工程施工很紧张，实在没有时间放假。"许应裘沉思一会，笑笑说，“不如这样吧，我也给你们送‘留连’……”

小伙子们误作送榴莲，产生了极大的兴趣，他们心中的敬畏被冲淡了，气氛也活跃起来，大家七嘴八舌地说：

“送榴莲，流连忘返，多好啊！”

“吃榴莲，乐不思乡，未吃先醉了！”

“老总，什么时候给我们送榴莲呀？”

许应裘乐呵呵地笑起来，说：“小兄弟们，我说的是‘留连’，不是‘榴莲’，其音相同，意义却不同。刚才我说你们唱歌唱到我的心坎上了，为什么呢？因为你们的思乡之情感动了我，唐朝大诗人李白不是写下‘床前明月光，疑是地上霜。举头望明月，低头思故乡’的千古传颂诗篇吗！我想了一下，既然你们暂时不能回家，我可以邀请你们的家属前来深圳跟你们团聚，全部费用由公司负责，这就是我送给你们的‘留连’！”

大家一听，才悟出许应裘讲郑和故事的真谛，心中真如清泉淌过一般凉快，脸上洋溢着灿烂的笑容，心里乐呵呵的。

许应裘说：“大家说，好不好？”

工人们异口同声地说：“好！”

许应裘笑了，说：“你们等我的好消息！”

许应裘说罢，小伙子们都高兴地拍起手来。刚才唱歌的小伙子腼腆地对许应裘说：“我想跟您合唱一首歌，好不好？”

“好！”许应裘爽快地说：“就唱一首《想家的时候》吧！”

于是，许应裘拉开嗓门，与小伙子放声歌唱。悠扬的歌声从宿舍传出来，久久在工地里回荡……

许应裘来到宿舍里跟工人们谈心，了解情况，及时解决问题。给工人们以极大的鼓舞，调动了大家的积极性，大家的主动性都发挥出来了，建设工程进展很快。

不久，凯南公司组织了广州员工家属代表团、丰顺留隍员工父母代表团先后来深圳、广州探亲，除了跟亲人团聚之外，公司还派出专人陪同他们游览深圳、广州，让他们开开眼界，领略大城市的风采。

一位员工家属曾先生给许应裘寄来感谢信，说：“这次我参加员工家属代表团来凯南公司探亲，整个行程都安排得挺好，住星级宾馆，吃高级酒家，到广州白云山风景区、深圳世界之窗等景点游览了一番，我们感到十分开心。期间，我们参观了公司的员工生活设施，走进职工食堂，只见环境宽敞、明亮、优美，厨房清洁卫生，各种设施无油垢，无积灰；厨师们都穿着工作服，戴工作帽，干净整洁；菜肴丰富多样，餐厅员工服务热情周到。一幢高层楼盘的第一、二层作为员工宿舍，整理得十分干净。听员工说，用水、用电都不用付；新来的员工住在刚装修好的套房里，连房租都不用付。而且，听我女儿（一名女员工）说，您对员工的生活十分关心，特别是非常爱护女孩子，严格规定晚上十点半前一定要回到宿舍，超过这个时间回来就要受到批评，让在家的父母放心。我告诉女儿，一定要努力工作，以报答许总的恩情。”曾先生的一番话，最能体现凯南公司全体员工家属的心声。

具有儒商情结的许应裘，认为一个企业就像一个大家庭，每一个员工都是大家庭的一个成员，而管理者就是大家长，大家长要多为每一个成员考虑，善待他们，让他们得到较好的薪酬、福利待遇等，得到应得的利益。所以，员工们在这样一个洋溢着浓烈情怀的氛围里，工作轻松，生活幸福，心情愉快，对公司也是忠心耿耿，很多员工进公司工作后，就没有想过跳槽，至今仍然追随在许应裘身边。公司创办 20 多年来，其中有许多 10 年以上工龄的员工，他们无怨无悔，将他们一生中最美的青春年华献给了凯南。如女员工曾庆玲，她从 16 岁初中毕业后开始进入当时刚刚创办的凯南公司工作，经过 10 多年的努力拼搏，从一个稚嫩的小姑娘，成长为稳重、成熟的公司业务骨干，与公司同心协力，共同奋斗。她非常自豪能够与凯南同步成长，更对许应裘给她提供了一个良好环境和成长机会表示衷心感谢。

今天，很多工厂、公司的工人流失率很高，出现了工人留不住的现象，影响了企业的发展。然而，凯南公司却保持了员工的稳定性。许应裘在总结自己的用人心得时，曾对记者说：“随着经济发展，用工需求增加，劳动力供给却不断减少，用工矛盾将会加大，员工流动会更频繁。因此，企业用工观念就应有所改变，应考虑通过提高待遇、改变环境、实施人性化管理等来留住人。并从各个方面去了解员工，从每一个细节去留意员工，包括从生理、安全、感情、尊重、自我实现等各个方面，才能进一步建立老板与员工之间的信任，融洽相处，就像一家人那样亲密无间。”

许应裘常对人说：“我们公司的员工，是世界上最优秀的员工，工作主动积极认真负责，尽忠尽职，表现了主人翁的精神。”而许多员工这样说：“一个人找工作并不难，难的是找到一个好老板，而许总就是一个好老板。”正是“良禽择木而栖，贤臣择主而事”。

2012 年 7 月 8 日是许应裘 78 岁的生日，在举行盛大晚宴时，许应裘真诚地感谢员工们为凯南公司做出的巨大贡献，亲自为优秀员工颁奖，并与他们合影留念。当时在场的丰顺广播电视台的记者们十分感慨地说："员工与许总相处得十分融洽，就像一个大家庭那样，亲密无间、和睦相处，真了不起！"

2013 年 7 月 6 日，在许应裘 79 岁生日晚宴上，许应裘的挚友田老板发表了热情洋溢的讲话。他请了我国书画界泰斗高学隆为许总写了一首藏名诗，该诗云：

许世从善显公心，应国济贫尽德功。
裘装勤奋苦拼搏，德高望重美名声。

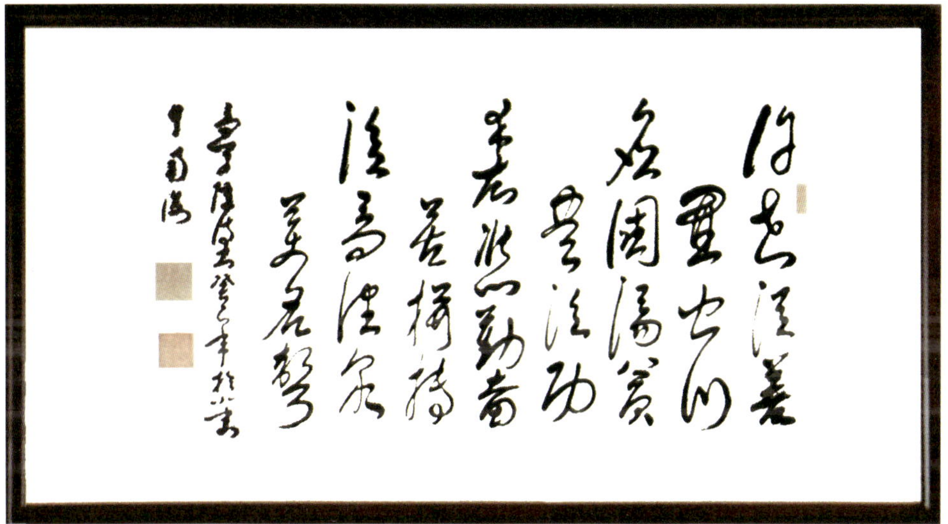

高学隆藏名诗并书

田老板解释说，这首诗四句开头组成"许应裘德"。第一句写许总一生从善，显的是一个公心，最大的公心是为我们的党、国家和人民。第二句写许总对那些需要帮助的人，可以全力以赴，不遗余力。第三句开头的"裘"字，从字义上讲，是有毛皮的衣服，如狐裘、轻裘等；"裘"也表示富裕，许总发财以后，仍然是那么的勤奋，那么的艰苦奋斗，不断地拼搏。第四句开头是"德"字，包含了千言万语，许总一生积善积德，自然是"德高望重美名声"了。

此诗气势磅礴，意蕴无穷，这是对具有儒商情结的许应裘的高度概括和真实写照，可以说是许应裘一生的缩影。

判断一个儒商的关键并不在于他是否名副其实，而是在于他能否使人们相信他名副其实。通过对许应裘的心灵世界的剖析和他的实际行动，我们已经注意到，他是一个有着较高文化素养、儒家道德观和价值取向、自强不息和勇于创新的企业家。他不仅是个企业家，还关心政治，积极参与社会公益事业，在发展企业的同时也关心文明的进步。他也许在经营上不是效率最高的商人，但他能成为商业界的领袖人物。正如“新儒学大师”杜维明所说的：

> 现代“儒商精神”包括两个层面，一是商人自身的人格修养，在人格上“修高明之行”；二是商业经营理念，在经营中“见利思义”。“立人”与“立业”相结合，构成了儒商精神的核心。

许应裘常说：“事业成功了，不要做为富不仁的事，既要做一个企业家，又要做一个慈善家，要多做好事，积善成德。”

今天，许应裘的朋友们总是异口同声地说：“将许应裘称为具有现代‘儒商精神’的商人，这不是对他的吹捧，而是实实在在的评价。”

2009 年 9 月，金秋飒爽，果实累累。丰顺县广播电视台成功地采编、摄制了人物专题纪录片《许应裘》（上、下集）。该专题以电视纪录为手段，远距离、大规模进行追踪采访，较完整地反映了一代儒商许应裘的智慧、理想和情操，展示了他爱国爱乡的风采。纪录片自开播以来，受到群众普遍关注，在社会上引起很大反响，“从而激励 70 万丰顺人民投身于社会主义现代化建设和改革开放的伟大事业，齐心协力建设和谐新丰顺”。

第十章

崇尚自然和谐之道

人们都说，广东是一个创造奇迹的地方，这个奇迹特别表现在 1992 年初邓小平视察南方并发表了重要谈话后。一座座高楼大厦拔地而起，一家家新型企业如雨后春笋，一段段新建铁路越山跨水，一条条高速公路上车水马龙，还有四通八达的通信网络、五彩缤纷的文化设施、方兴未艾的三高农业……

在创造奇迹的这块神奇的土地上，也不断涌现出一批又一批创造奇迹的人，许应裘就是其中的一个。而且，许应裘在推动社会和谐建设方面，做出了更大贡献。

●江源半岛藏身于翠林之中

2010 年 4 月 5 日，腾讯蓝房网以“许应裘：时刻心系业主，倾心打造原生态榕林社区”为题，专门报道了许应裘在房地产业上崇尚自然和谐之道。文章说：

“江风阵阵吹拂，几栋崭新楼宇在片片翠绿掩映之下，显得格外幽静。

“沿着一条崎岖小路，记者来到项目工地前，穿过大门，眼前顿时春意盎然：苍榕交错，黄犬逡巡，黑雀斜飞，仿佛闯入乡村部落。

“许久，记者回过神来，轻步走到项目建设指挥办公楼，脚还没踏进房间，广州凯南房地产开发有限公司董事长、总经理许应裘听说记者来访，早已迎面招呼：‘快请进，请坐，请坐！’初夏温暖的阳光洒在许应裘身上，他特有的爽朗笑声让人不自觉地跟着快乐起来……

“真挚的神情、洪亮的笑声，让人很难把他跟那些严肃的房企掌门人联系到一起。”

文章又说，采访的话题从桌子上一张报纸的内容谈起，那是 3 月 20 日出版的《广州日报》，头版一篇报道《新建三隧一桥连通琶洲员村》占据了极大篇幅：“……黄村隧道由员村的车陂路一直通至琶洲新滘东路……”报纸上的描述也意味着，江源半岛项目前面的车陂路将通过江底隧道直通中国最大的会展板块——琶洲。

“这对我们未来的业主而言是一个巨大优势，在我们这里有一条规划路，今后有了过江隧道，业主要去琶洲就更方便了。”许应裘边说边兴奋地举起报纸。他的兴奋不在于楼盘多了一项卖点，而是首先考虑到今后业主交通便利。

事实上，通往琶洲之路，也确实是楼盘一大卖点。站在江源半岛，可以眺望到珠江对岸的琶洲。这是一个长约 8.5 公里，宽约 1 公里的琵琶状小岛，地理位置十分优越，是广州新城市规划“东移”轴和“南移”轴的过渡地带。岛内绿树成荫，四面环水，生态资源丰富，环境优雅。琶洲北临珠江，与全国三大中央商务区之一的珠江新城隔江相望；西接赤岗领事馆区、华侨新城；南隔黄埔涌，与广州“南肺”小洲万亩果园自然结成紧密一体；东与长洲岛、黄埔港一衣带水，总占地面积约 10.47 平方公里，其中陆地面积为 9.66 平方公里，水域面积 0.81 平方公里。

最重要的是在这个黄金小岛上，拥有华南乃至全国最大的会展中心。具有 50 多年历史的广交会自 2002 年开始在琶洲举办之后，极大地提升了琶洲在广州经济版图中的地位。如今琶洲会展已经成为广州经济的重要组成部分，每年在广州举行的大大小小的会展上百个，吸引了国内外众多的参展客商。特别是“中国第一展”中国出口商品交易会每年在广州举行两届，带动了酒店、交通、饮食、广告、物流等众多行业的发展。在会展商圈周边的房地产物业，如写字楼、公寓等，由于有着独特的地域和客源优势，近年来显现出非同一般的市场潜力。因此，江源半岛在过江隧道打通之后，一举跻身会展物业的行列，从而使楼盘多了一个“会展北岸”的全新概念。

许应裘高兴地说：“除了过江隧道这种潜在的交通优势，我们项目旁边就有四号线和五号线的交汇地铁站，两路地铁站成为南北、东西方向的交通总汇。地铁口走到江源半岛都有指示牌。”许应裘对项目交通配套如数家珍。他所提到的地铁站是指车陂南站。从江源半岛徒步走到车陂南站大约 3 分钟，两地距离仅 120 米，江源半岛堪称“地铁物业”。更为难得的是，该站是四号线与五号线的交汇枢纽站，江源半岛成为全城屈指可数的“双地铁物业”。

地铁四号线自北向南，一路经过琶洲岛、生物岛、大学城、亚运城等地区，是广州未来绿色产业代表，集中了会展、高知、体育等各类绿色行业人士。而五号线经过的区域很多是写字楼集中点，由西往东穿过中山八路、淘金、区庄、珠江新城等新老金融中心，会聚了企业高管、金融商务人士。

然而，为了这个“双地铁物业”，作为江源半岛发展商的广州凯南房地产开发有限公司也做出了巨大的“牺牲”。据了解，项目早在 2005 年就已经开工建设，后来，为了配合地铁施工、亚运工程，公司不得不推迟了开发日期。导致外界误认为开发商有意捂盘，受了如此大的“委屈”，许应裘没有仓促辩解、愤然反击，而是继续秉承为买家着想的思路：“如果开盘后没有解决交通不便的问题，那消费者都会骂我们。所以，我们宁愿拖后开盘，也决不让业主买个半成品。”

“除了地铁五号线通往珠江新城，以后珠江新城的临江大道也会一直修到我们小区门口。”许应裘自豪地告诉记者。临江大道，是一条穿越整个珠江新城东西向的交通要道。曾有城市规划专家说过，打通临江大道，就等于拿到进入珠江新城的“金钥匙”。

在《琶洲—员村地区控制性详细规划》中，琶洲—员村地区被定位为“泛 CBD 区”，面积是珠江新城的两倍半，规划密度仅为后者的一半。“我们被划入 CBD 了，现在共享一个 CBD 概念，未来将成为珠江新城不可分割的一部分。”许应裘对未来充满憧憬。

随着政府对员村的规划发展提上议事日程，未来“泛 CBD 区”将形成珠江新城“金融核”、琶洲“会展核”、员村“服务核”三足鼎立的局面，最终打造成集金融、会展、商贸、居住、休闲于一体的复合型新城市滨水中心区，这也极大提高了江源半岛的发展定位。

江源半岛花园位于天河区黄埔大道车陂水厂南侧地段，在珠江北岸。156.61 亩用地呈矩形，南临珠江，坐拥广阔一线江景，且东西两侧各临河涌，三面环水，风景秀丽；区内古榕参天，小鸟成群。从城市发展来看，小区位于珠江新城、琶洲、天河东三大热点板块交汇处。随着市政规划政策的出台，小区附近将建成由连接珠江新城的临江大道，贯通黄埔大道和中山大道的车陂路，连接天河区与海珠区的琶洲大桥，连接南北穿过珠江的地铁四号线，连接东西城区的地铁五号线等组成的立体交通网络。

●楼盘内郁郁葱葱的榕树

项目规划追求的是建筑与自然的和谐，建筑与人的和谐。小区规划保留了北侧 8 棵古树，西侧河涌布置沿河绿化带，南部紧靠珠江，此地块设计成开放式沿江休闲绿化公园，既改善了周边环境，又提供了一个休息、活动的公共场地。由北往南园林景观设计主要分“绿榕岛（榕景、生态泳池）”“蝶湖居（水景、喷泉）”“御景台（内花景、外江景）”三个中心花园组团。诸多环境配套设计形成了社区立体式的园林绿化和整体迎风向阳的优美环境。

在建筑设计方面，江源半岛建筑组团显示出围合形态，中央形成绿化开敞空间，通过对户型的处理，为每一个住户争取良好的视野，从而消除空间压迫感，增加宽敞的感觉，同时，尽量利用东西间墙进行拼接，保证多数住户有良好的朝向及通风采光条件。

远景规划是围砌河堤，整治河涌，增加绿化，建设商业项目和高标准运动会所、游艇会、游泳池、老人活动中心、文化站、幼儿园等配套设施，车位按1:1的比例配置。

●江源半岛三面临水

江源半岛之所以命名为“半岛”，就是因为东、西、南三面临水，整个项目就像伸入水中的半岛。江源半岛A区由5栋小高层组成，楼宇自西向东呈一字排开，全部南北朝向。B区由3栋楼宇组成，自北向南排列。A、B两区目前都可以望到江景。C区位于B区南边，3栋楼宇也是南北排列，离珠江最近，江景资源最丰富，可直接望到珠江对岸在建的中洲交易中心。

这一天，许应裘心情特别好，文思如泉涌。他说：“孔子说过，智者乐水，仁者乐山。意思是说，智者的乐是动态的，像水一样；仁者的乐是静态的，像山一样。而有的人硬是断章取义，说‘智者乐水’是喜欢水，‘仁者乐山’是喜欢山，这是不对的。我最近读过《深圳特区报》记者马珂写的一篇文章，对这两句话的解释是：智者涉水而行，望水而思，以碧波清涛来洗濯自己的理智和机敏；仁者在山上的稳健、博大和丰富中沉淀和锤炼自己的仁爱之心。情景交融，实在很精彩。”

许应裘兴致勃勃，继续说：“对于现代人来说，望水而居似乎更符合人们居住的要求，宛如碧玉的江面给人以平静与安详，浮光跃金的水景给人以遥想与憧憬，潺潺的流水声给人带来了温馨与抚慰！工作之余，或垂钓于江心、荡舟于碧波，或看渔翁乘筏、抛网捕鱼；暮春三月，江面水涨，激流汹涌，惊涛拍岸，如何能不叫人心动！城有水则秀，居有水则灵，而江源半岛三面环水，可远眺三江汇流的开阔景象，更体现了别样的水居文化，开辟绿色生态空间！正像李坚真大姐创作的一首题为‘观景’

的山歌所描写的那样：‘珠江浪花像云层，条条马路万盏灯。早上阳台看日出，晚霞月亮水中间。’”

记者简直不敢想象，眼前这位企业家，处处流露出学者的气质，他对许应裘十分佩服，说：“许总简直是个文学家!”

许应裘乐呵呵地笑了，说：“不要忘了，上大学时，我读的是中文专业，读书时，尤其陶醉于照亮中华民族精神家园的五千年的中国文学，它犹如一条奔腾澎湃的大河，历经种种景致，或瑰丽新奇，或雄浑厚重，或婉约别致，或沉郁幽深……值得我们学习、探索。”

许应裘出口成章，妙语连珠，记者受到感染，情不自禁地鼓起掌来。

许多记者在与许应裘面对面交流时，都会明显地感觉到他开阔的思维、广阔的眼界和深厚的专业功底，这使得他在很多领域中都有独到的见解。在交谈中，总能不时地感到他那不断迸发的思想火花，正是许应裘独特的战略性思维模式，使得凯南公司逐步走向品牌地产的发展道路。思想的高度决定着企业发展的方向，清晰的战略思路决定着企业发展的速度。

按照许应裘自己的话说，便是：“准确定位企业的发展方向，坚持不懈地进行品牌的塑造和持续发展，通过整合营销来实现消费者对于企业品牌的定位。对于凯南地产所有项目的定位，就是凭借企业自身的优势，形成项目独树一帜的品位和风格，为城市建设和居民居住环境的改善做出应有的贡献。凯南以高起点、高标准、高姿态进行商品房开发，坚持走专业化、规范化、品牌化的企业发展道路，立足珠三角。”许应裘又表示，凯南本身就是一个品牌标志，怎样利用好凯南的品牌优势，将“专业、诚信、责任”的服务价值理念，深入到房地产开发中来是凯南地产始终不变的追求。

而且，凯南其中一个品牌优势是许应裘崇尚自然和谐之道，2010 年 4 月在接受记者采访时，许应裘披露心迹说：

> 我当时刚刚做这个项目的时候，在网上搜索了很多资料，找到一张图，前面有一张照片看得很清晰，是从车陂路东面一个高楼上拍下来的，周边都是房屋，有厂房，也有一些居住楼，都是在建或者是已经建好的房屋，包括我们半岛河对岸的很多高楼、城中村，还有保利中心。这边路口是大工地，当时在建地铁、公交站场。唯一的亮点就是中心这一块，一大片的绿地，包括水厂和我们今天的项目所拥有的榕树林，非常鲜艳，就好像一颗翡翠

之后，进行国内外嘉宾演讲和讨论，大家畅所欲言，重点围绕和谐人居进行探讨。演讲的题目包括人居环境科学理论与实践、节能减排、绿色建筑、房地产立体式开发、全球变暖等话题。嘉宾们的发言水平很高，发人深省，与会者获益匪浅。

最后，由深圳市政协人口资源环境委员会主任李听总结讲话，他说："通过大家精彩的演讲和讨论，大家分享彼此的心得，也让我们的事业大大开阔，达到了论坛的预期目的。一个国家的人居环境是政府、老百姓、社会十分关心的问题，需要大家通力合作。……我们就生态保护、人居建设积极建言献策。今天的会议提出了很多先进理念，这给我们的工作提供了一个很好的指导作用。我们将认真吸纳，这对推动深圳的可持续发展必将起到重要作用。"

论坛结束后，举行了备受瞩目的全球人居环境表彰活动。这是由联合国友好理事会和中国城博会等共同组织的一项高规格的表彰活动，其宗旨是按照可持续发展的原则，从人居环境的各个领域挑选最佳范例。专家团从主流媒体联盟和各地推荐的数百个申报项目中进行了为期半年的评审甄选，最后评选出"全球人居环境房地产综合奖"10 个，"全球人居环境杰出贡献奖"8 个，"全球人居环境特别奖、全球人居环境幸福社区创新奖"12 个，"全球人居环境单项奖"7 个，"全球优秀生态旅游景区"1 个。在表彰典礼上，深圳报业集团总编辑、《深圳特区报》总编辑王田良发表热情洋溢的致辞，他说："环境是社会进步和发展的基础，和谐的人居已经成为现代城市发展的重要方面，我们的政府、企业、市民都已经认识到了环境保护的重要性，并积极地身体力行。今年深圳市委市政府做出了加强环境保护、建设生态市决定，按照我们的城市发展蓝图，到 2020 年深圳将全面建设成充满活力的、可持续发展的生态市。作为深圳的主流媒体，我们将不遗余力地参与到这个伟大的事业当中。今晚在这个典礼上，一批关注和谐人居的开发商将被隆重表彰，我们衷心希望可以起到良好的示范作用，为越来越多企业、开发商进入这个行列，为中国、世界的和谐人居贡献自己的才华和力量。"

当宣布来自广州珠江江畔的生态大盘——江源半岛花园，以其在人居环境建筑领域做出的卓越贡献，荣膺"全球人居环境房地产综合奖"，同时该项目的开发商广州凯南房地产开发有限公司董事长、总经理许应裘，凭借他在房地产开发领域以及人居环境保护方面的卓越功勋，荣获"全球人居环境杰出贡献奖"时，会场中爆发出雷鸣般的掌声。

●在表彰典礼上，许应裘与联合国前副秘书长安瓦尔·乔杜里合影

●许应裘与联合国友好理事会主席努尔·布朗合影

联合国前副秘书长安瓦尔·乔杜里、联合国友好理事会主席努尔·布朗、世界非政府组织联合会秘书长泰吉·哈马德等亲自为许应裘颁发了奖牌和证书。

第二天，中共深圳市委市政府权威报纸《深圳特区报》特辟“第三届全球人居环境论坛暨表彰盛典特别专辑·全球人居环境生态社区奖特别报道”。在第2、3版两整版以巨大的篇幅发表了江源半岛花园荣膺“全球人居环境房地产综合奖”，许应裘荣获“全球人居环境杰出贡献奖”的长篇专题报道。报道以极为醒目的标题说：

“崇尚自然和谐之道，开辟绿色生态空间。”

这篇报道先谈到近日举行的第三届全球人居环境论坛与表彰活动，特别指出这是一次与国际接轨的高级别的国际评选活动。接着，报道提出了一个尖锐的问题：

“对于越来越受重视的社区绿化建设，是砍掉原生态参天大树再植茵茵绿草，还是保留一株株历经半个世纪的古榕，使其苍翠浓郁覆盖整片社区；是填埋天然水塘再造人工水池，还是继续保留原有水域的自然形态，这些都取决于企业的价值判断。”

报道紧接着说：“江源半岛的开发商广州凯南房地产开发有限公司董事长、总经理许应裘用他的实际行动，表达了他在房地产开发建设过程中，把社区环境建设和自然生态保护放在重中之重的开发理念。”

江源半岛地处广州市天河区黄埔大道车陂水厂南侧地段，总用地面积超过 10 万平方米，总建设面积 28 万平方米，原来周边生长了上百株参天古榕。颇有长远眼光的许应裘，早就已经敏锐地察觉到保护人居环境的重要性，他认为，城市生态环境保护要从保护一草一木开始，俗话说“双木成林，三木为森”，多留一棵树就是为居住者多留下一片发展的空间。

许应裘发表了对许多开发商从商业利益考虑，把原有的乔木移植走，再种植容易出景观效果的花木的做法的见解，以及对目前江源半岛的生态环境保护的独特见解，他说：“江源半岛保留着一片广州地区非常少见的、历经半个世纪的古榕林。建筑的位置是可以调整的，而原生态的古榕却不可复制，作为一个有责任的开发商，必须舍弃短期的商业利益，为自然环境的保护，为人居环境的改善做出应有的贡献。”

于是，在规划建设之初，许应裘做出了先标出古榕生长用地，再依据古榕分布的情况来规划社区建筑物位置的决策。牺牲商业利润保留生态环境，江源半岛赢得了盛誉，好评如潮。

全球人居论坛相关专业人士表示，要开发生态型环保小区，就必须走出牺牲生态环境搞建设的误区。目前，部分开发商倾向于把地块上原有的乔木移植走，然后种植容易出景观效果的灌木丛。实际上，绿化率的高低并不能证明社区的绿化水平，社区绿化更应该重视生态效益，地块原有植被的生态效益显然是非常高的。而广州江源半岛花园在自然生态保护方面做出了表率，宁愿舍弃价值 3 亿多元的 1.9 万平方米的用地面积，将 127 棵古树保留下来。同时，在环保事业方面做出了积极的贡献，其企业组织成立了环保监督队伍，经常开展社区环保活动，积极参与绿色社区建设，积极监督社区污染源，如废气、扬尘、油烟污染等；积极宣传噪声防治的法律法规并认真贯彻落实；设计与周围环境相协调的园林景点；提倡立体绿化，可绿化面积力求达到 100%，并做好绿化除虫害工作；积极提倡利用太阳能和选用节能装置。

●深圳东方盛世花园

●深圳东方盛世花园也秉承了江源半岛绿色生态人居的开发理念，成为别具一格的绿色园林小区

许应裘在接受记者采访时说："通过这次召开的全球人居环境论坛，并表彰了一批关注和谐人居的开发商及其项目，在这些社区及其他居住环境问题上，我们看到了新世纪的人居标杆，这正是全社会现在及未来都应该关注、应该孜孜以求的对象。一个和谐的社区给予居住者的生活梦想，不仅是成为自然的观光客和科学的享受者，而且是成为现代生活真正的拥有者。让我们立足在这种更高视野下的评判标准和价值高度上，翘首以待更多和谐的人居环境和更美好的家园。"

业界、媒体都认为许应裘获此殊荣是实至名归的，一些报纸评论：2007 全球人居环境论坛上，由联合国友好理事会（FOUN）、美国联邦绿色建筑委员会（USGBC）、中国社会科学院城市发展研究会等单位联合给江源半岛颁发了全球人居环境生态社区大奖。这个社区当时与全国很多项目一起参评，经过长达半年的严格评审和激烈角逐，最后被评上的项目寥寥无几，而许应裘却一举荣获了两个桂冠。这三大权威机构为什么会把这个奖颁给江源半岛？这是很值得我们思考的。

除了江源半岛花园在人居环境建设领域做出的卓越贡献外，其姐妹版"深圳东方盛世花园"也秉承了绿色生态人居开发理念，采用了"依坡地就势"的方式，房子排列有序，园林建造随地形自然起伏、高低错落，中心围合，营造出"参与性、互动性"的园林气氛。

东方盛世花园位于深圳布吉关口，离罗湖仅一步之遥，总建筑面积约为 15 万平方米，作为布吉关出关后的第一个楼盘，紧密地连接着繁荣的罗湖区，周边拥有完善的生活配套设施和便利的城市交通网络，其绿色生态人居有十大亮点：

一是与城市同步，与罗湖同呼吸。东方盛世南侧边界线几乎与龙岗和罗湖行政交界线重合，距东门车程仅 6 公里，距华强北车程约 10 公里。

二是跨越布吉关，生活无极限。深惠路、地铁三号线两大深圳交通主干线的改造和建设以及30余条公交线路共同扩展了置业者的交通脉络。

三是立体水景，坡地园林。东方盛世精选园林用材，规划了别具一格的立体水景园林。

四是九龙戏珠，卓尔不群。东方盛世主入口的龙珠喷泉由中式园林名家主笔，气势非凡。

五是华美大堂，高堂阔户。东方盛世单元入户大堂层高6米，空间布局简洁，线条硬朗。

六是科技用材，舒适节能。东方盛世外侧飘窗与落地推拉门全部采用Low-E中空玻璃。

七是天然石材，健康时尚。东方盛世是深圳市采用石材最广泛的社区之一，采用耐腐蚀、无辐射的生态建筑用材。

八是品牌电梯，出入随心。采用OTIS电梯，环保节能、安全稳定。

九是户型方正，超高使用率。东方盛世建筑群基本为16至18层小高层，使用率控制在81%至83%。

十是超大赠送面积，灵活扩展空间。东方盛世住宅设计具有充沛的扩展空间与赠送面积，最大赠送面积达13平方米以上。

如果说，广州江源半岛花园三江汇聚，玉带缠腰，江景秀丽，小区内古榕参天，环境幽雅，为生态社区精美之作；那么，深圳东方盛世花园则应势而建，穿梭在繁华与静谧之间，将城市生活提升到一个新的高度，带来了文化品位和生活方式上的改变。

为祖国的改革开放，为房地产界，为人居环境生态社区，许应裘树立了一个又一个意义重大的成功典型。许应裘荣获全球国际大奖，是众望所归、当之无愧的。

附："全球人居环境表彰活动"评选委员会公布许应裘荣获两个大奖的相关获奖评定资料

全球人居环境系列表彰

全球人居环境生态社区：江源半岛花园

获奖单位：广州凯南房地产开发有限公司

（同为）深圳凯南房地产开发有限公司

董事长、总经理许应裘参评全球人居环境杰出贡献奖简介

企业董事长、总经理许应裘秉承“回馈社会”的宗旨，平生兢兢业业，从20世纪90年代初期开始白手起家开发房地产，其凭借“诚实守信、开拓创新”的经营方针和“诚信无价宝，情义比天高”“感恩是做人的根本”的做人准则，发展至今独资经营开发总建筑面积已达68.3万平方米，现正在开发建设的项目包括位于深圳市布吉关口的“东方盛世花园”和位于广州市天河区的“江源半岛花园”。20年来，企业所做慈善事业主要是：①1994年捐赠200万元人民币建设母校“坚真教学楼”及校门；②2005年捐赠165万元人民币建设家乡“站口小学”；③2006年捐赠48.6万元人民币建设家乡道路及篮球场；④2007年6月向梅州洪水灾区捐款130万元人民币；⑤2007年捐赠900多万元人民币建设“坚真纪念亭”和“坚真科学馆”。

许应裘董事长自创业以来，一直关心环保事业，为环保事业做了以下工作：①为了保留原有树木，宁愿舍弃1.9万平方米建筑面积（价值3亿多），也要保留每一棵古树；②组织成立环保监督队伍，经常开展社区环保活动，积极参与绿色社区建设；③积极监督社区污染源，如废气、扬尘、油烟污染，积极宣传有关法律法规并认真贯彻落实；④有效控制社区内噪声污染源，积极宣传噪声防治的法律法规并认真贯彻落实；⑤提倡污水处理再利用；⑥落实社区除四害工作；⑦要求小区绿化覆盖率达到规定的要求，植物种类丰富、搭配合理，园林景点与周围环境协调、优美，提倡立体绿化，可绿化面积力求达到100%，做好绿化除虫害工作；⑧提倡积极利用太阳能和选用节能装置。

广州江源半岛花园相关获奖评定详细资料

附件（一）

项目基地地形地貌的保护利用及对周边生态环境的保护措施：

小区位于广州市天河区黄埔大道车陂水厂南侧地段，在珠江北岸，地形地貌属珠江三角洲冲积平原，地势平坦。156.61亩用地呈矩形，南临珠江，坐拥广阔一线江景，且东西两侧各临河涌，三面环水，风景秀丽；区内古榕参天，小鸟成群，空气清新，环境优雅，地理位置优越，自然景观无可比拟。公司在利用其得天独厚地理位置的基础上，采取：

(1) 保留场地北侧8棵古树，西侧河涌布置沿河绿化带，南部地块紧靠珠江，此地块设计成开放式沿江休闲绿化公园，既改善了周边环境，又提供了一个休息、活动的公共场所。

(2) 保护鸟类，禁止捕杀小鸟。

(3) 围砌河堤，整治河涌，种植树木，增加植被。

(4) 提高小区绿化率，小区设计了3个中心花园组团，户型设计入户花园，天台园林绿化。

(5) 小区规划人车分流，设计了二层地下停车场，减少噪音和废气污染。

(6) 所有设备均选用低噪声型，减少噪声源，冷水机组、水泵、空调器、风机、发电机组等均做减振处理。

令整个小区与大自然融为一体，实现“青山绿地”“碧水蓝天”“小鸟天堂”的绿色生态新蓝图。

附件（二）

市政基础设施和公共配套服务条件：

小区位于珠江新城、琶洲、天河东三大热点板块的黄金交汇处，随着市政规划政策的出台，小区附近将建成由连接珠江新城的临江大道，贯通黄埔大道和中山大道的车陂路，连接天河区与海珠区的琶洲大桥，连接南北穿过珠江的地铁四号线和连接东西城区的地铁五号线组成的立体交通网络。可谓“三龙汇聚”“玉带缠腰”，便捷交通畅达全城，便利生活举足即享。尤其处在地铁四、五号线交汇点，社区集居住、商务、投资三大价值为一体，业主坐享增值收获。

在小区相关配套设施上，有商业项目、高标准运动会所、游艇会、游泳池、老人活动中心、文化站、幼儿园等，车位按最低1:1比例配置。都市级配套，健康生活轻松拥有。

附件（三）

项目设计理念：

公司一贯坚持品质超群的原则，为项目的开发建设工作做了充分的准备。在规划设计中，以自然为师，将建筑融入自然，江源半岛追求的是建筑与自然的和谐，建筑与人的极致和谐，从建筑形态、园林风格乃至户型设计，均能发现设计者“先到花园后到家”“以人为本”的匠心巧思。规划布置合理，为中高端客户群度身定制。建筑以“现代大都市”风格为外立面背景，融合古榕、一线江景，力求将三面环水的都市半岛建设成珠江边上一颗璀璨的明珠，以引领广州豪宅的物业旗舰及广州人居价值地标。

附件（四）

项目生态环境规划：

项目建成后将在天河东珠江边上形成一个规模较大、环境宜人、规划超前的自然生态之城、健康文明家园。小区由北往南园林景观设计主要分为“绿榕岛（榕景、生态泳池）”“蝶湖居（水景、喷泉）”“御景台（内花景、外江景）”三个中心花园组团。小区独享天河罕有的古榕树生态环境，双地铁线规划，独占珠江最美河段，背林面江，信步于江岸休闲长廊，坐拥靓丽一线江景。该项目为城市提供了28万平方米的超值高档住宅，而且其充满现代感的建筑造型，立体式园林绿化、整体迎风向阳的优美环境、雅致的园林景点、富丽堂皇的会所、功能齐全配套完善的公共服务设施，将给美化市容、改善生态环境带来较大影响，具有良好的社会效益和环境效益。

附件（五）

项目建筑设计：

（1）建筑设计采用11层一梯四户、18层一梯六户、26层一梯四户及两户的住宅连体布置，住宅尽量利用东西间墙进行拼接，保证多数住户有良好的朝向及通风采光条件。一期主力产品为70～230平方米，一梯六户其中5户南向，3户系望江户型；望江户型均为东南向，落地玻璃窗尽揽江景。

（2）单体平面设计大致有五个功能分区。室内设计中客厅、餐厅、厨房相对集中，卧室、卫生间相对集中，公共活动空间与私密空间合理分开。住宅设入户花园，3.15米层高，增大了生活空间。

（3）建筑组团尽量形成围合，中央形成绿化开敞空间。通过对户型的处理，尽量为每一个住户争取良好的视野，从而消除空间压迫感，增加宽敞的感觉；每栋首层架空层高6米，扩大活动空间及绿化场地，使小区空气流通；天台园林绿化；临江复式住宅楼，天台设私密园林泳池。

（4）外立面设计精致且层次分明；以现代建筑材料为主，色泽明朗，富有时代感；同时注意单体与单体之间的相互呼应，为城市创造丰富的空间感。

附件（六）

项目在城市建筑传统风格、文化传承方面的贡献：

（1）将乡土建筑完全功能型、自发式的形式呈现上升为一种概念化的、融入审美取向和形式结构的、艺术与功能并重、主动式的形式语言。使当代建筑既含有传统建筑的某些特征，又保持与其的距离，表现出创造性。这牵涉到对传统形式的概括、变体、解构和重构等方式，完成形式上的“差异性转变”。

（2）“大树底下可乘凉。”倡导尊老爱幼、邻里和睦，营造健康、舒适、亲和、聚气、节能的生活环境。

（3）项目坐北朝南，对岸为万亩果林、琶洲会展中心、CBD 生活圈，以生态为灵魂，与江岸零距离，倡导水岸休闲哲学。

附件（七）

项目环保规划：

（1）项目用地范围内，做好绿化规划，多种植枝叶茂密的乔木和灌木，减少不透水层的建设，绿地率达 35%。

（2）本项目“三废”须经处理达标后排放。

（3）使用环保型建筑材料和装修材料，如中空玻璃、陶粒砌块等。

（4）缩短施工期，减少水土流失。

（5）设计阳台洗衣等废水接入污水管。

（6）小区设置雨水蓄水池，充分利用雨水补充景观水、绿化、冲洗道路和冲厕等。

（7）推广使用透水性地面材料，加大小区透水性地表面积。

第三部分

寻亲佳话

泱泱华夏，蕴万千风流。乌鸦有反哺之义，羔羊知跪乳之恩。弘扬孝道文化，是时代的呼唤。孝行天下，德泽万代。

——作者手记

第十二章

千里迢迢赴泰国寻亲

爸爸——爸爸——对着四面八方呼唤，
却听不到您的一丝回音，我泪眼朦胧。
看不到您的身影，也没有您的一点消息，
难道我想与您相聚，只能在梦中相会？

深夜，许应裘又一次惊醒，却睁不开眼睛，因为他的眼睛里早已满是泪水，梦里的那个身影永远是他的牵挂……他的父亲健康吗？生活幸福吗？他很想念父亲……这么多年，他不敢去想，不敢去问，因怕触碰到那根敏感的神经。

小时候，许应裘在母亲的泪眼中知道了父亲，对父亲既爱又恨。他爱父亲，毕竟那是他的父亲，不管父亲怎样对待他们母子，他还是很想念父亲。母亲为了他们，付出了一生的韶华，一直苦苦等待丈夫回来。母亲独坐的时候，常常泪雨纷纷。小应裘很懂事，总是这样安慰母亲："妈，不要哭，我长大了要把父亲找回来！"他恨父亲，觉得父亲没有尽到为人子、为人夫、为人父的职责。

岁月漫漫，时间涤荡，许应裘对父亲的怀念，随着年龄的增长，与日俱增，多少次梦中呼唤，多少次泪湿枕巾，多少次幻觉凝重。

读初中的时候，许应裘就跟母亲说，要去泰国找父亲。但是母亲没有答应，因为他年龄太小，再说家里也没有钱。新中国成立后，许应裘参了军，上了大学，分配了工作，他好多次想到泰国找父亲，但国内政治运动一个接一个，总没去成。改革开放后，他投身房地产业，经过十多年的艰苦创业，终于事业有成。他更加思念在异国的父亲，一直托人到泰国打听父亲的下落，后来总算得到一些信息：父亲在泰国又结了婚，有一个番弟（泰国母亲生的弟弟）叫阿猪和一个番妹叫阿珍，但详细情况无法了解。

许应裘有一个住在广州的溜隍乡亲，叫陈小二。陈小二为人真诚，平易近人，乐于助人。他出生于泰国，16 岁时只身回到祖国，到广州国立第二侨民学校读书，第二年参加游击队，解放初期先后任溜隍镇镇长、汤坑中学校长，之后任广东教育学院副院长。陈小二为家乡革命、建设、教育文化事业出力，他对家乡很有感情，凡父老乡亲有事相求，他必尽力帮助。陈小二的祖父和父母一生都在泰国谋生、生活，他又在泰国长大，亲戚朋友以及少时同学多在泰国，他退休后，几乎每年都到泰国探亲。2001 年 12 月，陈小二到泰国探亲，许应裘拜托陈小二帮忙打听他父亲的下落。

陈小二到达泰国后，找到了泰国溜隍同乡会帮忙。

溜隍人昔年过番，多数到东南亚各国，其中以去泰国为多。据说早在数百年前，就开始有溜隍人去泰国，有史可考的至少也有两三百年。过番者，一般都是沾亲带故的，先有亲友在海外谋生，后通过亲帮亲、邻连邻而前往。初到之时，投亲靠友，寻找工作，到有些积蓄后，做小本生意或开手工作坊，慢慢发展起来。溜隍侨亲除居住在京都曼谷外，还遍及各府县，但长期以来，除亲戚有来往外，其他人都互不相识，极少取得联系。

原在泰北清迈经营木材及火锯的乡侨林炎炮，生意越做越大，后到曼谷谋求发展，创立依英披机构，发展火锯业和房地产业。他很重乡情，很想联络在曼谷的溜隍乡亲，但不知道到哪里去找。他先找到在家乡读小学时的同学叶彬、朱华振，谈起联系乡亲极为困难，商讨可否组织溜隍同乡会，把在曼谷的溜隍同乡组织起来。他们一起去探访时任泰国中华总商会常务会董事陈亿元，陈亿元十分赞成和支持此事，并邀请部分侨亲组织筹备委员会，积极开展联络乡亲、发展会员工作。经过一年多的筹备，泰国溜隍同乡会于 1983 年 1 月成立。同乡会自成立以来，在联络同乡、增进乡谊、开展慈善公益事业、为众同乡谋福利等方面做了很多工作。

泰国溜隍同乡会常务理事叶彬、叶汉源听到陈小二介绍的情况后，都表示要尽力帮助许应裘找到亲人。事不宜迟，即刻行动。他们先翻阅了一大沓的会员名册，对着会员名单一个个看，希望能从里面寻觅出一些线索；他们又发动在曼谷和各府县联络处的侨亲协助寻找。但许应裘的父亲是 1935 年随水客到泰国的，初时住在红统，不久便迁往他处，至今已有 60 余载，由于年代久远，人事变化无常，有些人来了又去，有些人去而复返，有些人近在咫尺却不曾相识，寻找的难度可想而知。

不久，从四面八方传递回来同一个信息：查无此人及家属。

然而，叶彬、叶汉源没有放弃。他们记得以前曾听说许聪还在泰国某个农村，就算许聪现在不在人世，但还有他的泰国妻子、番儿女。他们还抱着一丝希望，几天来四处奔走，找侨亲，问熟人，看看有没有蛛丝马迹可寻。

一天傍晚，曼谷市区已是万家灯火。叶汉源拖着疲倦的身体回到家里，连晚餐都没有吃。细心的母亲罗曼发现儿子这几天不对劲，问道："是不是商场上生意不好，才吃不下饭?"

叶汉源说："不！我心情不好呢……"

罗曼以为儿子病了，忙说："到医院看一看……"

"不!"叶汉源说，"我没有病。"

罗曼奇怪了，说："没有病，为什么心情不好呢?"

叶汉源便把许应裘委托陈小二到泰国帮忙打听其父下落，几天下来还是没有消息的情况说了。

说来也巧，罗曼是叶世春娘家堂兄叶进中的妻子，叶进中夫妻后来到泰国曼谷谋生，收养了一个义子，就是叶汉源。

罗曼听罢，想起不久前曾到过北柳府挽卡县，一个亲戚曾谈起许应裘的泰国母亲郑暹桃还在人世，跟其子许阿猪及女儿许阿珍生活在一起。

真正是：踏破铁鞋无觅处，得来全不费工夫。叶汉源听了这个消息，高兴得不得了，急忙打电话给叶彬，约定明天一早到北柳府挽卡县去落实情况。

第二天，东方天边刚露出鱼肚白，夜幕似乎留恋人间，迟迟不肯散去，叶彬、叶汉源就迫不及待驾车出发了。曼谷市郊，四周都被绿色包围，棕榈树、椰子树、红毛丹树点缀着翠绿的山，仿佛是一匹匹精工巧织的锦缎。树林里飘来一阵阵清风，令人感到心旷神怡。叶

泰国北柳府挽卡县的美丽风光

●许应裘的父亲许聪

彬他们没有心情去欣赏这美丽宜人的原野，加足马力直奔挽卡而去！

他们很快就到了挽卡，经过四处打听，终于找到了郑暹桃的家。郑暹桃一听说是唐山的亲人到来，忍不住热泪纵横，嘴唇颤抖着，不断叫着："阿聪……阿聪……"

在旁的许阿珍说："只要有人一提起父亲，母亲就哭个不停。我母亲的眼睛硬是这样哭瞎的！"

叶彬听许阿珍说罢，不由得同情起来，安慰郑暹桃说："不要哭了，莫哭坏了身子。"

叶汉源接上说："许聪在唐山的儿子许应裘叫我们来看望你了，你该高兴才是呀！"

过了一会，郑暹桃才止住了哭声。回忆像风筝一样，把郑暹桃的思绪拉回了过去……

许聪告别了母亲和妻儿，从站口村自个儿搭上小帆船来到隬隍妈宫渡口，只见江边早已停泊着一艘大木船。这是水客陈叔专门租来的船，准备载着一批过番的乡亲去汕头，然后换轮船赴暹罗。这批过番乡亲有近十人，来自附近农村，路远的人昨天已经先到隬隍镇上的亲戚家里过夜，约好明天一早搭这艘木船去汕头。因许聪在站口跟妻子依依惜别，耽误了一些时间，到妈宫渡口时，其他人都已到齐。

陈叔站在木船船头大声地喊着："你来啦，许聪，单等你一人了！"

许聪带着歉意，说："对不起，我来迟了！"

陈叔眉开眼笑道："不会的，大家也刚到不久，我知道你跟阿嫂还依依不舍哪！"

说得船里的人哈哈大笑，气氛一下子活跃起来……

许聪刚才的离愁别绪随着笑声淡化了，心情也轻松多了。他跳上了木船，钻进了船舱里。

"开船！"陈叔大声地对船工说。

船工跳上岸，解开捆在码头石墩上的缆绳，又回到船上，举起竹篙往岸石上一磕，大喊了一声：“开船啦！”船就离开了码头，伴着江水拍打船头的声音，飞一般径直向下游驶去。

韩江水流到隬隍，正好是中游。河流从大埔高陂至潮安归湖的流向形成一个弧形，江面开阔，加之顺风顺水，船疾如梭，到了傍晚，船已抵达府城（今潮州市）。众人在府城一家客栈过夜，第二天清早又上船，向汕头港驶去，晚上又在汕头的客栈住了一夜。

第三天一早，许聪提着随身行李，和其他过番乡亲一起，跟着陈叔来到汕头港码头，坐上木船，驶到停泊在码头外的轮船旁边，从吊在船外面的悬梯上船。

许聪钻进船舱，仿佛进入一个阴森森的山洞里。沉闷的空气中夹带着海水的盐腥味，直冲得人头昏脑涨。船上的人很多，人声和轮船机器的“隆隆”声交汇在一起，好像奏起一曲杂乱无章的交响乐！

更有甚者，大海反复无常，风暴会随时降临在这些过番客的头上。起风了，一个个如小山峰般的海浪，把轮船一时抛到半空，一时扔到谷底，乘客们个个东倒西歪、头晕呕吐，真可谓九死一生！有人曾写过这样的一首诗：“至嘱亲友莫过番，海浪抛起高过山。晕船如同天地转，船底相似下阴间。”诗中描绘的是一幅令人生畏的“风浪图”，其险恶恐怖可想而知。

暹罗湾

许聪家住韩江边，五六岁会游泳，七八岁能棹桨，十一二岁便捕鱼捉虾，熟识水性，不会晕船。但船上污浊的空气和别人晕船呕吐的情景，也使他怪不好受的。此时，他又开始尝到离开生他养他的家乡和亲人的滋味，一种无依无靠的孤独感涌上心头，鼻子一酸，泪水不禁滚落脸颊，心想："早知这样，就不要漂洋过海去过番了!"突然又想起自己曾说过的话："在山村里困死，不如到外头闯个活路!"于是，头脑也清醒过来，一种自信油然而生……

轮船日夜不停地向远方驶去，番客们风雨同舟，经过七天七夜的海上颠簸，在一个明朗的清晨，船过了大横山驶进了暹罗湾入境，溯湄南河而上。轮船响起了"呜——呜——"的汽笛声，不远处便是曼谷了。

许聪曾听人说，过去没有轮船，出洋要乘坐红头船。红头船是古代远洋航行的大木船，船长约二十米，宽五六米，船舱装货物，甲板挤满出洋谋生的穷苦人。清雍正元年（1723 年），朝廷规定"出海商、渔船，自船头起至鹿耳梁头止，大桅上截一半，各照省份油饰——广东用红油漆，青色勾字。船头两披，刊刻某省某州县某字某号字样"，自此，广东省这种航海商船开始称为红头船。又有一说，红头船船身涂着红色，以便在汪洋大海中遇到危险时易被其他大船发现，得到及时的救援。红头船主要靠风帆带动，出海时必须选好风向，一般选择在秋风南吹季节，顺风一个半月方可抵达。先侨们搭上红头船漂洋过海，总是经历九死一生，他们临危不惧，顶风而上，战胜滔天巨浪，才能抵达希望的彼岸。而许聪乘坐轮船，只花了一个星期。想至此，他不胜唏嘘。

许聪走出船舱，登上了甲板，一望无际的大海闪烁着朝霞的浪花。面对海洋，他开阔了视野，舒张了心胸。他仿佛看到，湄南河正向他敞开着大门，他情绪激动起来了。

船靠曼谷码头后，船上的人顿时沸腾起来。陈叔招呼着他带来的十多名过番乡亲上岸，把他们带到三聘街上的一家客栈休息。

三聘街是华人聚居最多的街，当曼谷初建时，一世王划出三聘街专供华人营生、居住，被称为"唐人街"。潮汕人最初到泰国谋生时，大多在此歇息。这是条既古老又狭窄的道路，路宽只有 3 米，路面用大石头铺成。三聘街两侧约有 1 000 家商店，除少数由印度人经营外，绝大多数经营者为潮汕人，店名大多沿袭中华老商号所喜用的"金、鑫、财、源、广、聚、茂、盛、兴、旺"等吉祥字眼，招牌均用中文书写，篆、隶、楷、行、草各体皆备；各家商店均贴春联，挂中国字画，纯然一派中华之

●曼谷唐人街

●红统山村

风。在店铺买东西时，潮州话畅通无阻，商店的老板和营业员会主动向顾客打招呼：“请来坐，食杯茶，阿舍。”这里所说的“茶”，是指潮州工夫茶，而“阿舍”，即过去潮汕人泛指“公子”“先生”的一种尊称。

这家客栈老板及伙计都是潮汕人，许聪问这问那，自如自在，仿佛回到了家乡，亲切之感油然而生。陈叔按照过番乡亲提供的地址，把他们一个个带到亲戚家里去。

同来的过番乡亲都走了，只剩下许聪。陈叔对许聪说：“红统以前叫威杜猜餐城，前两年才升格为红统府，位于暹罗中部，离曼谷约100公里。你的妻舅在红统，我现在就带你去。”

陈叔带着许聪上路。一路青山绿水，林鸟啾啾。经过几天的跋山涉水，终于到达了红统府，找到了许聪的妻舅。告别时，陈叔对许聪说：“红统一带是一片低洼平原，雨水充沛，良田万顷，又有昭拍耶河和奈河流经，水运、渔业十分发达，是谋生的好地方。附近有一个哇猜哟窝拉威韩佛寺，建立于拉玛四世时代，内供有佛像，香火很旺，听说很灵验的，你今后遇有难解之事，可恭敬地向佛像合十礼拜，述说原委，佛祖会保佑你顺顺大赚！”

许聪请陈叔回到隬隍后，到站口告诉他的妻子，说他已平安到达暹罗红统，陈叔一口答应了。

陈叔拱手跟许聪告别：“后会有期！”

许聪怅然若失，眼睛湿润了，深鞠一躬：“陈叔，你走好……”

许聪在红统的亲戚是他的妻舅，大舅叫叶练，二舅叫叶钟祥，妻舅他们过番后，先在别人的店里打杂跑腿，后来稍有积蓄，便开起小商店经营杂货。叶练开的小店叫“春发”，叶钟祥的店号为“春茂”。但作客他乡，寄人篱下，生意惨淡。许聪在大舅那里帮工，有时到二舅店里看看，大舅、二舅让他做什么，他就做什么，不辞劳苦，任劳任怨，努力工作。兄弟俩多了个帮手，生意逐渐好了起来。

当时许聪年轻气盛，忠诚能干，也很机灵，学到了不少经商知识，也得到了叶练的赏识，凡店里的采购、收款、结算都由他负责。许聪用心学，用心记，业务也就更加得心应手了。

许聪很想念远在唐山家乡的母亲和妻儿，他想要在妻舅店里好好干上一两年，等有点积蓄，再开个小店，将母亲和妻儿接过来。

然而，“溪云初起日沉阁，山雨欲来风满楼”。

一天，许聪到附近农村收款，返程途中，因天气炎热，便到一个熟客家里休息片刻。这个熟客见许聪身上带了很多钱，心生邪念，装作十分热情，嘘寒问暖，好不亲切。

熟客泡了一杯热茶，双手递给许聪，说：“这可是从你们店里买来的唐山茶叶啊！”

许聪接过茶杯，一啜而尽，芳香直滑喉底，连说“好茶”。

熟客随声附和地说：“是呀，唐山茶叶总比暹罗山茶好多了，喝后使人通身畅快，真是飘飘然直欲登仙，怪不得你的鼻头都出汗了，我去拿毛巾给你擦汗。”说罢便入内屋去。

不一会儿，熟客拿来一条沾了水的毛巾，捂到许聪鼻翼上，谁知熟客已在毛巾上做了手脚，待蒙汗药发生作用，许聪便在桌上睡过去了。熟客把许聪身上的钱都拿走，然后溜之大吉了。

直到傍晚时分，许聪才清醒过来，发现货款被偷，后悔莫及，不禁叹道：“人心难测水难量呀！”

回到店里，任凭许聪怎样解释，叶练就是不相信，认为这笔货款是许聪独吞了。据说，后来叶练还怀疑许聪把这笔款寄回了家里，便托水客回乡调查了一番……

许聪见叶练怀疑他，真是跳到黄河也难洗清。他也到过哇猜哟窝拉威韩佛寺去向佛像诉说原委，但佛像金光闪闪，高高在上，根本不可能帮他解决问题。

自此以后，叶练开始对许聪怀有戒心了，连家里的人也跟着拉长脸，有时还会冷嘲热讽。这种看人家脸色过日子的滋味，使许聪深感委屈和压抑。

这段时期，许聪简直不知道如何是好，只觉得心里十分茫然。他怎么也没想到，为了这点小钱，自己千里迢迢来到暹罗投靠的最亲的人竟如此无情，一种酸楚涌上心头。

一整夜，许聪没有合眼，他思前想后，觉得再留下来，大家都会更加不愉快，不如离开这里，另闯一条生路。

可是，许聪刚来暹罗不久，连当地语言都无法听懂，又人地生疏，怎么能到外面去闯荡呢？许聪想起了二舅叶钟祥，决定去投奔他，或许他能收留自己。

第二天一大早，许聪跟叶练辞工。

叶练问道："你要去哪里？"

许聪老老实实地回答："到二舅店里。"

叶练冷冷地说："好吧，你想去哪里就去哪里！"说完，他便转身走了。

面对身近在咫尺、心却远隔天涯的亲人，许聪终于忍不住流下了滚烫的眼泪……

许聪深一脚、浅一脚地离开了叶练的家，来到了叶钟祥的店里，对叶钟祥说："二舅，我想来你店里帮忙做事。"

叶钟祥一愣："你不是在大哥那里做得好好的吗？"

许聪说："因为一点点误会，大家相处得不愉快，我想换换地方……"

这时，叶钟祥像看着陌生人那样，他那两只眼睛发出像玻璃似的刺目的光，仿佛要刺穿许聪的五脏六腑，好久，才一字一句地说："我也想留下你，毕竟我们是亲戚呀！但是，我若是留下了你，必然得罪了大哥，还会被人误解，招致兄弟不和。所以，我也不便留你了，你自己想办法吧。"

许聪怎么也没想到叶钟祥能说出这样的话来，再求下去，除了增加伤心之外，毫无用处，于是便对叶钟祥说："既然是这样，我也不想使二舅为难，我自己出去找工作做。"

说完，许聪提步就走。叶钟祥叫他回来，拿出几十铢塞给他。许聪说："我今天来见你，只想留在你店里做事；如果你认为我来这里是要你施舍的话，那就错了。你给我的钱，我不能接受。"

叶钟祥知道许聪的性格，只好作罢。

离开了叶钟祥的家，许聪长长地吁了口气，心里有种格外畅快、轻松的感觉。但是，这种心情很快又被无边的渺茫和不安冲散了。他走到一个偏僻的角落里，痛苦使得他面色苍白、手脚冰凉。在这个没有人情、没有温情、没有亲情的世界里，他不知道接下来的路在何方，要到哪里去安身。

这时，从河湾吹过来一阵清凉的风，使许聪的头脑清醒了很多。他想起有一个华侨，是北柳人，曾在叶练店里买东西，与他聊天时华侨说北柳是个鱼米之乡，谋生容易，随便找一份杂工做，就可以解决自己的生活问题，临走时还留下地址，叫许聪以后有事去找他。许聪至此已是走投无路，就决定去北柳找那个华侨。

来到北柳，许聪按照华侨提供的地址问了好多人，但总是找不到。这时已是黄昏时分，他有点着急起来。在这个人地生疏的地方，今夜去何处落脚？正在徘徊之际，突见码头一角围了好多人，他走了过去，知道了北柳船主在招聘船工，便去应征。招工的船主对他上下打量一番，见他瘦瘦弱弱，文质彬彬，有些犹豫。许聪在河边长大，从小就练得一身好水性，钻到河底能摸虾，潜进旋涡能捉鱼。这时，他二话没说，脱去衣衫，“扑通”一声跳下江里，游到对岸，又游了回来。船主见状，便同意聘用他为船工。

暹罗过去陆路交通不发达，全靠水上运输。加之境内河道纵横，风帆舟楫往来如梭，水上交通运输十分发达。中国明代航海家费信曾四次随郑和下西洋，归来后于1436年写成《星槎胜览》一书，书中描写泰人“惯于水战”；清代季麒光的《暹罗别记》中也记载：“人则乘舟往来。”由此可见，舟楫在泰国的重要性不仅体现在交通运输，还是战争中的重要武器。

●水上运输

因为许聪过去有行船经验，所以现在工作起来也得心应手。他起早贪黑划船、搬货物、绞缆绳，在风口浪尖上颠簸。每天的繁重劳动，往往把他累得精疲力竭，可是他想，初来者要找个活干不容易，只好咬牙撑下去。连续干了一段时间后，由于他勤劳肯干，又忠厚老实，不仅赢得其他船工的好感，也受到船主的信任，很快被提升为领班，操办船上货物交易、商务往来，还负责采购、结算等业务。

过了几年克勤克俭的生活，许聪终于积攒了一些钱，便辞职了。他买了一艘木船，到山芭收购农副产品，然后运到城里去卖，再买些日常生活用品运回山芭去卖，如此一次本钱做两笔生意。不久，许聪就赚了不少钱。

暹罗由于气候湿热，植物生长力强，水果不仅品种多，而且全年皆有，既有“水果之王”榴莲和“水果之后”山竹，还有芒果、红毛丹、椰子、西瓜、菠萝、菠萝蜜、葡萄、香蕉、橙、龙眼、荔枝、番桃、草莓、枇杷、番石榴等等，所以暹罗有“水果王国”之称。许聪认为水果业更为发达，前途更大，便弃船租地种植水果。

自此，许聪就在北柳府农村安家，垦荒扩地，建立果园。他每日拼命干活，若遇天旱，便用肩膀、双手一担担、一桶桶地挑水浇灌，双手和肩膀经常被磨得红肿起来。但他不觉辛苦，认为只要拼命干下去，就会有出路，就会熬出头来。

许聪在北柳农村的家

可是，一到晚上，孤独、寂寞不停地缠绕着他，单身汉的生活只能自己默默去承受，他更加思念远在中国的妻子和儿女，多少个深夜，他在梦中向妻儿诉说自己深深的思念之情……

他盘算着，等自己果园有了一定收入后，就接妻子、儿女来暹罗；他坚信，亲人终会有团聚的一天。

然而，盘算归盘算，坚信归坚信，许聪的梦想渐渐被残酷的现实打破。

面对陌生环境以及在夹缝中求生存的种种障碍；面对举目无亲的异国他乡，每天都有说不尽的苦衷，没有人能够抚慰他、帮助他。更何况，孤苦伶仃的男人实在需要一个帮手，生活也要有人照顾啊！就这样，在朋友的劝说和撮合下，1943 年，许聪娶了暹罗女子郑暹桃为妻。

郑暹桃也是唐山人，祖籍澄海樟林，民国七年（1918 年）出生于故乡，7 岁时来到了暹罗北柳，自此告别故土，寄身异域。父母耕垦农稼，还兼营小摊贩。她虽然生长于农家，但父亲曾读过书，受过中华传统文化的熏陶，她受父亲的影响，自小养成一种开明知礼、心地善良、娴静温柔的品质。

“剪不断，理还乱。”许聪想到留在家乡的妻儿，他们把希望放在他身上，他念念不敢忘，真是梦魂常向故乡驰啊！结婚前，许聪坦荡荡地对郑暹桃说：“中国有句古诗说，此夜曲中闻折柳，何人不起故园情？我在唐山有妻儿，以后我赚了钱要寄钱回家乡养妻儿。”

郑暹桃毕竟是个贤惠的女子，满口答应说：“可以。”

●芒果园

此后，许聪、郑暹桃齐心协力，靠着勤劳的双手，生活很快就好了起来。他们在北柳这块美丽富饶的土地上，辛勤耕耘，经过多年的学习和实践，成为当地数一数二的水果种植好手。

初时，许聪有寄些钱回家。可惜，好景不长，因经营失败，生活难以维持，无法再寄钱回去，音信中断。许聪千般无奈、愁肠百结。

万万没有想到，一个巨大的不幸又降临在他的身上！他因劳累过度，不幸染上肺病。家庭一贫如洗，没有钱治病，他的病愈拖愈重。1956 年 7 月的一个阴雨绵绵的日子里，死神终于夺走了他 48 岁正值壮年的生命。许聪在临终的时候，仍想念着家乡的妻儿，他老泪纵横地说：“天呀！为什么不让我多活几年，使我能回到唐山……”

许聪和郑暹桃结婚后，生下儿女四人，因贫病交加，大儿子和大女儿都在出生几个月后便夭折了，仅存许阿猪、许阿珍兄妹二人在苦难中长大。郑暹桃是一个聪慧能干、勤劳坚强的妇女，耕田种地、料理家务、抚育子女无不殚精竭虑，尽量做到美满周到。她尊敬丈夫，关心丈夫，凡事有商有量，生活虽然艰苦，却能过上稳定的日子，深感知足常乐。但是，突如其来的灾难，几乎将她压垮了。许聪病逝时，许阿猪7岁，许阿珍才4岁，一个女人怎有能力将两个孩子抚育长大呢？郑暹桃陡然陷入极度痛苦之中。她想起，唐山女人从来都是嫁鸡随鸡，嫁狗随狗，既然嫁到了许家，就生是许家的人，死是许家的鬼，现在丈夫先殁了，就要回到他出生的地方去，虽然他老家还有他的原配夫人叶氏，现在都没了丈夫，想必叶氏也不会嫉妒，况且常听说叶氏也是一个贤惠的女子，让她们一起抚养子女长大吧！可是，她又想到唐山远隔千万里，云渺渺，水茫茫，要带着两个幼小的儿女到那个山长水远的地方，那个她还没有去过的偏僻山村，谈何容易？再说家里已是一贫如洗，也不可能凑足盘缠啊！再三思量，她只得继续留在暹罗，过起孤儿寡母的凄苦日子来。

在以后的艰苦岁月里，郑暹桃居贫而不丧志，在接受命运给她带来的沉重打击后，她咬紧牙关，自立自强，以惊人的意志和毅力，一肩挑起经营许聪遗留下来的10多亩芒果园的重担，日未出而作，日入而未息，古乐府所谓“健妇持门户，亦胜一丈夫”，即郑暹桃的真实写照。许聪病逝时，郑暹桃年方38岁，正是处于个人魅力最大的时段，外表的成熟美丽达到人生的顶点，非常具有吸引力。可是，郑暹桃没有改嫁，而是含辛茹苦地独力抚养两个孩子长大成人！

叶彬、叶汉源了解到许应裘的泰国母亲郑暹桃仍在世，与其子许阿猪及女儿许阿珍居于北柳府挽卡县的情况后，立马告诉陈小二。陈小二听后，心里十分激动，急忙打跨国电话到广州告诉许应裘。许应裘喜出望外，十分感谢乡亲帮助其探询泰国母亲及弟妹的下落，并表示一定要去泰国看望他们。

许应裘凝视着机窗外翻涌的云海，心里有一种难以言喻的感觉。去泰国找父亲，是他大半生梦寐以求的，而他的父亲，却又娶了泰国老婆，辜负了他母亲的青春，也没有尽到当父亲的责任。很多亲朋都对许应裘说：“你父亲已不在人世了，你何必到泰国去找抢你母亲丈夫的番母？”尽管许应裘也多次提醒自己：淡忘父亲的过去。可是，一旦心里有了阴影，是永远也不会消失的。

许应裘惊异地发现，前方佛国的那块土地，竟有如此大的魅力，能够牢牢地抓住他的心几十年，答案是什么呢？“为人事，止于孝”，儒家为他找到了答案，那就是孝道。

孝道，是我们民族的传统美德，是人伦道德的基石，是中华文化的瑰宝，在人类历史的长河中，它始终闪耀着不灭的光芒。两千多年前，先圣孔夫子就认为，孝为天之经也，地之义也，人之行也。他认为，孝是天经地义之事。党的十六届四中全会提出了构建社会主义和谐社会的战略任务，十六届六中全会又做出了《关于构建社会主义和谐社会若干重大问题的决定》。在一定意义上，“孝”是中国社会稳定、家庭和谐的基础。今天，中国在加快现代化建设过程中，传统孝文化却日渐走向衰微，表现出孝德失范的状态。许应裘说：“大象无形，大音希声，大爱无言，父母的大爱常在无言之中。我们每个人都要恪守孝道，让孝重回当今社会之中，在建设社会主义新时代中，继承弘扬孝文化，提倡孝文化。”许应裘说到做到了，他在孝道方面，不断完善自己的品格，提升自己的境界，以使他“立身行道，扬名于后世”，成为一个道德高尚的人。

飞机冲出了云层，稍稍颠簸了一下，许应裘猛然从冥思中惊醒。他悄悄拭了拭湿润的眼角，稳定下自己的情绪，轻轻地对坐在他旁边的亲友们说：“曼谷快到了！”

飞机缓缓下降。许应裘凭窗鸟瞰，只见一处处高高的寺庙塔尖，一艘艘轮船上的旗杆顶端飘扬着红、白、蓝三色国旗，心潮猛然高涨起来了。

许应裘一行人随着其他乘客进入检票口。突然，许应裘眼睛一亮，只见陈小二夫妇、叶彬等亲自到机场迎接。

叶彬、叶汉源等泰国乡亲将一串串五彩缤纷的花环戴在许应裘等人的脖子上，那怡人的幽香令人感觉到花好情浓。

许应裘惊喜道：“你们这是……”

在一旁的陈小二提醒他：“这是泰人对远道而来的客人的约定俗成的礼节！”

●飞机冲出云层，快到曼谷了。前方那块土地牢牢地抓住许应裘的心几十年

叶彬、叶汉源等将两掌一

合，两拇指靠近下巴，行合十礼："家乡的客人，萨瓦迪卡叻（泰语：您好）！"

许应裘也入乡随俗起来，含着笑，双手合十："谢谢你们！"

泰国地处热带，十二月里仍然温暖如春，绿树成荫，花果争奇斗艳，十分迷人。这里无处不见花，满目皆葱茏。许应裘在叶汉源母子、叶彬及陈小二夫妇的陪同下，一同驱车前往北柳府挽卡县郊外农村的芒果园，阿猪、阿珍一家大小早已在门口等候，兄弟、兄妹相见，悲喜交加。许应裘问父亲的骨灰今放在何处，阿猪、阿珍说就在屋旁一茅屋内。于是，许应裘立即与阿猪、阿珍一起去叩拜父亲骨灰及遗像。

●曼 谷

一间用茅草搭成的小屋子，前面放着一张小桌子，后面是比桌子略高的长方形小供桌，置一插着香烛的小炉子，还有许聪的骨灰盒，墙上悬挂着许聪的遗像。许应裘见此情景，禁不住热泪横流，他跪在父亲遗像前，哽咽地说："父亲，您在世的时候，没有见到孩儿，我们母子十分思念您。今天，我来泰国看您，儿子已经长大成人，事业也有一定成就，与母亲生活在一起，生活得很好。希望您魂归故里，与我们一起共享天伦之乐吧！"

许应裘说罢，燃烛焚香拜祭父亲。他拿起一叠纸镪，这是一种纸的两面都刷上长方形的锡箔，其中一面还刷上黄栀水，半黄半白，称"银纸"。他默默地烧着。忽然一阵风吹来，将纸灰卷起，吹向山林深处。不知从哪里飘来一曲《故乡的云》：

……归来吧，归来哟，别再四处漂泊，
踏着沉重的脚步，归乡路是那么的漫长！
当身边的微风轻轻吹起，吹来故乡泥土的芬芳。
归来吧，归来哟，浪迹天涯的游子！
归来吧，归来哟……

许应裘再也控制不住自己的感情，泪如泉涌。

拜祭完父亲后，许应裘回到许阿猪家中，拜见双目失明、行走困难的83岁高龄的泰国母亲郑暹桃。郑暹桃一边抚摸着中国儿子及同来的家人，一边动情地诉说当年与许聪结为夫妻后相依为命、艰苦生活的情景。郑暹桃说，许聪离世后，家境十分困苦，还是阿猪向人家借来一千铢到芒果园收起他父亲的骨灰。而且，许聪生前欠了人家很多债务，死后人家都来讨债，那时候，只要有人来敲门，一家人就心惊胆战，无计可施。后来阿猪出门打工才还清债务。

说话声、哭声交融在一起，泰国与中国血脉相连，此情此景最动人心弦。

●许应裘赠予泰国弟弟许阿猪在北柳府挽卡县的商铺（中间）

许应裘与泰国母亲、弟妹倾诉衷情后，遂呈送五万铢给泰国母亲，送五万铢给阿猪、阿珍，还送给母舅夫妇两万铢，给每位侄儿、侄女各送一千铢。泰国母亲、弟妹十分感动，但坚持不肯收下赠款，并说能见面就很好了，不需要送钱给他们。但许应裘一定要泰国母亲接受儿子的心意，还拿出一万元港币，请阿猪建一间砖瓦屋安放父亲骨灰及遗像。许应裘看到弟弟、妹妹的居住环境，了解到他们的生活仍很困难，表示要帮助他们。许应裘遂委托陪同的叶彬、叶汉源母子，帮助其弟妹在北柳府市镇各购买一间四层半的楼宇，让他们居住和经营生意。按当地市价，每间铺二百万铢左右。许应裘表示，购楼费用全部由他负责，无偿把楼房赠送给弟妹。阿猪、阿珍兄妹深深感受到中国哥哥的一片深情，当场感动得热泪盈眶，但始终不肯接受。于是，叶彬、叶汉源母子劝说道："既然中国哥哥有此心意，也有能力，就接受了吧，以使各个家庭及子孙后代能过上更好的生活。"经过一再劝说，阿猪兄妹终于接受下来。

许应裘见到泰国母亲双目失明，十分难过。于是委托叶彬、叶汉源带其到曼谷大医院眼科检查。许应裘嘱咐，如可做手术或治疗，尽快进行，他会负责一切费用。他先把一万元港币交给叶彬、叶汉源作为检查费用，并说如果在泰国治疗有困难，可送到广州，不管需要多少钱都要把泰国母亲的眼睛治好。

许应裘对泰国母亲、弟妹的热情帮助，远远超过了帮助亲人解决困难的意义，一如曼谷泰华新闻界权威人士发表的评论文章所说："因为过去只有华侨帮助国内亲人的状况，而许应裘先生却一改这一状况，对推动泰中人民友谊的发展起着一定的作用。许应裘先生这一划时代之举，在泰国华侨社会引起极大的轰动。中国内地的亲人帮助泰国亲人的例子，也充分显示了改革开放以来中国经济的腾飞和人民生活的逐步改善。"

泰国隬隍同乡会于12月18日举行欢迎广州隬隍乡亲联谊会顾问许应裘、会长陈小二的大会。全体会长、顾问、正副理事长、常务理事、理事都到会。在理事长郑如葵致欢迎词后，陈小二为大家介绍了许应裘到泰国寻找母亲、弟弟、妹妹的经过。介绍者动情流泪，不少与会者泪流满面。陈小二赞扬了这个融合中泰血液的家庭的高尚品德：中国儿子致富，不嫌弃泰国母亲、弟妹，慷慨解囊，富有人伦道德；泰国母亲、弟妹不贪财。中泰血脉相连、中泰一家亲的动人情景，将长留于中泰人民心中。

●2001年12月，泰国隬隍同乡会欢迎许应裘

2001年12月，许应裘在泰国隬隍同乡会及泰国乡亲的帮助下，到泰国寻找几十年杳无音信的父亲和泰国母亲及弟妹，由此引出了一曲中泰之间友好交往的动人故事，被泰华新闻界誉为"一曲泰中血脉相连，泰中友好的动人赞歌"，泰国《京华中原联合日报》《星暹日报》《亚洲日报》

《新中原日报》《中华日报》和《世界日报》六家华文报纸，于2001年12月20日起先后用格外醒目的标题和内容做了报道，其中《中华日报》于12月24日、25日分两天报道，《世界日报》于2002年1月3日、4日分两天报道。

2001年12月20日泰国《京华中原联合日报》的专题报道中说：

一曲泰中血脉相连的赞歌

中国广州企业家许应裘先生来泰寻找泰国母亲、弟妹的故事

泰国与中国，不但湄公河与澜沧江江水相连，而且两国人民长期以来相互交往，许多中国人很早以前就到泰国来谋生，与泰国人民共同创建和发展泰国的经济和文化，与泰国人民结下血肉关系。不少中国人与泰国人通婚、生儿育女，历经若干朝代，现在在泰国人中，有许多是中国人的后代，许多泰国家庭都有中国血统，泰国与中国血脉相连。最近发生在曼谷北柳府的一个中国广州企业家许应裘先生到泰国寻找母亲、弟弟、妹妹的故事，十分感人，再次印证了泰中血脉相连、泰中一家亲的事实。

第十三章

“中泰一家亲”动人赞歌续闻

在许应裘寻亲过程中，也引发了泰国和广州留隍乡亲的一系列互助和交往活动，增进了乡亲之间的友谊，对社会产生了积极而深远的影响。

许应裘找到了父亲的归宿和泰国的母亲及弟妹后，泰国留隍同乡会又为他举行了盛大的欢迎宴会，他的激动之情难以言表。他心头一热，心中滚动着汹涌的波涛，那寻亲的一幕幕，饱含着旅泰乡亲的深厚乡情！俗话说，情来礼往。许应裘萌发了要好好答谢旅泰乡亲的想法。

怎样答谢呢？许应裘冥思苦想，总想不出怎么办才好。

他想起这几天去拜访侨亲时，一些侨亲提起今年要回唐山过年（农历一年的最后一天，称为“大年三十”，俗称过年）。是啊，独在异乡为异客，每逢佳节倍思亲。每当佳节之际，飘零海外的游子总会思念家乡的亲人们，他想着想着，灵机一动，想出个主意来。

这时，夜幕已降临曼谷，到处都是灯火辉煌。许应裘急匆匆地来到陈小二的家门口，按响了门铃。

陈小二的夫人胡惠华开了门，一见许应裘，说：“怎么不事先来个电话？我们去接你！”

“我不是找到你家了吗？”许应裘笑着说，直奔会客厅。

“应裘老弟，请坐。”陈小二知道许应裘突然而来，必然有事，笑着说：“无事不登三宝殿，说吧，什么事？”

许应裘说：“知我者，二兄也！好，我有话就直说了！”

胡惠华微笑着望了望丈夫，说：“也要让人家喝口水，润润喉再说吧！”

陈小二有些不好意思，急忙说：“是呀，过门是客，我没尽地主之谊，对不起！”

许应裘大笑起来，说：“好！还是听二嫂的话，喝了茶再理论理论吧！”

胡惠华泡了两杯热茶，端了一杯给许应裘。

许应裘呷了一口，开门见山地说：“我想邀请泰国隬隍同乡会的领导和侨亲组团到广州访问。”

“啊？”

“我这次到泰国，听了番母及一些侨胞的诉说，深深体会到我父亲当年背井离乡、漂洋过海、寄身异域的切身感受，对于早期移居海外的每一个炎黄子孙来说，这都是一个迫不得已的痛苦选择。这几天在与侨胞的交流中，我也处处感受到大家血浓于水的亲情。我邀请侨亲们回国参观访问，只是想略表一下自己的心意啊！”

“是呀，亲情乡谊，永远不能忘怀。你情真意切，令人感动。裘弟，你打算什么时候邀请泰国乡亲回国访问？”

“过年前。我也想借此机会，让侨亲在故乡跟亲人们一起过个大年！”

“好！具体怎样安排？”

“一切费用，包括往返机票及在广州的食宿、交通、参观等费用，全部由我负责。至于泰国隬隍同乡会组团的人员，由同乡会负责组织。”

陈小二对许应裘的想法大加赞赏，并表示要全力支持他完成这个心愿。他又表示，如果泰国隬隍同乡会组团到广州访问，一切安排、接待、陪同参观等工作，可由他负责。

得到陈小二的大力支持后，许应裘就向泰国隬隍同乡会理事长郑如葵发出了邀请。郑如葵表示十分感谢，他说会尽快向理事会报告，然后再做出决定。

许应裘找到泰国母亲、弟妹后，心情十分舒畅，于是乘兴游览了泰国。陈小二夫妇及叶彬全程陪同他参观游览，先后游览了曼谷玉佛寺、大王宫及海滨城市芭堤雅。陈小二的女儿、女婿还邀请他们到泰国中部城市北榄坡游览，并宴请他们，向他们表示祝贺。

一天早晨，许应裘直奔湄南河边。在泰语中，“湄”是母亲，“南”是水，即母亲的水。这条泰国河流中最长、流量最大的美丽河流，默默地哺育和抚养着数以百万计的泰国儿女，泰国人民对它有着非常深厚的感情，把它称为伟大的母亲。昔年华侨到泰国谋生也是从湄南河进入泰国境内，并从这里的码头上岸的，故先侨们对湄南河也有着非常深厚的感情。

●湄南河畔的早晨

这时，湄南河还笼罩在一片淡淡的薄雾之中，两岸景物朦胧，清波荡漾，远树含烟。许应裘在河边碰到一个头发花白的老华侨，两人便聊起天来。老华侨说，当年他初来曼谷是从这里一个叫暹华的码头爬上岸的，那时两岸都是茂密的椰林，河边穿插着疏落的木屋民居。说话间，晨曦初展，霞彩满天，湄南河水波光粼粼，细浪轻轻拍打着游艇船帮，像在哼着迎宾曲，又像在倾诉先侨们历尽沧桑、艰难谋生的经历。湄南河潮涨潮落，人世间盛衰兴替，似乎只是瞬息的事。许应裘不禁思绪翻涌，感慨万千。

许应裘回国时，陈小二夫妇及泰国榴隍同乡会会长林炎炮、理事长郑如葵、常务理事叶彬和叶汉源、理事陈俊丰等到机场送行。送行时，许应裘 再表示由衷的感谢，并希望旅泰榴隍乡亲一定要组团访问广州，玉成他答谢大家的心愿。机场中充满了浓厚的乡情、亲情，大家依依惜别，盼望不久再相会。

许应裘回国后，泰国榴隍同乡会举行理事会议，讨论许应裘的邀请事宜。陈小二应邀参加了会议，并再次传达许应裘的盛情邀请，希望大家能够积极响应。会上，大家反应热烈，很多理事表示要亲自参加。最后大家决定组团访问广州，但对许应裘负责全程费用的意见，大家不能赞成。陈小二说，许先生要对他们表示真诚的谢意，希望大家不要介意。最后，理事会决定往返机票由参团者自己负责，到广州后再由许先生接待。会长林炎炮、理事长郑如葵会后亲自操办组团事宜，并决定于2002年1月17日至21日到广州访问。

陈小二夫妇到泰国探亲，原计划要在那里住三个月。由于要迎接泰国榴隍同乡会代表团到广州访问，他们特地提前回国，向广州榴隍乡亲联谊会理事会汇报泰国瑠隍同乡会将组团访问广州，并参加广州瑠隍同乡会新春团拜会一事。广州瑠隍乡亲联谊会的理事们知道此事后，十分高兴，并表示要热情接待。陈小二负责为乡亲联谊会策划和安排欢迎事宜及负责举办泰国、广州瑠隍乡亲新春团拜会的事宜，也帮助许应裘做好迎接泰国乡亲的各种安排，包括住宿、宴请、参观访问、车辆接送等。许应裘预订了省委用于接待中央领导的珠岛宾馆的一幢楼来接待泰国乡亲，那里三面环水，景色秀丽，环境优美。陈小二又精心安排了宴会地点，并在广州有名的酒家及有地方风味的知名餐馆轮流就餐，每次就餐地点都不同。另外还安排他们在参加完新春团拜会之后，前往参观广州瑠隍乡亲的企业及游览风景名胜。

泰国瑠隍同乡会应许应裘的邀请，组团前往广州访问并参加广州瑠隍乡亲联谊会新春团拜联欢大会，访问团成员有名誉团长林炎炮、游国成、刘郁菁，团长郑如葵，副团长何宝才、郑国立、林盛，顾问叶彬，秘书林迎轩，交际林锦洁、魏智勇，团员林武周、朱钧忠、陈俊丰、蔡义批、刘良记、林美吟、陈婵君、林玩贞、郑沛讪、黎爱玉、许翠英、林云卿、杜剑华、杜詹氏、叶巴妮、温木仙。2002 年 1 月 17 日中午，访问团全体成员乘坐泰国航空公司班机前往广州，同乡会会长、副理事长、理事及亲朋到廊曼机场热烈欢送，挂花祝福旅途平安，访问团各位成员都怀着十分愉快的心情，希望亲眼见到家乡祖国的繁荣进步，期望和那里的乡亲们团聚交流，同时也带去泰国乡亲的深情厚谊。

当飞机在广州白云机场降落时，此时是北京时间下午 2 时 30 分，访问团一行人办完手续后走出大厅时，许应裘、陈小二和广州瑠隍乡亲联谊会其他领导人刘庆民、林和强、郑伟民等迎上来和他们一一握手问候，许应裘还组织了一个由八位穿着红色艳丽旗袍的礼仪小姐组成的礼仪队，上前向他们献花环，使泰国乡亲十分感动，纷纷拍照留念。有些泰国乡亲表示，平生还没有受过这么热烈的欢迎，心情很激动。前来欢迎的还有广州海外联谊会办公室主任助理甘泉及其他亲朋，大厅里欢笑声、掌声此起彼伏，乡亲、老朋友见面感到分外高兴亲切，互相问候、拥抱，他们如回到家里一样温暖，大家照相留念后才登车离开机场。

车子把乡侨们带到广州东湖的珠岛宾馆，这里绿荫遮蔽、庭院深深，在闹市广州是个难得的安谧之地，然而，这里在这天下午却变得热闹起来。

宾馆古色古香的庄重牌楼，显出非凡风格，外面江水环绕，里面水榭垂柳，浓荫覆盖着绿白相间的围墙。一抬头，发现楼房都是两三层高，盖着绿色、金黄色的琉璃瓦。据介绍，宾馆主要建筑有一号楼、二号楼、三号楼，一号楼主要接待中央首长，三号楼主要接待各省首长，还有好几座餐厅分布在水池旁边，许应裘在三号楼为他们包下了 14 间房，让他们可以在这优美、安静的环境中休息。

傍晚，天边橙黄色的夕阳余晖慢慢隐去，几座楼好像都戴上了红绿相间的珠冠。这时，整个城市顿显灯火辉煌，到处流光溢彩，宾馆里柔和的灯光轻照着静穆的幽径，垂柳在低头沉思，这里有它独特的静谧，是闹市中的世外桃源。

乡侨们有说有笑地从三号楼走过一号楼，沿着水边林荫小径走到中心餐厅，许应裘已站在门口迎接他们。今晚好客的主人在这里设宴为他们洗尘，作陪的有广州隬隍乡亲联谊会的名誉会长林才文、张芳荣，会长陈小二，副会长刘庆民、郑伟民，广州海外联谊会办公室主任助理甘泉等。

在当晚的欢迎宴会上，许应裘谈笑风生，跟侨亲们畅叙乡情，促膝谈心，不时妙语连珠。陈小二向大家介绍许应裘创业的一些情况，说他是一个成功的企业家，10 多年来，他一步一个脚印，使他的企业走在广州房地产行业的前列，他的成就，是文人从商的实录，是一部用坚强毅力和智慧胆略凝成的创业史；他又是一个爱国爱乡、德高望重的慈善家，捐资助学，修桥造路，关爱老弱，报效乡梓，做了大量的公益事业，有口皆碑。从许应裘的谈话中，侨亲们可以感受到他的广阔胸怀，高瞻远瞩的思想；他有着坚定的社会责任感，他对自己的成就没有满足感，虽然年近七旬仍然孜孜不倦，力求发展。这次又蒙许应裘热情款待，亲如家人，大家纷纷发言，表达了对许应裘的敬慕之情。

18 日上午，访问团前往参观许应裘开发的金丰花园，当他们到达时，公司职工列队欢迎，大红的标语写着“热烈欢迎泰国隬隍乡亲”。许应裘亲自分送每位客人一包红橘祝贺新春，接着介绍说，金丰花园位于赤岗大马路边，西南边马路建的是一幢 12 层的住宅楼，楼上是套房，楼下是商店，往里排列 9 座 9 层住宅楼。随后又驱车到广州车陂地区，参观许应裘的另一处新工地江源半岛花园，这里三面临江，建成后将是一处风景优美的住宅小区。许应裘在跟侨亲们交谈中，说社会生产力的发展没有止境，在世界增强国力的竞争中，国民人人有责。他又说工作就是享受，就是快乐，看到国家繁荣稳定，就是最大的快乐。

接着，访问团又去参观乡贤朱孟伊开发的骏景花园。骏景花园坐落在黄埔大道，花园前广场有座大型雕塑，那是8只正在奔腾的骏马，象征活力和朝气，代表时代一日千里的风貌。骏景花园共建了几十座9层至12层的楼房，每座楼房下面都有商店，区内街道20米宽，可以停车，树荫下有小花园，有凉亭坐凳，幽雅清静。

参观完隬隍乡亲的产业，他们还游览了广州的景色，在二沙岛的江边，参观了星海音乐厅，在冼星海的全身塑像面前留影。接着又参观了广州奥林匹克体育中心，第九届全国运动会在这里举行，与曼谷的华目运动场的建筑相比各有特色。他们又在珠江新城未开发的空地绕了一圈，领略一下广州未来城市发展的规模。

下午2时，他们到达广州火车站参观站前广场及中信广场，中信大厦共80层，和火车站遥遥相对。鲜花盛开的广场，成为广州又一处“花的海洋”，把花城装扮得更加靓丽，2001年广州被评为国际花园城市，的确名副其实。广场一端那座人工瀑布的设计更是优秀，几十米长的半圆形瀑布，从10多米高的平台上奔流而下，非常壮观，并不逊色于天然瀑布，在夏天这里一定是人们流连忘返之处。瀑布下面是一个玻璃大厅，大厅中央有个水池，池边围堤可供游人闲坐休息，像个人工水帘洞。登上平台，极目眺望，心旷神怡。侨亲们都说，美哉！广州！能见到这座古城变新颜，算是不枉此行！

他们从火车站来到乡贤朱拉伊开发的珠江广场参观，这里建起11座18层的楼房，大厦豪华庄重，庭院典雅别致，花卉争奇斗艳，美不胜收，在珠江南岸沿江路与二沙岛星海音乐厅隔江相望。朱拉伊在这里还开了一家珠江酒店和一家珠江春酒楼。下午4时，广州隬隍乡亲联谊会在珠江春酒楼三楼卡拉OK厅为他们召开欢迎会，由副会长刘庆民主持，双方互相介绍后，会长陈小二首先致欢迎词。欢迎会上欢声笑语，掌声阵阵。

名誉会长林才文、朱的先后讲话，他们都表示对泰国乡亲第一次组团访问广州感到特别高兴，欢迎泰国乡亲多回来看看祖国的发展和变化，加强联系，共同促进中泰友谊。讲话后8位礼仪小姐向访问团名誉团长、团长、副团长、顾问献花。访问团名誉团长游国成、林炎炮先后致答谢词，双方互赠礼品，主人并于宴会厅设宴款待，宴会上洋溢着一阵热烈欢乐的气氛。

散席后，许应裘亲自陪访问团一行去乘坐夜游珠江的豪华游艇，观赏珠江夜景。珠江两岸的高楼大厦都粉刷一新，装上灯饰，屋顶及桥上的灯光是金黄色的，树上的灯光是绿色的，像金银珠宝铺满两岸，还有用霓虹灯编织成的五彩图画。情侣们靠着船舷依偎在一起，窃窃私语。虽然冷空气已到，寒风凛冽，但祖国兴旺发达的景象在侨亲们心中燃起了熊熊烈火，他们忘记了寒冷，沉醉在一个灿烂的世界中。看完了歌舞表演，许多侨亲都情不自禁地拿起话筒，纵情歌唱，博得阵阵掌声，直至9时多才回到宾馆。

19日早上7时，陈小二、许应裘冒着寒风，把侨亲接到珠江边的广州酒家用早餐，登上了二楼，进入一间玻璃包厢，这是酒店的最西端，两面墙全是玻璃，珠江两岸景色尽收眼底，一边用餐，一边看着江上汽艇船只来回穿梭，江水仿佛从天边流来……

用完早餐，访问团乘车前往番禺沙湾镇紫坭村，参观宝墨园，这是一座集江南园林建筑之大成的园林，也是一座艺术馆，原建于清末，毁于20世纪50年代，1995年重建，历时6载，扩至100多亩，园内有1 000多米长河贯通，水清如镜，长流不息，有30多座石桥，横跨河湖之上，水中有许多条锦鲤穿游嬉戏，如投下食物，群鲤争食如红潮汹涌。亭榭厅堂与长廊石桥布置成各处景点，步移景换，如欣赏幅幅图画，垂柳拂面，桂苑浮香；百年古榕，千年罗汉；万紫千红的玫瑰园，水面挺秀的荷花，清幽高雅的兰圃，深藏幽思的紫竹林，百看不厌，悦目怡情。白石仿古牌坊，瓷塑浮雕“清明上河图”，巨幅砖雕“吐艳和鸣壁”，万世师表孔子铜像……使人感受到看不尽、享不完的丰韵流彩。各个展馆陈列的古今书画、陶瓷、铜器、玉器，充分展示了中华民族的精湛文化和高贵品质。侨亲们虽然走马观花，但仍然回味无穷，印象最深的是那幅瓷塑浮雕“清明上河图”，这幅宋代遗宝被放大10倍，即52×25平方米，描上鲜艳色彩，逼真夺目。

午餐后，访问团继续向虎门前进，雄伟的虎门大桥横跨珠江出海口，从广州至此已过了好多座大桥，虎门大桥是跨度最长的大桥，珠江三角洲上，河流像蛛网密布，大桥也是数不清。虎门是服装名城，为国际贸易重镇，由于时间有限，只参观了“鸦片战争博物馆”，进了大门，就看到林则徐金身塑像，在民族英雄面前大家肃然起敬。

林则徐烧鸦片的两口大池，长宽各50米，博物馆分3层，陈列各种图片塑像，实物记录当年抗击英国侵略者的我国军民的英勇壮烈事迹；也反映了英国侵略者的残暴罪行、满清王朝的腐败无能，历史不可遗忘，这里成为中国人民的爱国主义教育基地。

回程又顺便参观了沙角炮台，这是当年抗击侵略者的炮台之一，当年两岸有几个炮台，组成3道防线，英军无法突破才转而北上攻打天津。

晚上，朱的在珠江春酒楼设宴款待，他的儿子朱拉伊、朱庆伊同来作陪。参加宴会的还有林才文、张芳荣、陈小二、刘庆民、郑伟民等，大家频频举杯，开怀畅饮，“为友谊干杯”“为家乡繁荣干杯”“为祖国强盛干杯”之声不绝于耳。

20日清晨，陈小二、许应裘又亲自来到宾馆，带领他们去北园酒家用早餐，酒家里面是古式阁楼，装饰着假山盆景，又有一番雅致情趣。

用过早餐，陈小二陪他们去游览白云山下的云台花园，这是一个中西合璧的园林式花园，欧陆风情与东方园林造景相交融。他们参观了灯光地下喷水广场，喷水池的水从台阶中央奔流而下，使全园景色既安详宁静又生机勃勃。园中草木繁茂，四季名贵花卉争奇斗艳，花圃铺设精美，排成各种图案，如用花草铺成的大钟，可谓别具匠心。

接着又去参观广州体育馆，此馆也是在第九届全国运动会召开之前竣工的，由法国人设计，它的建筑特点是下沉式设计，整个看台和赛场都建在地下，从外面只看到它的屋顶像草帽一样放在地面，使建筑物置于若隐若现和充满诗情画意的自然之中。走进大门，不必登台阶，就站在看台的顶端，如果不往下挖，建在地面就是座高大建筑物，会影响白云山的景观。整个建筑汇合了许多科技及设计者的匠心，如屋顶是半透明的，能透过40%的阳光，白天不必开日光灯，光线柔和；还有整个看台一万多张座椅的设计别出心裁，新颖舒适，每张椅子底下都留有空调口。

中午，许应裘已在客家山村酒家等候他们，午餐品尝了客家山村十大名菜。一顿饭换一家酒楼，几天下来，他们几乎已把广州的名菜都尝遍了。午餐后往下九路步行街购物。

下午4时，他们来到珠江春酒楼三楼大厅，舞台中央悬挂着的大红布上写着“广州隬隍乡亲联谊会、泰国隬隍同乡会壬午年春节联欢大会”。参加的乡亲约有300人，大部分是在广州的，还有的来自深圳、汕头、隬隍，来宾中有丰顺县委书记陈桂光、东隬镇党委书记李为民、隬隍镇党委副书记杜宝林、前中国驻泰国使馆一等秘书黄永强，还有离休的将军，在职的大校、上校，各医院的主任医生，各大学的教授，各行业的专家，各公司、企业的总经理，离休及在职的局长、处长、科长等。

广州隬隍乡亲联谊会每年春节都召开团拜联欢大会，此次是第六个年头，由朱庆伊做东。

大会开始前，由副会长郑伟民宣布广州隬隍乡亲联谊会第二届新理事会名单，各成员上台亮相，然后又介绍泰国豱隍同乡会访问团各名誉团长、团长、副团长、顾问与大家认识，接着全体乡亲到大厦门口广场拍照留念。

●广州豱隍乡亲联谊会第一、二届理事会理事与泰国豱隍同乡会访问团合影（前排右一为许应裘）

大会开始后，朱庆伊首先致新春祝福辞，他再一次赞扬泰国乡亲热爱家乡热爱祖国的精神，对家乡建设，对加强中泰交流、增进中泰人民友谊所做的贡献。接着致辞的有名誉会长林才文、丰顺县委书记陈桂光、东豱镇党委书记李为民、豱隍镇党委副书记杜宝林，他们都对泰国乡亲表示了热烈欢迎，并希望继续加强中泰人民的交流往来，促进互相了解和加深友谊。泰国豱隍同乡会会长林炎炮、游国成，理事长郑如葵也相继致谢辞，一致衷心感谢祖国乡亲对访问团的热烈欢迎，尤其是许应裘先生对访问团无微不至的关怀和照顾。这次访问取得圆满成功，促进了中泰乡亲的互相了解和团结，广州豱隍乡亲的成就给侨亲留下深刻的印象，他们非常佩服乡亲们对祖国社会主义经济建设事业所做的贡献，广州豱隍乡亲联谊会的会务工作蓬勃发展，做得有声有色，是他们学习的榜样。理事长郑如葵还代表泰国豱隍同乡会邀请广州豱隍乡亲联谊会在适当时间组团访问泰国。会长陈小二最后讲话，他说对中泰乡亲的大团聚感到非常兴奋，为此谱写了一首《泰国广州隬隍乡会之歌》，请作曲家罗小平先生作曲，歌唱家刘国禾先生、李庄女士演唱，并已录制成 CD，今晚特请刘国禾先生、李庄女士在会上演唱。歌词如下："美丽的韩江，有一个神奇的传说，凤凰山下，韩江之滨，有个万江，宋代的皇帝哥，被兵追捕藏于斯，斗胆留皇，万江变留皇，古字又生辉，留皇加耳变隬隍。山川秀美，江水奔流，伦理之乡，地灵人杰，隬隍儿女遍布五洲四海，各行各业，人才辈出，曼谷、广州藏龙卧虎，同是江河出海处，三角地带育英才。珠江、湄南河，曼谷、广州，隬隍儿女，故土情深，思乡爱乡，乡情亲情。隬隍乡会把情牵，泰国广州情相连。韩江、珠江、湄南河，隬隍、广州、曼谷，东隬、西隬对江望，广州、曼谷若比邻，分处两国虽遥远，乡情亲情把情连。"刘国禾、李庄的倾情演唱，揭开晚会文艺表演的序幕，博得了乡亲们的阵阵掌声。

今晚参加演出的还有五位著名舞蹈演员，她们表演了新疆舞、西班牙舞等。此外，还有国家一级演员演唱和表演相声，精彩的表演在阵阵热烈的掌声和欢呼声中结束。

接着宴会开始，共开 30 多席，宾主频频举杯，气氛达到高潮。

21 日早晨天空晴朗，朝霞映红了宾馆的白墙，气温 10℃以下。早上 7 时，一辆小轿车在广州大道上飞奔，驶进了珠岛宾馆。陈小二、许应裘跳下车子，健步来到三号楼，接侨亲们到市区西边的泮溪酒家用早餐。

这间酒家坐落于荔湾湖边，走进去就听到淙淙水声，那是假山流下的瀑布，湖边有一个个玻璃包厢，还有一艘石舫，上面也是包厢，沿着湖边蜿蜒的走廊走到湖心小岛，进入玻璃包厢，一面欣赏湖光水色，一面谈笑风生，品尝香茶和精美点心，在走廊中央挂着许多中外名人在这里用餐的照片，其中有一幅泰国诗琳通公主的照片，是她到这家酒楼用餐时拍下的。

11 时许，访问团在珠江春酒楼举行告别答谢宴会，应邀到会的有广州隬隍乡亲联谊会新一届理事会名誉会长林才文、张芳荣、朱的，会长陈小二、罗致勇、林和强、许应裘、朱拉伊、许少林，理事长刘庆民，副理事长郑伟民、罗益群、廖世民、邱仕洲、蔡国强，秘书长陈建钦及各位常务理事等。宴会开始先由访问团名誉团长林炎炮致告别答谢词，他对在广州访问期间受到热情友好隆重的欢迎和款待致以深切的感谢，并再次邀请广州隬隍乡亲联谊会组团访问泰国，进一步发展两国两会的友谊。最后由广州隬隍乡亲联谊会理事长刘庆民致欢送辞。宴会上洋溢着一派和谐欢乐、美好团结的气氛。

会后有6位乡亲先行回家乡探亲，另12位团员由名誉团长林炎炮、游国成、刘郁菁率领，乘泰航班机回曼谷，许应裘、陈小二、刘庆民、郑伟民等到白云机场欢送，相互祝福，亲情永在，后会有期。

泰国謡隍同乡会代表团对这次广州之行表示十分满意，特别是如此热情和周到的接待让他们很感动。为此，他们对许应裘及广州謡隍乡亲联谊会表示由衷的感谢。这次参观访问取得了圆满成功。

泰国《星暹日报》《亚洲日报》《京华中原联合日报》三家华文报纸于2002年3月21日起先后对泰国謡隍同乡会代表团访问广州做了全程跟踪报道，记述了记者的所见、所闻、所感。

2002年春节过后，许应裘在泰国的弟妹带儿子、女儿回国拜访中国母亲叶世春及许应裘一家，中泰两个家庭团聚了。

2002年5月26日，天空格外晴朗，万里无云。

一架从曼谷飞往广州的客机，翱翔于蓝天白云之上。机舱里，许应裘的泰国弟弟许阿猪，目光一直盯着窗外，他的内心如同翻涌的云海，说不清是喜还是悲。他觉得，父亲拼搏一生就是为了这一段航程，但父亲生前没能够实现，今天，他带着父亲的遗愿回来了……

机舱里，旅客们兴奋地议论着：

“广州快到啦！”

“广州多美呀！”

许阿猪从沉思中惊醒过来，揉了揉眼睛，窥视中华大地，渐渐地，他看见了山脉、河流、田野、树木、高楼、大厦……脚下就是父亲的乡土，父亲梦中的乡土啊！他激动得热泪盈眶。这里，曾留下父亲的足迹；这里，曾留下父亲的血汗。先祖、父亲和他的血管里，曾流淌着这块土地的血液。他哽咽着，对身边的妹妹许阿珍说：“到了，马上就到家了！”

许阿珍也激动地说：“是呀，到家了！”

许阿猪轻轻地抹掉眼角的泪珠，情不自禁地呼喊起来：“祖国呀，您漂泊海外的子孙回来了，我带着父亲的遗愿回来了！”

许阿猪及其儿子、女儿，许阿珍及其女儿来到广州后，在罗曼女士、林金叶女士的陪同下，迫不及待地去拜见中国母亲叶世春。

许阿猪、许阿珍携儿女双膝跪在叶世春面前，齐声喊道：“母亲！”

少顷，叶世春一一扶起他们，呢喃细语：“回来就好，回来就好。”

●许阿猪在飞机上激动地看着祖国大地上的壮美风景

许阿猪低声啜泣着，说："母亲，是儿子不孝，直到今天才来看望您……"

叶世春长叹一声，说："都过去了，就当是一场梦，今天能够团聚，也是许家祖上积德啊！"

许阿猪喃喃自语："父亲，我实现了您的遗愿，带着儿孙们回家了！"说罢，他再也控制不住自己的感情，顿时如长河决堤，泪雨滂沱。

周围的人也受到感染，都热泪盈眶，场面感人。许应裘掏出手帕，替母亲拭泪。

半晌，许阿猪、许阿珍携儿子、女儿拜见中国哥哥许应裘，并与大姐许秀英（许觉），大兄许应明的儿子、女儿一一见面，中泰两个分离了68年的家庭，终于大团圆了。

叶世春在中国的儿孙有80人，泰国的儿孙有6人，合家共86人。时光如水，岁月如歌，经历了漫长风风雨雨的艰苦岁月，有过太多太多的血泪和辛酸，里面有太多太多的无奈与宽容，许氏家族终于在改革开放之后，迎来了阳光灿烂的日子。不但实现中泰两个家庭大团聚，而且家庭兴旺，许应裘事业有较大的成就，一家生活大大改善，过上非常幸福的生活。许阿猪、许阿珍到广州后，目睹祖国经济的飞速发展、城市建设的美

●许氏家族中泰两个家庭大团聚

丽壮观和中国哥哥的事业兴旺、家庭美满幸福，惊叹不已，连说做梦都想不到。中国哥哥不但负责他们往返的机票，让他们住好、吃好，到处游览，还带他们到大医院检查身体。当他们返回泰国时，许阿猪长期所患耳疾，在广州做手术后已基本痊愈。

●中国母亲叶世春

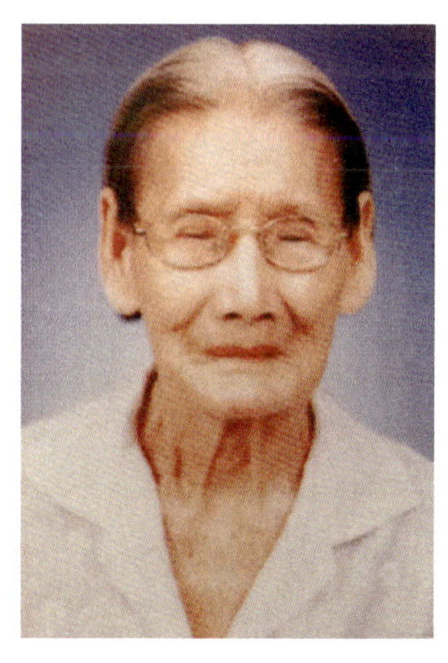

●泰国母亲郑暹桃

2002 年秋，秋风拂金。

许应裘为父亲许聪在泰国北柳府挽卡县和西村故居芒果园中所设的纪念堂已经建成，为许阿猪、许阿珍在北柳府挽卡县各购一座四层半的商铺。是年 12 月，许应裘再到泰国，为父亲纪念堂落成揭幕并进行祭拜。

12 月 13 日，中国南方航空公司班机载着许应裘向泰国飞去，天空万里无云，阳光灿烂……

明亮的曼谷机场上，洋溢着友好、祥和的气氛。当班机抵达机场时，许应裘受到泰国隬隍同乡会会长林炎炮、游国成、刘郁菁，理事长郑如葵，常务理事叶彬、叶汉源，理事叶成、陈俊丰及先期抵达曼谷的广州隬隍乡亲联谊会会长陈小二、胡惠华夫妇的热烈欢迎。

12 月 14 日，许应裘及同来家人，在泰国隬隍同乡会领导刘郁菁、郑如葵、叶彬及陈小二夫妇等的陪同下拜访泰国丰顺会馆，受到泰国丰顺会馆主席蔡礼任等人的热情欢迎。

蔡礼任在金碧辉煌的汉宫楼宴请他们。柔和的金黄色灯光暖意融融，蔡礼任在欢迎词中，盛赞许应裘对父亲的一片孝心，以及热情帮助泰国母亲及弟妹的义举，这充分证明许先生发扬中国传统文化的优秀品质，对于提高下一代道德修养具有重要的现实意义。他又说："《孝经》云：'安身行道，扬名于世，孝之终也。'孝道是生长财富的福田，祝愿许先生福慧双收——收获美满幸福的生活和蒸蒸日上的事业。"

许应裘在致谢辞中说，十分感谢泰国丰顺会馆及蔡礼任主席的盛情款待和帮助，他觉得来到泰国就如同回到自己家里一样，倍感温暖亲切。他又说："《诗经》中有'哀哀父母，生我劬劳''哀哀父母，生我劳瘁'的咏叹，'百善孝为先''夫孝，德之本也'，这些孝的文化，穿越时空，净化灵魂，教育我们每一个人都要有孝心。我来泰国看望泰国母亲及弟妹，为父亲建立纪念堂，这是我应该做的。"

12 月 15 日，许聪先生纪念堂举行落成揭幕仪式。

纪念堂大门正上方镶嵌着"许聪先生纪念堂"汉白玉金字匾，两侧石柱上刻着贴金对联。其对联云：

流水泱泱千里迢迢望家国，
长天淡淡邦土净净安英灵。

白色的墙壁，绿色的脊背，红色的屋檐，整个建筑小巧玲珑，显得古朴而庄重。

●许聪先生纪念堂

纪念堂中央放着许聪的灵位牌和遗像，前面放着香炉。纪念堂前有铺着白色瓷砖的平台，平台下还有一个广阔的水泥广场。左边江水滔滔，长流不息，椰林掩映，景色迷人；右边有一条铺着水泥的小路通到大路，江边有一土堤护卫着。纪念堂的周围栽种着花草树木，使它常年处于万绿丛中。

这一切，都深含着儿女的无限孝敬和深情。

前来参加落成揭幕仪式的有泰国丰顺会馆副主席游国成、郑如杰，泰国留隍同乡会会长林炎炮、刘郁菁，理事长郑如葵，副理事长蔡传正、林盛、郑国立，常务理事叶彬、叶汉源，理事叶成、陈俊丰，广州留隍乡亲联谊会会长陈小二夫妇，香港乡亲陈景丰夫妇，以及挽卡县原县长和当地知名人士、乡亲。

上午10时，在肃穆的气氛中，高僧诵经引魂，祝许府全家安详幸福。许应裘及同来家人、泰国弟弟许阿猪夫妇和妹妹许阿珍夫妇及他们的子女，一起拜祭许聪的灵位和遗像。

此刻，不少人眼眶湿润，心中满是感动，一个经历数十年苦难和分离的大家庭，终于实现了传奇式的大团圆。

接着，泰国丰顺会馆、泰国留隍同乡会、广州留隍乡亲联谊会各位领导、嘉宾以及香港乡亲等依次进香行礼；挽卡县原县长、当地知名人士及乡亲也进香行礼。

许应裘默默地凝听着潺潺的河水声，思绪如同脱缰的野马……苍老的韩江悲凉地啜泣着，送走了一批批苦难的儿女，他们乘上红头船，向茫茫的大海漂去，他们唱着令人心酸的《过番谣》：“无奈当上过番客，黄连树上挂苦瓜。黄连树下埋猪胆，从头苦到脚底下。”一会儿，许应裘的脑海中又渐渐幻化出一个淡淡的人影，慢慢地飘到了眼前。那是多么熟悉而又陌生的人影啊！许应裘心里猛然一动，正想凝神注视，一眨眼，那人影不见了……

“父亲，我想见您，我想见您呀！”许应裘不断地呼喊着。

任凭他怎么呼喊，那人影再也没有出现。这时，天空出现了一幅宛如精工巧织的美丽图画。这是父亲为子孙铺设的一个繁花似锦、兴旺发达的远景吗？许应裘憧憬着。

良久，陈小二走了过来，对许应裘说：“许总，宾客们都等着你呢，要去参观弟妹的商铺了！”许应裘这才如梦初醒，倏地收住了那似野马狂奔的思维，遂招呼大家驱车前往挽卡县，参观他给弟弟、妹妹购买的两间商铺。每座均高四层半，宽敞明亮，室内装修一新，来宾们都赞叹不已。尔后，许应裘设宴酬谢全体嘉宾，开八席，他轮流到各席敬酒，对各位乡贤及各界好友的莅临表示感谢。

许应裘再次到泰国为父亲许聪的纪念堂的落成剪彩和拜祭父亲及其一系列相关活动，在泰国华文新闻界引起轰动。泰国《京华中原联合日报》《星暹日报》《亚洲日报》《新中原日报》《中华日报》五家华文报纸，于2002年12月17日起纷纷在显要位置做了报道，并高度评价这是“一曲泰中血脉相连、泰中一家亲动人赞歌续闻”。

各家报章的大标题为“中国广州企业家许应裘先生专程莅泰寻找泰国母亲弟妹引发好事多”。

大标题下端还有几段导读内容：

> 许应裘先生邀请泰国隬隍同乡会21人访问广州，并参加广州隬隍乡亲联谊会新春团拜联欢大会，受到热烈欢迎，盛况空前。
>
> 许应裘先生请泰国弟弟、妹妹一家回广州拜见中国母亲，泰中两个大家庭实现大团聚，感人至深。
>
> 许应裘先生为父亲在泰国北柳府挽卡县故居建的纪念堂落成，为弟妹在挽卡县各购买一座商铺，也已购好入住。
>
> 泰国丰顺会馆副主席游国成、郑如杰，泰国隬隍同乡会会长林炎炮、刘郁菁，理事长郑如葵等参加许聪先生纪念堂落成揭幕仪式。

各家报纸都做了详细的跟踪报道，最后，报道文章还评论说：

这一曲泰中血脉相连、泰中一家亲、泰中友好的赞歌，是多么壮丽，多么美好，多么动人，多么催人泪下！它反映了中国的优秀传统将永远留在泰中人民心中。

许应裘在举行父亲许聪纪念堂落成揭幕仪式及拜祭父亲后，为再次感谢泰国华侨社团及乡侨们的热情帮助，特意在泰国南香园大酒楼举行盛大的答谢宴会。泰国丰顺会馆主席蔡礼任及泰国隬隍同乡会会长林炎炮、刘桂利、游国成、刘郁菁，理事长郑如葵，副理事长郑如杰、蔡传正、林盛及各位理事和众多乡亲，共200多人出席。答谢宴会由许应裘主持，许应裘邀请了为帮助自己寻找泰国父亲不辞劳苦组织策划的陈小二讲话。陈小二在讲话中，详述了寻亲过程中的许多动人故事，并感谢泰国隬隍乡亲的热情帮助，赞扬了泰中血脉相连、泰中友好的美德。整个宴会洋溢着温馨动人的亲情。陈小二在许应裘答谢宴会上的讲话如下：

尊敬的泰国丰顺会馆蔡主席暨各位首长，泰国隬隍同乡会各位会长、理事长、副理事长、理事，各位来宾，女士们、先生们：

大家好！

从2001年12月至现在，在曼谷、广州，在泰国、中国，上演了一场泰中血脉相连、泰中友好的赞歌，这是一场规模盛大的音乐会。

这个音乐会有个导演组，成员有林炎炮先生、郑如葵先生、叶彬先生、罗曼女士、叶汉源先生和我。这个音乐会的主角是许应裘先生。

这还是一个集体大合唱，参加合唱的有泰国隬隍同乡会、广州隬隍乡亲联谊会的许多领导、理事和乡亲，演员阵容强大，演职人员众多。

支持和赞助这个演唱会的有泰国中华总商会、泰国丰顺会馆。

随着许聪先生纪念堂落成揭幕，许应裘先生为泰国弟弟、妹妹购买的商铺入住，到今天晚上的答谢宴会，这个音乐会的演出已告一段落。但不能说曲终人散，以后可能还会有续曲，还要不时演出。

应该说，这个音乐会开得很成功。不仅主角唱得好，而且合唱也唱得好。这个演出波澜壮阔，委婉动听，扣人心弦，催人泪下。演唱者热泪盈眶，许多听众泪流满面，演唱的主题、演唱的歌曲令人回味，它定会长久地留在人们的心中。

许应裘先生前后投入的钱不算太多，大概是500万铢至600万铢，折合人民币100万至120万元。主要是为泰国弟弟、妹妹各购一座商铺，为父亲建纪念堂，前后帮助泰国母亲、弟妹治病及其他资助和一些相关费用。这比不上他捐建陷隍球山中学坚真教学大楼及校门、运动场的投入，那时投入200多万元人民币。但是这次投入意义重大，影响深远。

第一，它发扬了中国的优良传统美德。父亲别妻离子数十年，杳无音信。妻儿在家乡受尽苦难，直至儿子长大后事业有成。但是，儿子还是没有忘记生育自己的父亲，也不嫌弃泰国的母亲和弟妹，千里迢迢来泰国寻亲，化怨恨为无限的孝敬和对弟妹的爱，并给他们很大的帮助和扶持。对于很多人来说，这是难以想象的。这正是中华民族优良传统美德的延续和发扬，感人至深，将会很好地影响和教育后代。

第二，这是一个集体大合唱。许多人热心地参与此事，许多人深情地投入此事，更多的人听到、看到后赞美它，甚至为它流下热泪。这说明在中国、泰国，在我们的乡亲、朋友中，有许许多多有慈善心、公德心的人，他们热情助人，团结互助。这个品德高尚的群体，是多么难得、多么可贵啊！

第三，这件事影响了中泰两国人民，广阔地展示了中泰人民血脉相连和中泰的友好关系，它在泰国挽卡县、北柳府都引起了很大的反响，在泰国华侨社会也有相当的影响，它将有助于中泰人民更加亲密友好地相处。

第四，这件事本身也反映了中国逐步由贫穷走向繁荣和富强。过去，大家都只看到国外的华侨接济、帮助国内的亲人，而现在就有了国内的人以较大的款项帮助国外亲人的例子。这反映了中国逐步发展起来，富强起来，人民的生活水平大大提高了。这是国力强盛的反映，这是国内外炎黄子孙千百年来梦寐以求的，十分值得我们兴高采烈、欢呼雀跃。

第五，它使泰国的陷隍同乡会和广州的陷隍乡亲联谊会、泰国陷隍乡亲和祖国陷隍乡亲，更紧密地团结在一起。通过这件事，大家团结互助，乡情友情更深了。通过中泰隬隍乡亲相互组团访问，相互热情接待，乡会之间、乡亲之间都大大地加强了联系。许应裘先生也说："事情虽然办完了，但泰国众多乡亲如此热情友好的接待，我是不会忘记的。以后每两三年我都要到泰国一次，探望拜访大家。"让我们生活在更加和睦友好的大家庭中，享受着无限的乡情、友情的温暖，让我们生活得更愉快、更快乐、更幸福。

今天，许应裘先生的这个答谢宴会，只是表示了他万分感谢的心意而已。大家的盛情帮助和友好感情是无价的，是宴请和金钱所不能酬谢的。

这些天，许应裘先生一行，先后拜访了陈亿元先生、蔡礼任先生、刘桂利先生、游国成先生、刘郁菁先生、郑如葵先生、郑如杰先生、蔡传正先生等，还参观了许多泰国乡亲的工厂和企业。这不是一般的拜访，这是表示对大家的敬重，对大家事业成就及对社会贡献的敬佩。许先生还表示要向大家好好学习。我知道谁也不会要酬谢的，因为大家都有崇高的精神。

祝泰中友谊不断发展。

祝乡亲们、朋友们的友谊与时俱进。

祝中华民族的优良传统美德万古长存。

祝在座各位事业兴旺、家庭幸福、身体健康！

谢谢大家。

●在答谢宴会上，许应裘轮流向众嘉宾敬酒，表示感谢

以后每隔几年，许应裘就飞抵泰国，去北柳府挽卡县许聪先生纪念堂，点烛焚香，拜祭父亲。然后访问侨团，并拜访那些结下深厚情谊的侨亲朋友，一曲中泰血脉相连、中泰一家亲的动人赞歌越奏越响亮……

●许应裘与一些侨领合影

许应裘到泰国寻亲，找到了泰国母亲及弟妹，实现了多年来寻找父亲的愿望；同时，他对泰国母亲、弟妹的热情帮助，改变了过去只有华侨帮助国内亲人解决困难的状况，因此，在泰华社会引起良好的反应。在此过程中，也引发了泰国和广州的隬隍乡亲的一系列互助和交往活动，对促进中泰人民友谊、密切祖国与海外赤子的联系起到了一定作用，在泰华社会产生积极而深远的影响。

许应裘泰国寻亲一事，成为流芳百世的一段佳话。

第四部分

心灵之歌

生命的充盈与匮乏，全在于一个人是否有爱心。爱心是冬天里的一缕阳光，爱心是沙漠中的一泓清泉，爱心是一首飘荡在夜空里的歌谣，爱心是一场洒落在久旱土地上的甘露。谁拥有了爱心，谁就拥有了世界。

——作者手记

第十四章

儒者楷范（之一）

明代大儒陈继儒云：“天地一无所为，只以生万物为事；人念念在利济，便是天地了也。”

20多年来，许应裘不忘感恩社会，致力于公益慈善事业。他常说，他原来是一个贫寒家庭的孩子，是党教育和帮助了他，今天事业有成，就要回报国家，回报社会。他又说，人类社会的每一次跨越、每一个进步，都是一代又一代人奋斗、创造、积累的结果；从个人来说，为社会多做贡献，为子孙多行善积德，历史的长河就是这样不断延续向前发展的。

“取之社会，用之社会”是许应裘创业的最高境界。

早在1993年，许应裘创建广州燕丰房地产有限公司，事业刚刚起步时，他就考虑怎么帮助家乡的母校——球山中学的重建。

球山中学创办于民国十六年（1927年），位于隬隍镇的一个叫驿官山的小山头上，因地势较高，经常受到台风的侵袭；也因历经战乱，辗转数载，校舍破旧不堪。新中国成立之后，政府虽多次拨款维修，但仍不能解决根本问题。随着就读学生人数的逐年增加，残旧的校园变得拥挤狭小，根本不能满足教学的需要。

而且，当时隬隍镇的某些领导对教育没有足够的认识，要把球山中学大门及四周的地方拿来建商品房。球山中学本来占地面积就不大，如果还要把周边的校园强行占去，这不仅破坏了校园的整体格局，使学校没有运动场，地方更加狭小，而且会影响到学校的正常教学秩序。陈小二得知此事后，马上采取措施坚决反对。他到县教育局，到当地镇政府、县委、县政府，一直到省教育厅反映情况，再三申述意见。陈小二的正义行动，很快得到许多乡亲和有识之士的支持。最后，球山中学完整地保存了下来。

于是，许应裘找到了陈小二，说：“我想为家乡的教育事业做点事，好吗？”

陈小二笑呵呵地说：“好呀！有什么想法呢？”

许应裘说：“前些时候，某些镇领导想占用球山中学校园，是你坚决反对，做了很多具体工作，才得以保存下来。家乡百姓都夸你做得对！”

陈小二说：“1938 年 9 月，我以第三名的成绩考进了球山中学，球山中学是我的母校啊！我时常感恩于早年在家乡所受到的教育，50 多年来，我常常扪心自问，觉得自己对家乡的教育关心太少了。”

许应裘也有同感，说：“是呀，我也有这样的感觉，托党和政府的福，我现在赚了一些钱，在你关心家乡教育事业的影响下，我也想为重建球山中学出点力。”

陈小二激动地说：“太好了！球山中学校舍陈旧，教室也不够用，最好能扩建校舍。”

许应裘爽快地表态，说：“我捐建一幢主教学楼，怎么样？”

陈小二高兴地说：“那当然是最好的啦！我会尽快把这事向县、镇、学校报告，具体方案我们再商量。”

许应裘也高兴地说：“好，就这样定了！不过，我有一个要求。”

“请说！”

“我是 20 世纪 50 年代就读于球山中学的，后来参了军，并到广州读大学和工作，因机缘在李坚真大姐身边工作生活。为感念李坚真大姐生前对我亲如母子的爱护和教诲，我想把这幢教学楼取名为‘坚真楼’。”

“李坚真大姐是老一辈无产阶级革命家，教学楼以她的名字命名，真是太好了！我会向有关领导提议的。”

“那就谢谢二兄了！”

“不！说谢谢的应该是我，我代表家乡人感谢你！”

“祖国、家乡有恩于我，我必须回报祖国、家乡。再说，每个人都是带着责任来到这个世界上的，美国西点军校对其学员的基本要求就是‘责任’，它要求所有的学员从入校的那天起，都要以服务的精神自觉自愿地去做那些应该做的事，都有义务、有责任履行自己的职责，而且在履行职责时，其出发点不应是获得奖赏或避免惩罚，而是发自内心的责任感。我捐建母校教学楼，也可以说是自己履行报效祖国、报效家乡的职责和义务，所以，不必感谢我！”

陈小二凝望着许应裘浓眉下的一双有神的大眼睛里闪动着的兴奋和喜

悦的光芒，深深为他真挚的情感所感动。陈小二感到非常幸运能和他成为知己，两颗爱国爱乡的赤诚之心从这一刻起紧紧地连在一起。

此时此刻，许应裘和陈小二都很激动，他们讨论起建教学楼的事宜，谈得非常投机。

许应裘决定捐资兴建“坚真楼”后，陈小二就开始忙碌起来。从选址、设计，与县政府沟通，到施工过程的监督、质检等，他都认真负责。他请了广州水电设计院的高级工程师设计“坚真楼”，并亲自带工程师回家乡进行实地丈量。图纸设计好以后，他又请许应裘审阅、修改。

为保证建筑质量，许应裘自己挑选最好的建筑工程队，但当时当地政府及其他工程队都想接办这项建筑工程。陈小二耐心说服他们，告诉他们一定要尊重捐资人的意愿，不要争工程，要支持工程队顺利施工。“坚真楼”报建顺利获批后，建筑工作很快就开始进行了。

陈小二因此事几次专程回家乡，悉心解决工程进展中遇到的问题，并对工程的质量进行严格的监督。他说：“务必要把建筑工程做好，才不枉捐资人对教育的一片热心！”

在建设“坚真楼”的过程中，有一个小插曲。有一次，陈小二带着上了年纪的设计师回隰隍检查施工情况。他们俩各提一个皮箱，里面放着衣服、证件和钱，在广州省汽车客运站候车。开车时间还没到，陈小二让设计师帮忙照看皮箱，他上洗手间去。回来的时候，设计师满脸焦急和懊恼地告知陈小二，皮箱被劫匪抢走了。虽然车票放在陈小二的衣兜里，但是衣服、证件和钱都没有了，只好改期前往。许应裘知道此事后，觉得很抱歉，要补偿他的损失。他摆摆手，笑着说：“不用不用，你出钱我就出点力啦……”一位年过半百的老人、大学校长，为家乡教育事业如此操劳奔波，隰隍乡亲甚为感动。

许应裘捐资兴建的球山中学坚真楼

群策群力，仅用 5 个月，“坚真楼”就竣工了。“坚真楼”总造价200 多万元，由许应裘独资兴建。楼高 4 层，挺拔雄伟，

●许应裘发表热情洋溢的讲话

●许应裘捐赠的电脑室设备

●许应裘捐赠课桌椅 400 套，并完善科学馆的各类设备设施

许应裘讲话结束后，长时间的热烈的掌声，在庆典会场响起，回荡在球山中学的西校区小院中……

在庆典上，球山中学校长叶织南介绍了筹建坚真科学馆的情况及其在发展高中教育中所发挥的重大作用，同时代表球山中学全校 2 800 多名师生对长期以来关心教育、热爱家乡、支持球中的名誉校长许应裘表达了衷心的感谢、崇高的敬意和美好的祝福。副县长刘超平在讲话中，向一直关心和支持丰顺县教育事业的许应裘及家人致以崇高的敬意和衷心的感谢，同时希望球山中学师生时刻牢记使命，努力工作、勤奋学习、求真务实、团结拼搏，以崭新的面貌和优异的成绩，回报许应裘先生的关心和期望。丰顺县教育局党委书记郑建忠在讲话中，感谢丰顺乡贤许应裘为县教育事业做出的重要贡献。

庆祝大会结束后，许应裘与参会的领导、嘉宾及全体师生观看了学校师生精心准备的文艺演出。师生们载歌载舞，节目精彩纷呈，整个校园成了一片欢乐的海洋。

“坚真科学馆”位于球山中学西教学区，由许应裘捐资

600 万元兴建。在上级领导的重视下，于 2008 年 2 月开始征地，2009 年 6 月奠基，2010 年 5 月全面竣工。科学馆大楼高 4 层，建筑面积 3 548 平方米，设计新颖，造型别致，色调高雅。在叠翠青山、葱茏树木的映衬之下，更显美观大方。整座大楼共有教室 32 间，集电脑室、语音室、实验室、仪器室、美术室、音乐室、多媒体演示室、图书馆、办公室、会议室等功能室于一体。科学馆竣工后，名誉校长许应裘又捐资 68 万元购置了用于高考英语听说考试的电脑设备以及物理、化学、生物等实验室的设备和器材，还有课桌椅 400 套，完善了科学馆的各类设备设施。科学馆的落成，在大力发展高中教育的时代大潮中，必将展示现代化的教学手段功能，在教育教学中发挥着重大的作用。

为了彰显许应裘的慷慨义举，中共丰顺县委、丰顺县人民政府特地在坚真科学馆内设立了“坚真科学馆记”。馆记全文如下：

坚真科学馆记

李坚真，女，汉族。1907 年 1 月出生于丰顺县小胜镇，长在黄金镇，原名李见珍。她是久经考验的忠诚的共产主义战士、无产阶级革命家、老红军战士和中国妇女运动的先驱，被誉为华夏女杰、革命大姐。

李大姐的一生是革命的一生、光辉的一生、战斗的一生。1926 年 5 月，在彭湃同志的引导下参加农民运动，于 1927 年 6 月加入中国共产党，走上革命道路，从此投身党和人民的伟大事业。土地革命战争时期，曾任广东丰顺革命委员会副委员长。1930 年至 1934 年任中共闽西汀东、长汀县委书记，中共连城县临时工委书记，中共闽粤赣省委委员、妇委书记，中共苏区中央局妇女部部长。1934 年 2 月当选为中华苏维埃共和国第二届中央执委会委员。参加了二万五千里长征。到达陕北后，任中共陕北省委组织部副部长，陕甘宁特区妇女部部长。抗日战争爆发后，任陕甘宁边区妇联主任。1938 年至 1945 年任中共江西省委委员、江西省委妇女部部长，中共中央东南局妇女部部长，中共溧水县委书记，中共苏南区委委员、苏南区委组织部部长。解放战争时期，任中共苏浙区委组织部副部长，中共中央华中分局委员、华中分局民运部副部长，中共中央山东分局妇委书记，山东省妇联主任。中华人民共和国成立后，任中南妇联副主任、副主席，广东省妇联筹备委员会主任。1949 年至 1952 年任中共中央华南分局妇委书记。1952 年 11 月至 1954 年 6 月任中共粤中区委第二书记，1954 年 6 月至 1955 年 7 月任中共粤中区委第一书记，期间：曾兼任粤中区委妇委书记。1955 年 7 月起任中共广东省委常委，1960 年 8 月至 1967 年 3 月任中共广东省委书记处书记，期间：1955 年 10 月至 1956 年 10 月任中共广东省监察委员会副书记，1956 年 10 月至 1967 年 3 月任中共广东省监察委员会书记。“文化大革命”中受冲击。1972 年 12 月至 1979 年 12 月任广东省革委会副主任，1977 年 9 月至 1983 年 2 月任中共广东省委书记（当时设有第一书记）兼省委纪律检查委员会书记（1978 年 4 月起），1979 年 11 月至 1986 年 5 月任中共广东省委党史研究委员会主任，1979 年 12 月至 1983 年 4 月任广东省人大常委会主任。曾任广东省贫下中农协会主任。她是中共第八届、十一届中央候补委员，中共八届十中全会增选为中央监察委员会委员，中共十二大当选为中央顾问委员会委员。享度晚年期间，不遗余力，仍以饱满的政治热情关心党的建设和改革开放与现代化建设，大力支持家乡的各项建设事业，直至生命的最后一刻。1992 年 3 月 30 日在广州与世长辞。

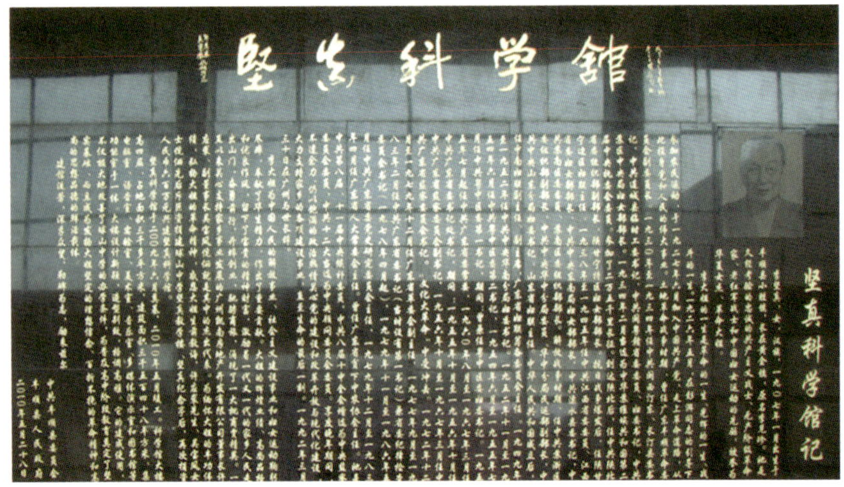

●坚真科学馆内设立的“坚真科学馆记”

李大姐为中国人民的解放事业、社会主义建设事业和妇女运动鞠躬尽瘁，奉献了毕生精力，做出了重要贡献。她的辉煌业绩、高尚品格和优良作风，留下了宝贵的精神财富，激励着一代又一代的家乡人民走出山门，奋勇前行，开埠创业，驰骋商旅，涌现了一大批商贾精英。一直以来关心支持家乡事业发展的广州凯南房地产开发有限公司董事长许应裘、副董事长吴宝凤伉俪就是其中的杰出代表。为缅怀大姐的丰功伟绩，弘扬大姐的革命精神，感恩大姐生前教诲，许应裘先生、吴宝凤女士伉俪先后斥巨资捐建球山中学坚真教学楼、坚真纪念亭后，再次捐资人民币600万元兴建坚真科学馆。

坚真科学馆于2009年6月奠基，2010年5月竣工。科学馆大楼高4层，占地面积3 000多平方米，建筑面积3 548平方米，集电脑室、语音室、实验室、美术室、音乐室、多媒体演示室和图书馆等功能室于一体。大楼设计新颖，造型别致，格调高雅。它的建成使用，不仅极大地改善了球山中学的办学条件，为普及高中阶段教育奠定了坚实基础，而且成为发扬李坚真坚定的理想信念、百折不挠的革命精神和高尚的思想品德的鲜活载体。

建馆流芳，深孚众望；勒碑为志，励来兹尔。

中共丰顺县委员会
丰顺县人民政府
2010年5月28日

岭南诗社丰顺分社社长刘柏青，有感于许应裘为丰顺县教育事业做出的重要贡献，特地撰写了关于球山中学坚真科学馆落成的楹联，现抄录如下：

气球用联

（1）科学攻关凤凰展翅　　枌榆兴教伉俪同心

（2）红崇巍巍一代俊才撑国栋　　韩江浩浩三春丽日肇鹏程

（3）蓄一腔浩气振奋雄心放飞梦想　　挟万里东风迈开阔步勇上云程

（4）近百春秋丰顺二中后波长共前波涌　　数千桃李韩江一脉雏凤清于老凤声

●庆典主席台上两侧悬挂的楹联

校门

(1) 凤麓钟灵新英总有耆英庇　韩江毓秀前浪犹欣后浪推

(2) 球岭发春华黉园广种参天木　山城萦瑞霭韩水且看搏浪蛟

彩门

临流思教泽奔涌韩江活水波中舟楫劲　与会感春恩葱茏球岭繁花香里凤凰鸣

坚真科学馆

(1) 坚笃志行应运绍裘臻成科教兴邦业　真诚奉献宝巢引凤景仰贤良报国心

(2) 坚定兴庠志学海扬帆求知力站制高点　真诚报国心潮头击浪追梦敢当济世才

(3) 开馆有深期愿诸君求实求真为学勿辜先达意　立身弘远志看他日作梁作栋肇基还在少年时

主会场

(1) 坚定追求笃志笃行气冲霄汉自向新天开境界　真诚奉献同心同德瑞蔼黉楼敢从高处筑平台

(2) 培玉培英看兰懋桂馨应绍箕裘圆好梦　育才育德正琛怀宝握高飞鸾凤报春晖

(3) 乡贤重庠序钦大雅扶轮为有真情报桑梓　群彦聚球山论春风惠物喜看新蕊绽芬芳

(4) 坚强信念享誉九州伟烈绍先贤万江咆哮风雷志　真善人生流芳百代新声彰盛世千载赓吟邹鲁篇

【注】以上楹联，或镶嵌华夏女杰李坚真芳名，或镶嵌丰顺乡贤许应裘之名。万江，即今丰顺县留隍镇。

许应裘曾动情地说："教育事业关系到一个国家、一个民族的兴旺发达，要想改变我们山区的面貌，就要提高文化教育水平。对于家乡的教育事业，无论小学还是中学，我都要尽自己的努力，为我们家乡的教育事业多贡献一点力量。”他又说：“丰顺县委、县政府很重视教育事业，要把我们丰顺建设成文化教育强县，这个举措符合民心，以后呢，我计划每年做一件与丰顺文化教育有关的事，以实际行动支持丰顺县委、县政府。”

●球山中学师生欢迎许应裘回校指导工作

●许应裘参观球山中学教学设备

●2013 年 12 月初，作为球山中学名誉校长的许应裘，到球山中学考察，认真检查指导学校教学工作

写到这里，我不禁深深为许应裘那种赤诚的发自内心的爱心所感动。北宋理学先驱胡瑗在《松滋县学记》中开宗明义地说："致天下之治者在人才，成天下之才者在教化，教化之所本者在学校。"出身于贫苦家庭的许应裘，历尽人间艰辛，因此体会到教育对一个国家的强大、一个民族的振兴的重要性。他创业有成后，多年来兴学育才的事迹，是有目共睹、有口皆碑的。

●1985 年，许应裘捐资兴建的原腘隍站口小学

早在 1985 年，许应裘就捐资 5 万元，征地 13 亩，帮助家乡建设站口小学。2004 年春节，许应裘回到家乡，看到他捐资兴建的站口小学，年久失修成了破旧的危房，深感不安。于是，他找村委会、镇政府，准备再捐资兴建学校，并提出学校的设计师、施工的工程师、监理等技术人员都由他们公司派出。他从广州派出施工队到站口村安营扎寨，还特地从佛山挑选材料运回家乡，经过 6 个多月的紧张施工，新的站口小学于 2005 年 2 月 27 日竣工并投入使用。新学校总投资 165 万元，由广州凯南房地产开发有限公司按广州市一级小学标准设计，为三层教学大楼，有教室 11 间（包括体育室、乒乓球室）、教师住房 8 间、食堂、篮球活动场地等，布局合理，环境优美。不论在质量、美观还是实用上都堪称全县一流的小学，让本村及周围乡村儿童有个良好的读书环境。美丽堂皇的校舍，明亮整洁的教室，配套齐全的设备，激发该校教师爱教、重教、严教的热情，教学质量年年提高；学生爱读勤学，尊敬老师，历届小升初统考均取得不错的成绩。逢年过节，许应裘都会对教师和家乡老人进行慰问。

●2005 年，站口小学新校举行落成庆典

●许应裘捐资兴建的花园式站口小学

●站口小学古朴典雅的校门

●优雅宁静、花果飘香的美丽校园

●教学楼一角

●钢筋混凝土结构的宽广运动场

许应裘还在学校设立教学基金，用于奖励品学兼优的学生和有贡献的教职员工，并对每年考上大学的学生每人资助5 000 元。好雨润田桃李旺，再创伟业铸华章。师生们信心百倍，以空前的智慧和热情，高歌猛进，为伟大的祖国发奋努力，再创辉煌!

2009 年 5 月 1 日，在劳动者用勤劳的双手和智慧，编织了这个五彩斑斓的世界，创造了人类文明的特殊日子里，中共丰顺县委、丰顺县人民政府隆重举行“坚真纪念亭”落成庆典。姚森隆、李明权、张锋、陈福超、徐庆青、朱云辉、郑奕雄、凌浚、谢木新、廖远忠、林桂庵、廖若旦等县领导及有关单位、镇场负责人和嘉宾许应裘、陈小二等身着盛装，胸佩礼花，出席了庆典。汤坑镇第一中心小学数百名师生喜气洋洋地参加了这个盛典。

落成庆典由朱云辉主持。在欢快的乐曲和热烈的掌声中，许应裘和姚森隆共同为坚真纪念亭碑匾揭幕。李明权代表县委、县政府对坚真纪念亭的落成表示热烈的祝贺，同时对许应裘致富不忘家乡，继此前为家乡慈善事业捐资 1 000 多万元后，又捐资 200 多万元兴建坚真纪念亭的义举表示赞赏；此外还强调，坚真纪念亭建成后必将成为人们登临揽胜、陶冶情操的胜迹，必将成为爱国主义教育基地的又一亮点，必将成为传承李坚真大姐英勇无畏、艰苦奋斗革命精神的重要载体。

据有关媒体报道：“在‘五一’国际劳动节这一天，丰顺县领导姚森隆、李明权等放弃与家人团聚的机会，特地参加坚真纪念亭落成庆典，以实际行动表达对革命大姐李坚真的缅怀之情，也对坚真纪念亭捐建者许应裘热心公益事业的义举表示赞赏。”

在接受记者采访时，许应裘非常激动地说：“李大姐是从梅州山村走出去的一位杰出的客家女性。她为新中国的成立和国家的建设发展立下了汗马功劳。从烽火连天的革命战争年代，到热火朝天的和平建设时期，再到万马齐奔的改革开放之时，她处处走在前头，引领时代的潮流。她不愧是一位华夏女杰、伟大的无产阶级革命家，她是丰顺人民的光荣和骄傲，她的不朽功绩永远激励着丰顺人民前进。”

当许应裘回忆起他大学毕业后，因机缘在李坚真身边工作生活，亲聆其教诲时，深有感触地说：“李大姐常常教导我们，中国共产党走过了光荣伟大而又艰难曲折的半个多世纪，无数革命前辈为实现共产主义理想而不惜抛头颅洒热血英勇奋斗，中国革命的胜利来之不易啊！如今，我们党领导全国人民已经在我国建立了社会主义制度，党的十一届三中全会后，我们党又领导全国人民开始了新的长征，即沿着建设有中国特色的社会主义道路前进。祖国贫穷落后的面貌正在发生改变，四个现代化的建设欣欣向荣。但是，我们要永远继承和发扬革命先辈的不畏艰难、不怕牺牲、坚韧不拔、勇往直前的精神，发扬艰苦奋斗、克己奉公、全心全意为人民服务的高尚风格，为把我国建设成文明、民主的社会主义强国而奋勇前进！李大姐的话是一股永不磨灭的精神力量，值得我们认真学习和发扬。”

●坚真公园内的坚真山歌长廊一角

许应袭谈起他捐建坚真纪念亭是为了发扬李坚真的伟大革命精神，他满怀深情地说：“李大姐身居高位而从不以权谋私，一身正气、两袖清风。她献身中国革命事业 60 多年，不顾个人得失，不计荣辱进退，处处以大局为重，时时为国家人民利益着想。谦虚谨慎、艰苦朴素、诚恳爽直、率先垂范、廉洁清正是她为政的鲜明特征。她曾经创作一首题为‘一片丹心’的山歌：‘两袖清风不染尘，丹心一片火般温。乔松乐享春常在，四化征途态更勤。’这是李大姐操行风范的真实写照。我曾经听过一个故事：1973 年，李大姐回到家乡丰顺县黄金公社蕉头窝省亲，当时黄金公社领导得知这一消息后，决定在她老人家回乡前，先从民政部门的救灾款项中拨出 400 元帮助修缮李大姐在‘文革’时期被反动派烧毁的老房子。李大姐回乡了解这一情况后，当场严肃批评了公社领导，责成‘必须马上将这笔钱收回来’。并就这件事向亲人语重心长地说道，救灾款是救命钱，公社领导是出于一片‘好意’，但这样的‘好意’，伯母领不得，你们也领不得啊！李大姐廉洁自律的光辉形象于此可见一斑。坚真纪念亭是丰顺县坚真公园的一部分，作为梅州市爱国主义教育基地，可以更加深入地开展群众性爱国主义教育活动，激发爱国热情，凝聚人民力量，培育民族精神，激励后人沿着李大姐的革命道路前进！”

●坚真纪念亭是丰顺县坚真公园的一部分，作为梅州市爱国主义教育基地

“坚真纪念亭”位于坚真公园内金瓯山顶，于2008年5月动工，同年12月竣工。亭高四层，一至三层可供游人登高观赏，建筑面积480平方米，设计新颖，美观大方。同时还配套了周围挡土墙150多米，围墙32米，栏杆120米，进山门，三条步行登山路及周围美化绿化、用电设施等。

●在坚真纪念亭落成庆典上，许应裘与丰顺县领导合影（左起：许应裘、姚森隆、胡云流、李明权）

这座纪念亭的建成，对于更好地纪念和缅怀李坚真大姐，进一步激发乡亲爱党爱国爱乡爱民之情，促使大家积极投身于“推动绿色崛起，实现科学发展”事业和不断扩大丰顺的影响力等方面都具有非常重要的意义。

中共丰顺县委、丰顺县人民政府在纪念亭内设立“坚真纪念亭记”，全文如下：

坚真纪念亭记

李坚真（1907—1992），生于丰顺县小胜镇东叶畲村，长在黄金镇白溪村蕉头窝。1926年走上革命道路，次年加入中国共产党，参加了土地革命战争、抗日战争和解放战争，亲历了彪炳史册的红军二万五千里长征。她是中央苏区第一位女县委书记，曾任中共中央妇女部长。新中国成立后，历任华南分局妇委书记，广东省土改委员会副主任、省监委书记、省委书记、省人大常委会主任等职。她是中共第八届、第十一届中央候补委员，第十二届中央顾问委员会委员。在献身中国人民的解放事业和社会主义建设事业中，她鞠躬尽瘁，功勋卓著。她是中国妇女运动先驱，无产阶级革命家，被誉为华夏女杰、革命大姐，深受广大党员和人民的尊敬与爱戴。

坚真纪念亭凯南门

●环境优雅的庭院

大姐为家乡各项事业的建设不遗余力，奉献不已。为深切缅怀和纪念大姐的丰功伟绩，2007 年大姐诞辰百年之际，县委、县政府筹建了坚真纪念馆、坚真公园，现已成为梅州市爱国主义教育基地。深得大姐生前教诲的广州凯南房地产开发有限公司董事长许应裘、副董事长吴宝凤伉俪，乐善好施，心系家园，为弘扬大姐美德，激励后人，先后斥巨资捐建球山中学坚真综合教学楼和坚真科学馆，今又捐资兴建坚真纪念亭。

纪念亭于2008 年5 月奠基，12 月底竣工，亭高四层，建筑面积480 平方米，设计新颖，造型别致，寓意深长。纪念亭耸立在坚真公园金瓯山顶，与环境清雅的坚真公园融为一体，俊美悦目，蔚为壮观。登亭眺望，青山环抱，碧水相连，丰城胜景尽收眼底，崇仰大姐之情油然而生。大姐之崇高风范，伟大品格，必将激发世人为建设和谐小康社会而奋发图强。

建亭流芳，深孚众望；勒碑为志，励来兹尔。

中共丰顺县委员会

丰顺县人民政府

2008 年 12 月

纪念亭建成开放以来，因独特的魅力，优美的环境，清新的空气，已成为各地干部群众参观学习李大姐革命精神以及开展青少年爱国主义教育的重要基地，吸引了众多来自广州、深圳、汕头等地的游客前来观光，获得了人们的高度评价，有的拍照留念，有的吟诗抒怀，是当地红色旅游的一个重要景点。同时，纪念亭成为当地群众健身游玩的好去处，每天的早晨黄昏，前来爬山锻炼的人们络绎不绝，特别是节假日，更是热闹非凡。

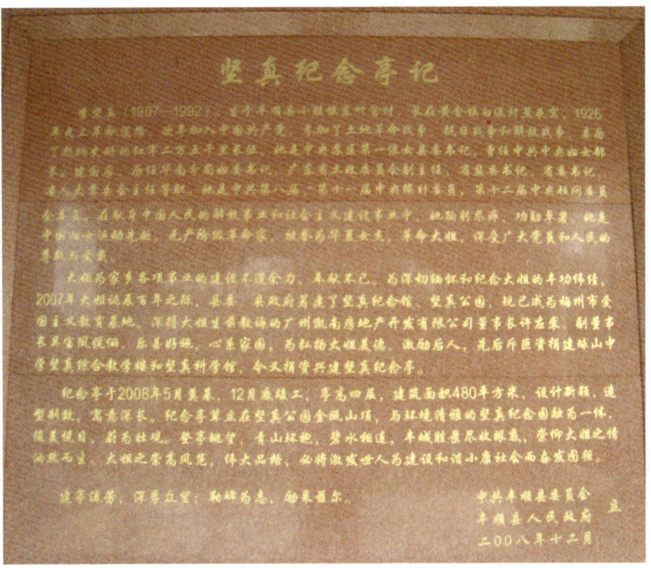

●坚真纪念亭内设立的《坚真纪念亭记》

2009 年 6 月 9 日，河源市和平县关工委主任杨恩华一行 5 人，在丰顺县关工委主任胡云流等人的陪同下，参观了坚真纪念亭。杨恩华在纪念亭顶层观赏丰顺县城美景时，看到四周美丽的山水，有感而发，吟诗一首：

四周青山抱丰城，翠阁楼下水潺潺。
春风吹花香十里，倚栏赏月恋三更。

“坚心昭日月，真理焕乾坤”“一生豪气惊天地，万里长征写经纶”“巾帼忠灵千载美，英雄青史一园春”，美哉，坚真纪念亭！

第十五章

儒者楷范（之二）

许应裘的爱心无处不在。

许应裘不仅倾情教育，积极兴建教学楼、科学馆及纪念亭等革命传统教育基地，还在交通运输、抗震救灾、扶贫济困等方面做出了重要的贡献。长期以来，他乐善好施、慷慨解囊的义举，赢得了人民的尊重和爱戴……

一曲曲感人肺腑的爱之歌，在神州大地上响起，回荡在广阔无垠的蓝天之上……

站口村，位于韩江中游西岸，陆路交通不便，过去全靠水路。新中国成立前仅有一条古道经过这里，严重制约着农村经济的发展。新中国成立后，随着农村经济的发展，农业商品生产和商品交换日益扩大，在上级政府的支持下，干群一心，开筑乡村大道。但因路面狭小，大汽车进不来，遇到雨季或洪涝，道路根本无法行车行人。

许应裘看在眼里，急在心上，他想百姓之所想，急百姓之所急，慷慨捐资320多万元，于2010年动工兴建站口村至留隍镇公路，全长6.8公里，宽6.5米，铺筑标准化水泥路面。现在在站口乘车，向北经过神砂村可直达大埔、梅县，向南经过留隍镇可直达丰顺县城及潮汕一带。同时，他还捐资47万元修筑站口村道，通往各家各户的门前，乡亲们都高兴地说："站口虽然地处山区，但交通和繁华城市一样方便了。"

横跨韩江两岸，连接小胜、潭江、砂田等乡镇的丰顺县重点建设工程——潭江大桥，于2008年3月被列为丰顺县当年的重点建设项目，资金来源于广东省交通厅补助的1 118万元及地方自筹。2009年1月动工，原计划2010年6月建成。但三年时间过去了，在五次推迟竣工期限后，大桥的主体工程仍未完成。

一段时间以来，一些群众以上网投诉等方式质疑潭江大桥施工进度问题，《南方农村报》记者也曾到潭江大桥施工现场采访。梅州市交通运输局、丰顺县交通局调查后，给出了答复，主要是因为在施工过程中，碰到了一些实际困难，增大了工程量和施工难度，因此影响了工程进展。同时，由于资金缺口大，除上级支持的补助额外，还有1 500多万元的缺口，再除去向上级争取的一些额外支持后，仍缺1 000多万元，建设资金不足也在一定程度上影响了工程进度。

●许应裘捐资兴建的站口村至隬隍镇公路

有关部门领导找到了许应裘，请他共同关心、支持潭江大桥的建设，解决资金不足的困难，并建议将大桥命名为“李坚真纪念大桥”。

●许应裘捐资兴建的站口村道

深得李坚真大姐生前教诲的许应裘，深有感触地说：“我的家乡站口村离潭江对面的新渡村仅10多公里，两地村民在一起劳动、生活，结下深厚友谊。早在2008年12月，我从新闻媒体获悉潭江大桥将动工建设的消息，非常高兴，因为大桥通车后，可以大大缩短梅州经潭江至潮州、汕头的距离，更解决了韩江中游两岸6万多民众交通出行不便的问题，也解决了交通不便制约当地发展的问题。但一直等了几年，还没有大桥竣工的消息，群众颇有微词是可以理解的。我深知，丰顺是个贫困县，政府还有很多亟待解决的问题，不可能一时投入那么多钱，需要社会各界的大力支持。”

许应裘站了起来，认真地思索了一下，接着相当果断地说：“好，我认捐1 500万元，支持李坚真纪念大桥的建设。”

说完之后，许应裘深深地呼了一口气，跟来访者说：“李坚真大姐一生心系家乡人民，无比关心丰顺经济社会的发展和人民群众的生产生活，处处显示了一个无产阶级革命家热爱人民的博大情怀。改革开放以来，特

●许应裘捐资兴建的李坚真纪念大桥

●许应裘英姿勃发地站在李坚真纪念大桥上

别是近几年来，丰顺伴随着伟大祖国前进的步伐，路变宽了，村变美了，人变富了，城乡处处展新貌，可以告慰李大姐了。李坚真纪念大桥建成，既能弘扬李大姐的美德，又能惠泽乡民，这也是我多年的心愿哪！”

许应裘的“心愿”，就是把满腔的爱洒向人间，这也是他热爱党、热爱家乡、热爱人民的真情实感。他多次向人们披露心迹，他兴办公益事业，只求报效桑梓，自己一无所求。他的义举在韩江两岸传为佳话，为父老乡亲所津津乐道。老同志李华耀说：“许总为丰顺做出的贡献是巨大的，他是身体力行坚真大姐精神的第一人，爱心伟大，义薄云天，是时代的骄子，也是我们学习的光辉榜样！”

2013年12月初，许应裘风尘仆仆地专程返乡参观考察，在丰顺县有关领导的陪同下，前往李坚真纪念大桥了解建设进展情况及检查工程质量。当看到大桥桥面连通两岸后，许应裘精神焕发，急忙邀请县领导合影留念。潭江镇负责人介绍说，大桥全长550米，宽12米，是连接韩江两岸X027线（砂田至背坪）的重要桥梁，也是隰隍、潭江、砂田、小胜等地通往大埔、梅县、潮州等地的重要交通枢纽。对潭江人民来说，大桥建成通车之后，韩江两岸群众将不再需要依靠渡船过江，出行大为便利；而且，随着交通状况大大改善，必将带动一方经济，如盛产橄榄等经济作物的资源将得到有效开发，从而进一步提高群众的生活水平。负责人又说，目前工人正在鼓足干劲，加班加点地进行桥梁施工，预计在2014年春节前可通车。此时此刻，许应裘和有关领导都很激动，他们兴奋地规划着在大桥旁边兴建坚真纪念亭及长120米的李坚真宣传长廊等事宜。许应裘还建议将李坚真纪念大桥更名为“坚真韩江大桥”。

●许应裘与丰顺县县长曾永祥（左）、挚友田伟（右）视察李坚真纪念大桥

2007年6月上旬，韩江流域一带连日遭受50年不遇的暴雨袭击，加上上游水库泄洪，江水喧闹奔腾，丰顺留隍韩江水位急剧上升。至11日晚上10时，洪峰高达26.9米，超出警戒线4.9米，举目所及，一片汪洋，集镇上的楼房全部浸在洪水中，低洼地段的楼房洪水已浸没到二楼以上，高处地段的楼房洪水也逼近二楼了。留隍韩江周边19个村庄大面积受浸，4.9万人被洪水围困，20千米长的重点堤坝岌岌可危。这是一场历史罕见的特大洪涝灾害。

●许应裘与县、镇政府领导一起在李坚真纪念大桥上合影

当灾情发生后，广东省、市领导高度重视，表示全力支持救灾工作。时任广东省副省长、省防总总指挥李容根受省委、省政府委派，带领省政府办公厅、省水利厅、省财政厅等有关单位负责人到留隍认真查看灾情，要求各级、各部门进一步树立防大汛抗大灾的思想，抓紧做好三防工作。

灾情牵动着在外乡贤的爱民之心。当许应裘得知家乡遭受严重洪灾，不少乡亲痛失家园，损失惨重后，十分不安，他在第一时间致电丰顺县

●隬隍韩江周边成了水乡泽国

委、县政府向家乡人民表示亲切慰问，并毫不犹豫地给家乡人民捐赠130万元，以解燃眉之急。6月13日至15日，《南方日报》等媒体分别以“一方有难八方帮”“社会各界向梅州灾区送温暖”为题予以报道。《梅州日报》报道：“昨日，当获悉家乡遭受重大洪水灾害后，丰顺县外出乡贤、广州凯南房地产开发有限公司董事长许应裘捐资130万元支持家乡丰顺县开展抗洪救灾工作。旅居广州的许应裘年逾七旬，多年来关心家乡建设，捐资捐物修桥筑路、兴办学校等。”

●地震后汶川成了一片废墟

2008年5月12日，四川省汶川县发生8级特大地震。强震猝然袭来，大地颤抖，山河移位，满目疮痍，生离死别……西南处，国有殇。地震造成了严重的生命和财产损失，震级高于32年前的唐山大地震。

许应裘从电视上得知汶川地震灾情后，立刻召开凯南公司全体员工会议，布置抗震救灾工作。在会上，许应裘沉痛地说：“5月12日14时28分，四川汶川发生8级大地震，至13日零时，已夺去了近万条生命。最令人心痛的是，许多学校校舍倒塌，很多学生被夺走生命。这份惨烈，刺痛着每一个中国人的心。胡锦涛主席做了重要指示，要尽快抢救伤员，保证人民安全；温家宝总理亲赴灾区现场指挥抗震救灾。我们和汶川人民在一起，地动天不塌，大灾有大爱。让我们为灾难中的人民祈祷，让我们为遇难者默哀，让我们向灾区伸出援手吧！”

许应裘向员工们道出他的心声：“作为一个中国人，我们有责任为抗震救灾贡献一份力量，我宣布，为支援灾区，凯南公司做出了三项决定：一是把公司在银行的所有账号的存款一分不留地全部捐给灾区；二是公司干部职工本月工资缓发，全部工资款都捐给灾区；三是在公司迅速开展

‘伸援手，献爱心’的捐款活动。”

许应裘一呼百应，凯南公司上下立即掀起了“情系灾区抗震救灾大行动”。动员会上，员工们纷纷表示：凯南和汶川在一起，虽然我们素不相识，但我们的心时刻相连。一双双手带着温暖，一颗颗心藏着关爱，纷纷向灾区人民解囊捐款。

随着华夏大地的一阵颤抖，美丽家园变成了废墟，生命因这场灾难而变得脆弱，感情却因这场灾难而变得坚强！最强的中国人！最善的中国人！最美的中国人！“汶”世间情为何物，唯大爱海纳百“川”！

●地动天不塌，大灾有大爱

当许应裘亲自把公司捐的375万元和员工捐的30多万元送到深圳市龙岗区布吉街道办事处时，该办事处负责人说尚未接到市政府关于接受捐款的通知。他感动地说：“许总先知先觉，是第一个主动上门捐款的人。你第一时间的反应，表达了你对灾区人民的积极关注和深切的同胞之爱、骨肉之情啊！”

许应裘坦然地说：“祖国有难，为国分忧，这是义不容辞的。我要用最快的速度、最有力的方式来支持灾区，贡献自己的一份力量。”

孔子云：“士而怀居，不足以为士矣。”意思是说，如果一个人整天只想着自己，那么这个人就不可能成为真正的君子。用许应裘的话说：“如果我们只想着自己的小家庭，只想着自己的小世界，而没有为大家庭（社会、国家）承担责任，没有对社会做出贡献，那么自身必会贬值，必会随着历史长河的奔涌而逐渐消逝。”许应裘深刻领悟出小家庭和大家庭的真谛，他自觉担当起对社会、国家的责任，做出应有的贡献，创造了人生的精彩，一如老子在《道德经》里说的：“天之道，损有余而补不足。人之道，则不然，损不足以奉有余。孰能有余以奉天下？唯有道者。”矛盾双方的对立统一，是大千世界的客观规律，“损有余而补不足”，是老子以辩证思维方式总结出的一条自然规律。许应裘正是这样一个“有道者”，“有余以奉天下”，从而赢得人们的尊敬。

孟子曰："老吾老，以及人之老；幼吾幼，以及人之幼。天下可运于掌。"许应裘尊老爱幼，特别是在对待老人的问题上，更体现出"百善德为本，敬老孝当先"的善良本性。他常常说："尊重老人，关照老人，把爱心带给老人，让老人体会到社会大家庭的温暖，这是每个人都应该做的。事实上，尊老才能老有所尊，尊老等于尊重自己，正所谓'扶老养老传家久，尊老敬老世泽长'。"他又说："给老人一份幸福，就是给自己一份快乐；给老人一片天空，就是给自己一片绿地。"

许应裘关心老人，不遗余力地伸出援助之手，他大力赞助创办敬老院，让孤寡贫苦的老人老有所养，安度晚年。从 1985 年起，每年中秋、春节他都要回乡，到留隍后不是先回到家里跟亲人团聚，而是直奔敬老院看望老人，给每位老人送上节日红包，跟老人们一起欢度佳节，年年如此，从不间断。而且，每次探访期间，许应裘必会与老人们聊天，从中了解他们有什么困难。比如 2013 年中秋节，老人提出敬老院的太阳能热水器坏了，他二话不说，马上掏钱叫随行人员去购置两台太阳能热水器。老人们感动得热泪直流，念叨着许总为人真好。

●许应裘到留隍敬老院慰问老人（之一）

●许应裘到留隍敬老院慰问老人（之二）

许应裘说过，坚持给老人派送红包和帮助他们解决实际困难，看到老人家开心，自己就开心。这不仅是他善良本性的一面，而且也是他孝心与爱心的另一种表现。

作为丰顺县关工委名誉主任的许应裘，大力关心、支持县关工委开展关心下一代的宣传工作，在县关工委成立之初，就慷慨捐资 5 万元作为工作经费，以后连续多年订阅《中国火炬》等杂志赠送给较为贫困的村、学校关工委，还资助《李坚真革命之路》《关爱之歌》等书籍的出版。

更难能可贵的是，许应裘十分敬重革命老前辈，逢年过节都要亲自前去看望一些老同志，帮助他们解决实际困难。他最敬爱的、曾经对他谆谆教诲的李坚真大姐，他更是非常尊重，在李坚真大姐去世前经常登门看望，对她的生活给予无微不至的关心，照顾得非常细心周到。

许应裘最敬爱的李坚真大姐，是在他成长的道路上，给他教诲，并对他产生很大影响的“师长式人物”。

早在少年时代，许应裘就知道丰顺出了个女英雄李坚真。“我家住在穷山庄，坐的是条烂板凳，睡的是张破木床，餐餐都吃番薯汤。今日穷人求解放，哪怕拦路虎豺狼?!”“小溪出水大溪流，同志姐妹处处有。今日重上铜鼓嶂，来日下县打九州。”站口村至今还留存着当年李坚真传唱的革命山歌。20 世纪 50 年代，许应裘在广州读大学期间，阅读了斯诺（著名美国记者，1936 年 6 月访问陕甘宁边区，成为第一个采访红区的西方记者）的《西行漫记》，以及一些关于我国革命的书籍，从中进一步认识了李坚真，熟悉了李坚真。特别是当他大学毕业后，因机缘在李坚真身边工作生活，从此接触的机会多了，经常听其讲述当年是怎样走上革命道路的，直接受到李坚真革命思想的熏陶，这对许应裘的成长产生了极大的影响。

李坚真骑着骏马、身穿戎装、腰挂双枪的铜像

李坚真的传奇经历、斗争业绩和精神风范，如同南海波涛，常在许应裘的胸间涌起……

李坚真原名李见珍，1907 年 1 月生于广东省丰顺县小胜镇东叶畲村的一个佃农家庭。刚出生

8 个月，便因家境困难以 8 吊铜钱的身价卖给了本县黄金镇白溪村蕉头窝一户贫苦农家做童养媳。1926 年 5 月，广东农民运动先驱彭湃带着真理、带着火种来到李坚真的家乡，在李坚真家里召开农民会议，发动群众起来革命。在彭湃的指引下，她投身于汹涌澎湃的农民运动中，以自身的实践踏上了革命者的路。

1927 年，国民党反动派发动反革命政变，革命遭受严重挫折。在这危险的关头，李坚真毅然加入中国共产党。从此开始了为妇女自由，为中国人民解放事业而奋斗的人生历程。

1929 年，李坚真离开广东，告别了家乡父老，进入中央苏区。新的革命斗争环境，使她得到充分发挥聪明才智的好机会。由于工作出色，1931 年，24 岁的李坚真在长汀县成为中央苏区第一位女县委书记。在土地革命中，她从闽南农村的实际出发，坚持“抽多补少”和“抽肥补瘦”的土地政策，很有见地地提出“按人口平均分配”“中间不动两头平”的土地分配原则，实现了农民世代得到土地的愿望，巩固和发展了闽西红色根据地，当时在中央苏区工作的毛泽东曾肯定李坚真关于土地革命的独到见解，并称赞她：“你这个女同志不简单啊!”

1934 年，李坚真在中央苏区的土地革命、妇女运动及党的建设中显示出卓越的领导才能，被推选为中华苏维埃共和国中央执行委员，任中央局妇女部部长。同年 10 月，由于“左”倾冒险主义的错误领导，第五次反“围剿”失败，临时中央和中央红军被迫撤出中央苏区，开始了长征。

李坚真是二万五千里长征中央红军中仅有的 32 位英勇的女红军之一。长征时，她任红一方面军干部休养连的指导员。这是一个特殊连队，由老、弱、病、残和女同志组成，比其他队伍经历了更多的艰辛。李坚真和特殊连队的女红军战友们，以惊人的革命意志和坚定的革命信念，同男红军一样，长途跋涉二万五千里，战胜敌人的围追堵截，克服一个又一个难以想象的艰难险阻，没有一个人掉队，没有丢下一个休养员，全体胜利到达陕北。这期间，她们吃了多少苦，受了多少累，担了多少惊，遇了多少险，谁也无法数得清。这是中国妇女运动史上的一个奇迹。难怪美国友人斯诺的前夫人尼姆·威尔斯在她著的《续西行漫记》中这样评价、赞美李坚真：“刚毅果敢，而且精明干练，实在是中国最受压迫的阶级在革命领导的形式下所能产生出来的最动人的标准人物。”

长征结束后，李坚真纵横驰骋在陕北，剿匪、扩军、筹粮款，功绩显著，受到毛泽东的赞扬。抗日救亡时，她奔赴华东抗日前线，参加改编新

●李坚真与丈夫邓振询合影

四军和建立敌后根据地的工作，坚决执行抗日统一战线方针，团结动员妇女、青年知识分子和各界群众参加抗日，赢得人们的爱戴，从此大家尊称她为“李大姐”。

1943 年 4 月至 10 月，是苏南敌后斗争第二个最艰苦险恶的时期。日伪在敌后频繁“扫荡”，在丹北、茅山、太滆地区开始“清乡”；同时，国民党由浙西、皖南各地调集了 13 个团的兵力进攻新四军十六旅驻地，侵占两溧中心区，实行军事“清剿”。李坚真的丈夫邓振询（江西省兴国人，时任中华苏维埃政府劳动部部长，长征到达陕北瓦窑堡时跟李坚真结婚。此时担任苏皖区党委副书记兼苏南行政公署副主任）跟苏皖区党委书记、苏南行政公署主任江渭清一起，领导苏南敌后军民，对敌人的夹击进行了英勇顽强的反击，取得了反“清乡”斗争和两溧地区反“清剿”斗争的胜利。

同年 6 月上旬，敌军再次向新四军十六旅进攻。为保存有生力量，十六旅主力全部撤出溧水地区。邓振询也随十六旅四十六团转移到横山地区活动，以配合“清乡”区内的武装，开展反“清乡”斗争。8 月 3 日，部队宿营于江宁县冯潭庄，准备迎击“扫荡”之敌。由于敌情的变化，部队连夜转移，邓振询在渡秦淮河时不幸牺牲，年仅 39 岁。突如其来的噩耗，使李坚真悲痛万分。李坚真化悲痛为力量，一到县委，她就接到一项十分紧迫的任务，要掩护部队转移。他们组织地方武装和民兵，向敌人连续发动了 10 多次进攻，打击、牵制了敌人，胜利掩护部队转移。在这次反“扫荡”中，李坚真用邓振询留下的一支手枪和自己的一支手枪轮番向敌人射击。早在这年夏初，江渭清、邓振询和李坚真带着警卫战士在石臼湖附近行动时，突遇日军。敌人用机枪扫射，第一梭子弹打过来，江渭清的手臂中弹负伤。邓振询、李坚真和警卫战士正忙着抢救江渭清时，日军又是一梭子弹射过来，警卫战士巢玉祥非常机灵，救了他们，李坚真和邓振询结婚后没有生孩子，他们便认巢玉祥为义子。

新中国成立前夕，巢玉祥既是李坚真的义子，又是专职司机。按照规定，李坚真还应配备一名生活勤务员。1950 年春，在中共兴梅地委的关心下，在地委机关搞外勤工作的李云芳担任李坚真的生活管理员。此时，巢玉祥已是 23 岁，李云芳 17 岁。在李坚真的关怀下，巢玉祥和李云芳喜结良缘。之后，他们夫妇二人均能自律，不断求进步，巢玉祥担任广东省航道局保卫科科长，享受副厅级待遇；李云芳任广东省委纪委副处级干部。更使李坚真颇感欣慰的是：两个孙子巢广、巢东和两个孙女巢穗、巢小春均成才、成家。

李坚真是一个勤俭质朴的人。据李大姐的侄子李建强谈起，1969 年 9 月他跟随其父李永良（李大姐的弟弟）一起去广州看望姑姑时，看到姑姑住的房子不禁感叹不已，他说：“（姑姑）房子普普通通，家具很旧，几张长条凳，一把藤椅，一张在乡下也常能看见的茶几，实在与我们以前想象中的姑姑的房子相差太远太远了。”“姑姑的生活很节俭，早餐是馒头加粥，粥用泥钵烧煮，很稀，馒头通常是一人两个。姑姑很关心我们，亲自吩咐保姆为我们多准备两个；午餐是吃大米饭，菜就是家乡带去的咸菜煲猪肉，此外就是菜脯，青菜加一小钵汤；晚餐与中午差不多，就是有时多了一条鱼。”广东省委纪委原副书记唐顶立说：“我到大姐家，见她在院子里靠近厨房的地方放了一张很矮的饭桌，平时同家人就坐在小板凳上吃饭。这种摆设同当时的普通农家没多大差别，可见大姐的生活是多么朴素。”

李大姐平时节衣缩食，省吃俭用，将节省下来的钱帮助和支持经济有困难的人；加上她一家好几口人的生活开销，以及亲朋往来，仅凭工资实在是入不敷出。许应裘经常去看望李大姐，带一些李大姐爱吃的香蕉、犁鱼等。一年的冬天特别寒冷，李大姐还盖着长征时红军战士刘晓送给她的一条打土豪时缴获的旧毛毯及一条旧被单，许应裘特地购置了一条丝棉被，送给李大姐。每一次，李大姐总微笑着对许应裘说：“你来看我就好，不要带东西了！”许应裘说：“我们都是您的儿子，就当是儿子孝顺母亲的一点心意吧！”李大姐听后哈哈笑了起来，显得十分开心。

1989 年春节。“爆竹声中一岁除，春风送暖入屠苏。千门万户曈曈日，总把新桃换旧符。”大街小巷到处张灯结彩，各家各户都贴上红红的对联，无不洋溢着喜悦的气氛。

正月初一早上，许应裘就来到花市，要买鲜花送给李坚真大姐。

一进花市，只觉得百花齐放，到处是花的海洋。这时天未大亮，但已是人头攒动，摩肩接踵，卖花人的吆喝声，买花人的还价声，此起彼伏。许应袭想起有人曾写过这样一首诗：“香街十里一城春，笑语喧声入彩门。疑是层峦采蜜使，幻成百万赏花人。”轻轻念罢，赞叹不已。花市的鲜花很多，要买什么花呢？许应袭对一些传统花木做了比较：

●丰顺县坚真廉洁操行馆展厅一角

广州人春节爱插桃花，所谓“一树桃花满庭春”。一株美丽的桃花插在厅堂里，挂上节日彩灯，披上绿绸杏带，确会增添不少春色。

金橘象征“大吉大利”，不高的小树上，硕果累累，金光灿灿，还有那青枝绿叶相扶，充满了浓浓春意、勃勃生机。与金橘同类的四季橘、金蛋果、朱砂橘等，同样能起到这个作用。

还有代代果，寓意“代代繁昌”；银柳为“有银又有楼”“金玉满堂”，以及蝴蝶兰、玫瑰、牡丹、发财树、富贵竹等等。

许应袭想，这些花卉，不是红艳艳，就是金灿灿，李大姐一定不会喜欢。她一生光明磊落、廉洁奉公，“两袖清风不染尘”，一桩桩、一件件生动感人的故事，又在许应袭脑海里一幕幕地展现出来……

1969 年，李大姐的弟弟李永良到广州大姐家，他跟姐姐说：“老家的房子太旧了，想盖一间新的，希望得到大姐的帮助。”李大姐听后，笑了笑说：“姐姐没有钱，即使有，也是党和国家的，家里要盖房子，还是自食其力好。”

1985 年，李大姐 41 岁的侄子想顶替退休父亲的丰顺县小胜供销社的岗位，跳出农门，吃上商品粮。但因一岁之差，申请材料被主管部门退回来，侄儿带上申请表到省城想请姑姑关照一下。出乎意料的是，李大姐听了侄儿的事后沉默了很久，说：“共产党不能世袭，不能一代做官，就要代代做官。你的事情，你的要求，我不能开口，更不能签字。”

李大姐的养子巢玉祥是 20 世纪 30 年代入伍的，在战争年代曾救过李大姐夫妇的命。他在李大姐身边工作几十年，直到去世时也还是科长职务。李大姐的孙子巢广当了10年兵，也没有提干，李大姐只是鼓励他积极工作，争取上进。据李大姐的孙女巢穗回忆说："奶奶从小对我们要求很严格，记得我们小的时候，她经常休息日在家开会，不准我们靠近会场，会场外也不能大声喧哗。她严格要求我们：不管干什么事情都要靠自己好好努力干。她从不向有关部门打招呼。"

李大姐的毛巾用破了也舍不得换新的，只是把破烂的一截剪掉继续使用；家乡丰顺县文化局领导曾经带两斤蜂蜜去拜访她，她也坚持付钱才肯收下；天气热没有风扇，她便买了一个厨房用的排气扇，外装一个木框当作风扇用……

许应裘正在沉思，有人双手捧着一盆花突然冲过来，险些撞到他身上。

那人说："对不起，莽撞了！"

"花市太热闹了，人人想'讲意头'，不怪，不怪呀！"许应裘侧过头，一股沁人心脾的花香直入鼻间，他定睛一看，惊喜地说，"这不是水仙吗？"

那人说："是啊，水仙花叶姿秀美，亭亭玉立，象征着一尘不染、清风正气。"

"哎呀，我怎么就没有想到呢！"

许应裘说罢转身就往花档口跑。

那人望着许应裘的背影，喃喃自语："这个人哪根神经不对了？怪怪的……"

买好鲜花后，许应裘来到了李坚真家里，向她拜年、问候，并送上鲜花。

"应裘，"李坚真笑吟吟地拉着许应裘的手，说，"你一大清早就来给大姐拜年，大姐高兴啊！"

许应裘看着李坚真腰背挺直，目光炯炯有神，声音洪亮，心里涌出一股暖流，激动地说："看到大姐身体依然这样壮实，这么健康，我心里更加高兴啊！"

"今年82岁了，满头白发，行动不便，老了。"

"不，不！您虽年事已高，但您的思想却永葆着革命青春，您是德高望重的老革命家，永远赢得人们的尊敬和爱戴。"

"你们来看我，我真的很开心啊。"李坚真望着花盆里盛开的水仙花，便向许应裘他们讲起了水仙花的传说。

据说水仙是尧帝的女儿娥皇、女英的化身，她们二人一起嫁给舜，姐姐为后，妹妹为妃，三人感情甚好。舜在南巡时驾崩，娥皇、女英双双殉情于湘江。上天怜悯娥皇、女英的至情至爱，便将二人的魂魄化为江边水仙，二人也成为腊月水仙的花神了。

大家听得入了神。李坚真接着说："水仙别名金盏银台，花如其名，绿裙、青带，亭亭玉立于清波之上，素洁的花朵超尘脱俗，高雅清香，格外动人，宛如凌波仙子踏水而来。水仙花的美凝聚为一点，便是'纯洁'。"

许应裘听罢李坚真讲的水仙花的故事，点点头说："因水仙的纯洁，人们都喜欢它，点缀为年花，明朝郑和下西洋时，水仙花已被当作名花而远运外洋了。'借水开花自一奇，水沉为骨玉为肌。'水仙花通常是在精致的浅盆中栽培。然而，它对环境的要求也不高，只要有适当的阳光和温度，一勺清水、几粒石子也能生根发芽。寒年时节，百花凋零，而水仙花却叶花俱在，胜过松、竹、梅，仪态超凡脱俗，故历代无数文人墨客为水仙花题诗作画，呈献了不少优美诗篇。"

水仙花

李坚真乐呵呵地说："不说别人题诗作画，我现在就给你们唱一首山歌吧。"

许应裘等人连声说："好！好！"

李坚真用她那浑厚圆润的嗓音唱起来：

皎洁幽雅报春来，一盆清水可安家；
能上能下情操美，高风亮节赞声夸。

李坚真唱罢，许应裘满怀激情地说："李大姐，您就像水仙花一样，清风正气，一尘不染，我们要学习您清正廉洁的品格，树正气、扬清风，满怀豪情一路前行，恪守操行，诚传道德，名位利禄皆为身外之物，品格事业才是立身之本。”

李坚真语重心长地说：“对！清正在德，廉洁在志。党的事业重如山，个人名利淡如水。”

为感念李坚真大姐对其亲如母子的爱护和教诲，许应裘在李坚真80岁时，就提出要为她过生日。生日又称寿辰、寿诞，在客家地区，应由子女或学生出面举办。许应裘对李大姐饱含深情地说：“您老人家走过了长达半个多世纪的非凡历程，可以说是轰轰烈烈的一生，现在和您初期一起参加革命的老同志们，能够健康在世的已经不多了，您是中国革命历史的参与者和见证者之一，我们为您过生日，是祝愿您健康长寿，这也是尊重历史、尊重革命老前辈。”李坚真笑着说：“共产党人不兴这一套。”直到1989年12月，省政府为李坚真举行庆贺她83岁生日的志庆活动，省领导及老同志谢非、王宁、郭荣昌、王全国、刘田夫、叶选平、罗天、凌伯棠、杨立等前往祝贺，叶选平挥笔赠诗祝贺。1990年12月，省领导及老同志谢非、王宁、郭荣昌、任仲夷、王德、吴南生、焦林义等在南湖旅游中心祝贺李坚真84岁生日。1991年12月，省领导及老同志黄华华、任仲夷、王

●1989年12月，许应裘（左三）与李坚真（左二）、刘田夫（左一）等合影

●1989年，许应裘（后排左三）与李坚真（前排左二）、王光美（前排左三）等合影

德、张根生、凌伯棠等在南湖宾馆祝贺李坚真85岁生日。1992年3月上旬，省委书记谢非、省长朱森林等200多人，在省政府礼堂为李坚真祝寿。这几年李坚真的寿诞纪念活动，许应裘等早早就开始筹划，并负责全部活动经费，他像对待母亲那样，竭尽全力。

●1989年，许应裘（左）与李坚真（中）、曾志（右）合影

父母关爱子女，子女孝顺父母，这是中华民族的传统美德。李坚真平时对许应裘也是亲如母子般爱护和关心。一次，许应裘突发高烧，体温高达42度，持续48小时不退。当李坚真知道后，立即与中山医学院联系，请医院竭尽全力急救。经过中山医学院医生的精心救治，许应裘的体温迅速降下来，转危为安，不久便痊愈出院。当许应裘下海创业时，李坚真始终以一个长辈的身份，关注着搏击在澎湃的改革浪尖上的优秀下一代，并尽力帮助他解决一些困难，又经常提醒他严格要求自己，做一个新时代的正直商人，为祖国的改革开放事业做出应有的贡献。当许应裘创业有成时，李坚真很高兴，曾在省委书记和省长

●1992年3月5日，许应裘（后排左五）等为李坚真祝寿

●1990年，许应裘（左三）与朱森林（左二）等合影

●1994 年 1 月，许应裘（左三）与任弼时夫人陈琮英（左二）等留影

面前这样评价许应裘："老许是英雄！"

李坚真生命中的最后几年，一直在与病魔做顽强的斗争。那时，她常常住在南方医院，许应裘每逢星期三和星期六（或星期日）必前往医院探望李坚真，他事先炖好参汤、燕窝等营养品，亲自送去李坚真病房，精心照料，关怀备至。

《弟子规》中有云："行高者，名自高。人所重，非貌高。"许应裘当之无愧。

一位学者曾说："关爱，显现在残疾人身上的功能，可能是滴水之恩，是一种站起来或者前进的动力，一根撑起破碎生活的柱子，一份改变悲惨人生的化学制剂。"一个极其善良、极具爱心的人，对残疾人更加显示爱心。

许应裘就是这样的人。一次，当听到深圳残疾人组织缺乏经费时，他立即向这个组织捐赠款项。他在信里这样写道："我很愿意帮助残疾人，如果这些款项不能够解决实际问题，我会继续捐赠。"

对有需要的贫者、弱者，他都不遗余力地伸出援助之手。他的一个朋友，不幸被拖拉机压断右大腿，做夹钢板手术的费用超过 12 万元。这个朋友家里穷，拿不出这笔巨款，躺在床上 3 年多时间，他感到异常绝望。当许应裘知道了这件事后，立即帮他出医疗费动手术，后来他能走路了。还有一个朋友得了一种特殊的病，四处求医毫无结果，心情很沉重，陷入绝望的深渊。许应裘送他到南方医院治疗，由于该医院名医荟萃，医生医术高明，经全力救治后，朋友的病情得到控制，后来逐渐康复了。许应裘的挚友田伟不无赞叹地说："许总的关爱，是一束照射在冬日的阳光，它使贫病交迫的人分外感到人间的温暖；许总的关爱，是一泓出现在沙漠的泉水，它使濒临绝境的人重新看到了生活的希望。"

2013 年 12 月，中国人民解放军总政治部联络部建设的无名英雄纪念广场，在风景优美的北京西山国家森林公园落成。广场依山而建，占地约 3 000 平方米，迎面是以黑白两色曲线隐喻海峡两岸的巨幅景观墙，中有毛泽东题诗："惊涛拍孤岛，碧波映天晓。虎穴藏忠魂，曙光迎来早。"台阶之上，两边的花岗岩墙壁上刻着846位烈士英名。正中昂然屹立一块长14米、高4米的纪念碑，正面是5组浮雕，再现了隐蔽战线的5个突出战斗场景。

无名英雄纪念广场被冬日的阳光抹上一层暖色，庄严肃穆中平添了几许温情。

●精魄，安兮英灵——烈士浮雕的一部分

建设广场的初衷是这样的：1949年前后，中国人民解放军按照中央关于解放台湾的决策部署，秘密派遣1 500余名干部入台。20世纪50年代初，由于叛徒出卖，岛内地下党组织遭到严重破坏，大批地下党员被捕遇害。无名英雄纪念广场是为纪念这些为国家统一、人民解放事业牺牲于台湾的大批隐蔽战线上的无名英雄而建的。广场落成后，将作为一处新的爱国主义和革命传统教育基地对外开放，供广大民众参观、瞻仰。

为表达对革命先辈的敬意，中国人民解放军总政治部联络部发起了自愿捐款活动，文化界、艺术界、企业界等社会各界爱心人士获悉后纷纷慷慨解囊。许应裘听到这个消息后，心潮难平。军人出身的他，深深体会到这些忠贞不渝、宁死不屈的英雄们，为国家统一、人民解放，"别亲离子而赴水火，易面事敌而求大同"，但"风萧水寒，旌霜履血，或成或败，或囚或殁，人不知之，乃至陨后无名"。然而，不论是在战火纷飞的年代，还是在普天同庆新中国诞生的时刻，他们始终坚守隐蔽战线，直到用热血映红黎明前的天空，用大爱与信仰铸就不灭的灵魂，他们许多人的名字虽然无人知晓，但他们的功勋永垂不朽。许应裘无暇多想，立即放下手中繁忙的事务，驱车来到银行，向中国人民解放军总政治部联络部汇款30万元，支持无名英雄纪念广场的建设，以实际行动表达对那些"在台湾流第一滴血”的英雄们的崇高敬意。

事实上，北京西山无名英雄纪念广场的落成，揭开了一段尘封已久的两岸谍战史。许应裘深深知道，两岸谍战史实际就是国共内战悲剧的延续。而谍战人员各为其主，胜利了不能宣扬，失败了无法解释。在某一个瞬间改写历史就是他们存在的意义，这似乎又冥冥之中注定了他们悲剧的命运。然而，历史不容忘却，对立不必延续，两岸只有实现祖国的完全统一，才能共同创造出中华民族的复兴和繁荣，同胞之情才不会因为过去的谍战“阴谋”而受损，而那些为此献身的无名英雄才能真正无悔。建设无名英雄纪念广场，既是对英烈的告慰，更是对今人和后人的激励和警醒，其意义是深远的。

●北京西山无名英雄纪念广场

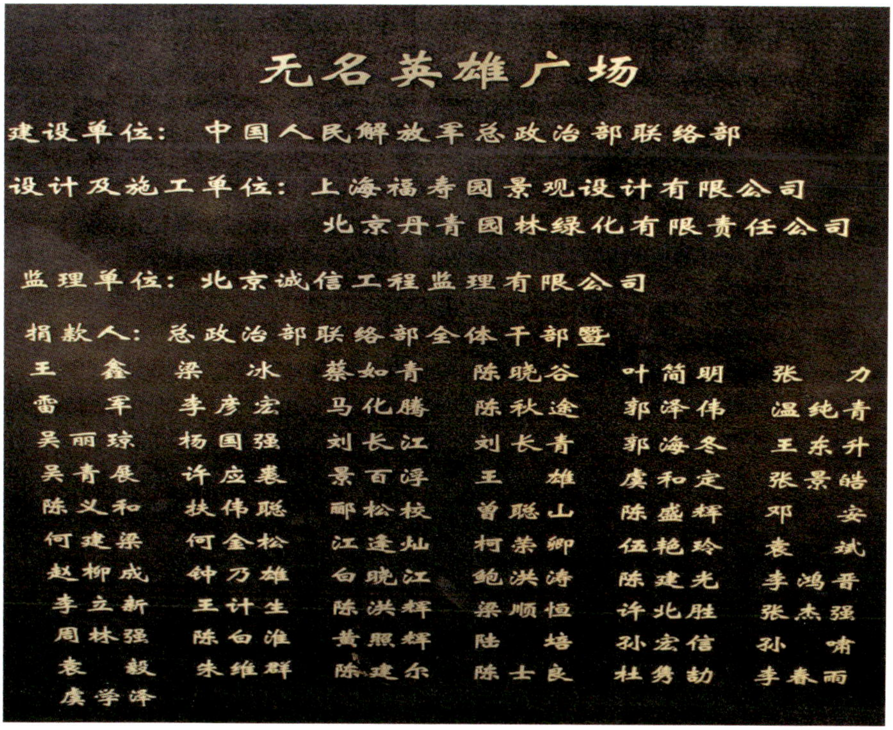

●无名英雄纪念广场捐款人芳名榜（捐款人第四排第二人为许应裘）

奉献赤诚爱心的许应裘，只要得知一些地方很需要捐款，他都会毫不犹豫地鼎力资助。比如：当丰顺广播电视台需要更新设备时，他两次捐赠共90万元。2011年3月9日，丰顺县人民政府（网站）报道说：

今天下午，一直热心家乡公益事业建设的外出乡贤许应裘先生，在副县长郑奕雄、刘超平及县总工会负责人的陪同下专程到县广播电视台参观。

许应裘一行先后参观了县广播电视台演播室、制作室、播出部等，并听取了相关情况介绍。许应裘对县广播电视台近年来立足本土实际，不断创新工作思路，大力打造精品栏目，很好地完成各项工作表示充分肯定，尤其是对《丰顺人》栏目以及今年以来新开办的《天天新闻》节目搞得有声有色，给予高度评价和充分肯定，他当场表态捐赠30万元（2012年7月18日又捐赠60万元——作者注）给县广播电视台用于购买机器设备。他还表示，今后将一如既往地支持县广播电视台的发展。

许应裘希望县广播电视台继续发扬成绩，再接再厉，不断完善自身建设和发展，进一步增强传播力、扩大影响力，精心打造出更有水平更有特色的电视节目奉献给广大观众。

2013年冬，许应裘和其挚友田伟一行8人风尘仆仆地来到丰顺县参观考察，在丰顺县委副书记兼县长曾永祥、县政府党组副书记李华耀、县关工委主任胡云流等领导的陪同下，到丰顺新区实地了解建设进展情况。

曾永祥介绍说，丰顺县是全国地热资源最为丰富的县份之一，是著名的温泉之城。县内温泉资源丰富，具有水温高、流量大、水质好、自然出露口多的特点，堪称“亚洲第一”。全国第一个地热发电站就建在县城邓屋村。全县温泉每日动储量达2．2万吨。共有热水活动区24处，分布在9个镇。

在听取了曾永祥的形象讲解和实地参观后，许应裘深有感触地说：“进到丰顺高速公路收费站路段时，听到轰鸣的汽车声，看到车辆在工地上穿梭进出，一派热火朝天的施工景象，内心倍感振奋。我认为，本届县委、县政府领导思路好，干劲足，魄力大。”他还表示，自己将一如既往关心和支持家乡各项建设事业。

平实的话语，却道出了许应裘对家乡建设的殷切之心及其坦荡的胸怀，令人感动不已。

●许应裘与田伟参观丰顺县坚真廉洁操行馆，并在李坚真铜像前留影

许应裘从 1985 年开始，至今30 多年来，已向社会捐赠逾 8 520 万元。他本着“报效祖国，为善光荣，乐善好施”之人生信誉，为社会、为家乡的各项公益慈善事业做出自己的贡献，受到家乡人民、社会各界人士的赞誉，其丰功彰百世，盛德耀千秋。

2001 年国庆节，许应裘作为知名企业家、慈善家，收到了一份烫金的大红请柬，落款赫然是国务院总理朱镕基。许应裘应邀参加了在北京人民大会堂举行的庆祝新中国成立 52 周年招待会。

许应裘等参观坚真纪念亭（左起：李华耀、田伟、许应裘、曾永祥、胡云流）

致力于社会公益事业的许应裘，另一件值得称颂的事情，便是协助李坚真大姐，为家乡丰顺做了不少好事。李大姐 19 岁时就在这块红色的土地上，冲破封建枷锁，毅然投身于中国共产党领导的伟大革命斗争，新中国成立后，长期在广东省担任重要领导职务。许应裘在广州读大学和工作期间，因机缘在李大姐身边工作生活，得到李大姐亲如母子的爱护和教诲。李大姐生前十分关心家乡丰顺县的经济社会的发展和人民群众的生产生活。家乡父老乡亲有事到广州找李大姐，有时会先找到许应裘，然后由他代为转达。这样，对于家乡的事情，在李大姐的关心和支持下，许应裘也做了许多具体的工作。如筹建韩江留隍大桥、筹办丰顺县驻广州办事处、筹建丰顺氮肥厂和黄金开溪工程等等。

韩江留隍大桥坐落于丰顺县留隍镇东西两岸的韩江江面上。自古以来，两岸群众往来都要搭船，每逢韩江洪水暴涨，两岸交通立即中断。1956 年建成的跨越粤闽两省的国防公路丰柏线就经过这里，成为梅州市联络潮州饶平、福建南部地区的重要通道。但是，500 多米宽的韩江天险，却在这里将公路拦腰切断。汽车在这里要靠渡船渡过，动辄要等几个小时，汛期和枯水季节，常常无法摆渡，来往车辆只得绕道 40 多公里远的潮州市。交通不便，严重制约了丰顺北部山区经济的发展。这里蕴藏着

●许应裘参加韩江溜隍大桥奠基仪式

丰富的花岗岩、高岭土、重稀土等资源，据专家分析，仅花岗岩一项，价值就达 200 多亿元。但是，这些资源却未能得到开发利用，山区、老区人民守着宝山却仍然过着穷日子。正是：“两岸相望，咫尺难越，人民渴桥，岁月悠长！”丰顺县的干部群众早就想建大桥，但造价要上千万元，这对当时一年财政收入仅 1 000 多万元的丰顺县来说，要靠地方财力建桥，确实力不从心。1988 年，丰顺县委、县政府决定，请上级支持建桥。8 月，丰顺县政府向省政府和交通部报告，要求将溜隍渡口改渡建桥；县里也安排领导专门向李坚真大姐汇报。李大姐委托许应裘到省公路局争取支持。许应裘与省公路局总工程师魏建年预算大桥造价后，找到了时任省公路局副局长陈进章。陈副局长听了许应裘的报告后，认为大桥造价高，从经济效益来说，原则上是不给予支持的。许应裘向李大姐做了汇报。李大姐指示说，丰顺县是山区、老区，又连接国防公路，大桥的建设不能只看到经济效益，要争取列入省扶贫项目，她要亲自看到大桥落成、剪彩。在李大姐的亲自过问下，许应裘也做了一些具体工作。9 月，省计委就正式批准建设溜隍大桥，并将该工程列入扶贫项目给予支持。1991 年 1 月 20 日，溜隍大桥全面动工兴建；1992 年 12 月 19 日建成，剪彩通车。

●韩江溜隍大桥

●丰顺县原驻广州办事处

丰顺县驻广州办事处位于越秀区东川路86号。中共十一届三中全会以来，丰顺县一批敢闯敢干、勇于进取的人，乘改革开放的春风，到广州、深圳等地创业、务工。据统计，丰顺劳动力资源充裕，20世纪80年代全县人口平均年龄构成近于年轻型，民风勤劳勇敢、艰苦朴素、勇于开拓进取，出外创业、谋生的人迅速增加。丰顺县政府要在广州市设立一个办事处，以发挥“窗口”“桥梁”和“纽带”作用，加强与省、市、县之间的经济技术协作与交流，捕捉当地市场信息，开拓市场领域，促进经济发展。县里派人到广州向李坚真大姐汇报，李大姐十分支持，委托许应裘寻找建立办事处的地点，在叶剑英元帅的秘书王茂永的热情帮助下，在东川路兴建丰顺县驻广州办事处（招待所），由许应裘先垫付100万元兴建资金。

……

这是举其荦荦大者，还有许多小事，李坚真亦不因事小而不为，经常亲自过问，许应裘也竭尽全力帮助解决问题。许应裘为家乡丰顺做了很多好事，一个在外乡贤对他所眷恋的乡土，默默奉献出自己诚挚的爱心。

而且，许应裘平易近人，重义守信，大家对他都很信任。乡亲不论贫富，只要有事到广州找他，他总是热情款待，尽力帮忙，并赠送旅费。从早晨到晚上，到他家登门拜访者络绎不绝。他每次回家省亲，总有好多乡亲站在乡道两旁迎接。

《礼记·大学》云：“富润屋，德润身。”就是说富有的人家里装饰得辉煌夺目，品德高尚的人可使他的行为更加美好。《礼记·大学》又云：“仁者以财发身，不仁者以身发财。”意思是说，仁德的人利用财富去完善自身的修养，不仁德的人却不惜生命去聚敛财富。从许应裘的毕生言行和奉敬精神可以看出，他是一位“以德润身”“以财发身”的仁者。

企业家邢总说：“许总一直让我们敬重的就是他善良的品格和宽广的胸怀，虽然他自己平淡度日，从不奢侈，可是在奉献的精神上，从来都是不遗余力，为国家为社会为家乡都做出了巨大的贡献，也造福了无数需要帮助的人，是今天企业家当之无愧的光辉榜样。我相信，有越来越多的人甚至几代人都会感谢他，感激他，感恩他。”

儒者楷范许应裘，一颗从韩江之滨升起的“儒商之星”，照耀着南粤大地……

第十六章

寿诞宴会上的话题

2012 年 7 月 18 日（农历五月三十日），这一天，是许应裘七秩晋八华诞之喜。

广州市金河半岛酒家。

金碧辉煌的酒店。其外形设计成一艘正在大海中航行的巨轮，恰如一只迎风搏击的海燕，在天空中展翅飞翔。酒店内小桥流水，绿舟浮波，园林假山，鱼泛涟漪，带给人们一种别样的情趣。

酒店到处张灯结彩、花团锦簇、绿意盎然，洋溢着一片热烈、祥和的气氛。大门中央悬挂着的大红横幅嵌着金光闪闪的黄色锡纸大字“许总生日晚宴”；两旁摆放着各种鲜花，鲜艳夺目，阵阵花香沁人肺腑。

●金河半岛酒家门口悬挂着“许总生日晚宴”大红横幅

今天傍晚，凯南公司的全体员工欢天喜地地为他们敬爱的许总庆贺生日。

高大的大吊灯和无数的小彩灯把宽敞的宴会大厅装点得富丽堂皇。别致的舞台后面的帷幕上，悬挂着一幅画着一对巧笑倩兮、眉目生姿的金童玉女，手中捧着写有“福寿双全”的大寿桃的拜寿图，两旁寿联书：

福如东海长流水，寿比南山不老松。

旁边摆放着一个高达八层的巨型生日蛋糕，各层分别贴上写有“生日快乐”“健康长寿”“福如东海”“寿比南山”“事业兴旺”“合家幸福”等的吉祥语图案。

“福寿双全”大寿桃拜寿图

生日蛋糕

“哎——开心的锣鼓敲出年年的喜庆，好看的舞蹈送来天天的欢腾，阳光的油彩涂红了今天的日子哟，生活的花朵是我们的笑容。哎——今天是个好日子，心想的事儿都能成，今天是个好日子，打开了家门咱迎春风……”歌声欢快、明朗、舒缓、激越，在绚烂的灯光下，旋律在流淌，歌声在回荡……

许应裘步入宴会大厅

许应裘神采奕奕，向前来庆贺他生日的宾客们表示衷心的感谢。300多位嘉宾和亲朋好友分别坐在各自的座位上，怀着一颗

今年生日晚宴上我讲三点。第一，我们凯南公司是广州市房地产行业中唯一能够按时交楼的公司，公司员工经过一年半时间的艰苦奋斗，终于在今年 4 月 23 日顺利完成了交楼的任务，使凯南公司在广州市民心目中的形象更加高大，诚信度更强，为我们今后江源半岛商住楼的发售，开辟了光辉的前景。

第二，我们公司的员工，是世界上最优秀的员工，工作主动积极，认真负责，尽忠尽职，体现了主人翁的精神，我用两句话来形容他们团结奋斗的精神：众志成城人心齐，马不扬鞭自奋蹄。员工们就像一个大家庭里和睦的成员，所有员工就像是在为自己工作一样，认认真真、积极努力，在建设江源半岛过程中，涌现出一大批优秀员工，今年共评出特等奖 2 名，一等奖 5 名，二等奖 8 名，三等奖 17 名，共计 32 名，今天晚上要为他们进行隆重颁奖。

第三，笑对人生。我把在奋斗过程中的苦乐观，写成了一首诗，诗的内容是：

笑谈畅饮话春秋，功名利禄非吾求。
老骥不惧崎岖路，奋蹄万里志已酬。
人生珍贵重品德，回报社会名不留。
赢得今朝安宁日，不负江河万古流。

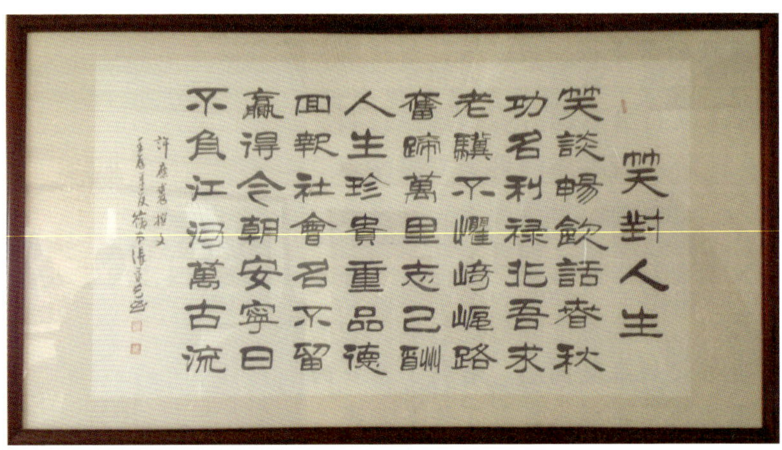

●笑对人生

这首诗的题目是“笑对人生”，笑是自信，笑是蔑视困难、战胜困难的坚强意志。

诗的第一句“笑谈畅饮话春秋”。说的是我和朋友们谈笑风生，开怀畅饮，谈论着古今中外的大事。

诗的第二句“功名利禄非吾求”。我一生淡泊名利，所以我始终保持着良好的心态。

诗的第三句“老骥不惧崎岖路”。我虽淡泊名利，但我有大志，虽然年事已高，但还要做一番大事业，为人民多做贡献，老骥伏枥，志在千里，在创业的道路上，无论遇到什么困难，什么险阻，我都会毫无畏惧一往无前！

诗的第四句“奋蹄万里志已酬”。世界上的成功企业家没有一个不是经过了千辛万苦的奋斗历程，我在创业过程中承受了常人难以承受的内外压力，但我挺起胸膛向前走，终于战胜种种困难，渡过种种难关，最后获得了事业的基本胜利，人生最大的理想就是事业成功。

诗的第五句“人生珍贵重品德”。事业成功了，不要做为富不仁的事，既要做一个企业家，又要做一个慈善家。要多做好事，积善成德。

诗的第六句“回报社会名不留”。钱从社会中来，应该让它回到社会中去，为社会做一点好事是应该的，不要留下自己的名字。我现在虽然做了一点点好事，但我心里有打算，只要我还能走路，就要把好事做下去，因为我的女儿许桦回来了，让我有时间多做好事。我写有一首诗，赠给女儿许桦：

江源鲜花向阳开，满怀激情澳洲来。
分担父亲苦与忧，万般困难脚下踩。

第七句“赢得今朝安宁日”。我有今天的幸福生活，不是天上掉下来的，是由于亲朋好友的帮助，特别是我们总公司常老板的帮助，他对我特别关心、特别爱护，对我帮助很大。大家都知道，我在开发过程中碰到许多困难，每次去请常老板帮忙，他都说“行”，从来没有第二句话。有时若他发函还不能解决困难，就亲自和我到市委、市政府及有关单位协商解决，这样好的老板，我感恩不尽！还有我们的田老板，他对我的帮助更是无言以表，他指示下面支持许总的事业，真是逢山开路，遇水架桥，我有什么困难找到他，一定帮我解决，所以呢，恩深似海！后来他调到上海，我知道他上调前程似锦，但我的心难以割舍。当我知道他的调函已经来了时，那天晚上我独自在操场上闷坐。第二天我到机场送他上飞机，谁知迟了几分钟，同来送行的陈祥同志对我说："你不用去了，田老板已经上飞机了，回去吧，回去吧！"我不甘心，拿着的鲜花一定要送给他啊。真是功夫不负有心人，他进到里面又返回来，回过头突然发现了我，跟机场工作人员沟通后，我俩终于见面了！当我把一束鲜花亲手送给他，祝他前程似锦时，我流下了热泪。我永远感谢田老板，恩情似海，深情难忘！还有我们的方老板，我有困难都找他，他从来没有推辞推却，总是说："好的，好的，我想办法帮你忙。"有一次他出差去上海，要办一件事，三公司自己的事情也很多，他就指示公司领导把许总的事先办好。当我听到这句话时，当场就感动得热泪盈眶。所以，这三位老板的帮助和我的事业成功是密不可分的。还有，三公司的领导和全体同志，无论哪一个人，只要是我的事，就会毫不犹豫出来帮忙，还专门派出公司人员帮助我们公司开展工作和进行管理。正是三公司的领导和同志们的无私帮助，才赢来我们今日的荣耀呀！

最后一句"不负江河万古流"。我没有辜负大家的期望，特别是没有辜负我们的老板、我们的三公司全体同志的期望，我的奋斗历程，也如长江、黄河般汹涌澎湃。

谢谢大家！

许应裘讲话时完全不用讲稿，思路清晰，侃侃而谈，从不中断，连服务员几次端茶给他，他都不接。在这半个多小时里，他仍然是那样生机勃勃，眼睛里似乎蕴藏着无穷的活力，闪动着炯炯的光泽，给人一种促膝谈心、言犹未尽的感觉。

许应裘的演讲才能，是他在部队当兵和读大学时锻炼出来的。起初他上台时也会感到紧张，语无伦次，连自己都不知道讲了些什么。他请教别人，懂得多做几次深呼吸能够缓解紧张的心情；还有就是要自信，不管台下的人怎样笑，都要相信自己能把话说好。他尝试了几次后，就不再怯场了。他演讲还有一个特点，就是从来不写讲稿，都是即兴演讲，他那渊博的知识、铿锵有力的话语，加上他能调动现场气氛，往往令听众如痴如醉，欲罢不能。难怪有人说，许应裘是个名副其实的演讲大师。

他的讲话多次被热烈的掌声所打断。

主持人："下面有请北京总公司田老板讲话。"

在一阵热烈的掌声中，穿着白色衬衣，身材壮实、气质干练的田老板走到舞台上，向大家致意并发表热情洋溢的讲话，他说：

尊敬的许总、常老板、刘政委、姚书记，各位来宾、朋友们：

今天是许总78岁大寿，我作为许总的朋友与大家一道来参加盛宴，首先让我们用热烈的掌声祝愿许总生日快乐，健康长寿，吉祥如意！

许总刚才讲了一下我跟他之间的关系，确实是肝胆相照，赤诚相待，因为我们之间有20多年的交情啊！许总一路走来，发展到今天，我可以说是一个见证人。他老人家每年的生日，我都会尽量来参加。今年嘉宾来了300多人，是历届生日宴会规模最大、人数最多的，可以说是盛况空前。

我这次来，给许总带来了两个字，一个是大家看到的左边的"福"字，这个字是清朝康熙皇帝写的"天下第一福"的"福"字；右边是"寿"字，是清朝乾隆皇帝写给他祖母的"天下第一寿"的"寿"字，祝愿许总福寿双全！我们中国人追求的都是个"福"字，那么什么是福呢？福就是幸福，幸福就是健康的体魄和愉快的精神，用俗话说就是身体健康、精神愉快。许总告诉我，他今年体检各项指标良好，这么大的年龄啦，身体如此健康，是非常值得我们高兴的。

我一下飞机，许总就告诉我，今天太难得啦，我们的县委书记亲自来了，他是从来不参加私人形式的宴会的。我觉得这是对许总的一种肯定。什么是寿呢？孔子讲过，仁者寿。何为仁呢？仁者爱人。基于我对许总的了解，他身上体现出来的仁，我可以概括为五个字，即爱、敬、诚、朴、勤。许总的"爱"，爱国家、爱家乡、爱人民、爱亲人、爱朋友，别的不说，就说他热心家乡公益事业，历年来捐资8 000多万元，而且不求任何回报。

姚书记曾对我说，在丰顺县，做生日的人比许总大的也有，给家乡捐资比许总多的也有，但许总是一位杰出的乡贤、慈善家。这不仅是丰顺县领导的肯定，还是丰顺人民给他的肯定。许总的“敬”，不仅是敬事，而且是敬人，即对人的尊重、感恩和回报。他不论对大人、小孩、男人、女人，从来都非常谦卑，从来不认为自己比别人高明，总是以平等的态度对待每一个人。而感恩这两个字几乎成了许总的口头禅，他的名言是：“感恩是幸福的源泉，一个不懂得感恩的人就不配做人！”所以他一直要报答曾帮助过他的人，对别人所施的恩惠他总是感恩戴德。说到“诚”，许总最看重的就是诚实守信。说到朴素，许总盖了高楼大厦，盖了多少房屋，但78岁才搬进新房子，本来，他早就有条件享受了。今天他在车上对我讲，他是成功之后才享受这么一点点，不像有的人今天赚钱今天享受，更不像有些人先享受然后再做事。许总把好处给别人，让别人先享受，这叫作“先天下之忧而忧，后天下之乐而乐”。至于“勤”字，凯南公司能够发展到今天，靠的就是勤，邓小平同志讲勤劳致富，许总就是一个榜样。

我今天讲的这五个字，不仅是许总个人的精神写照，也是我们这个时代要提倡和发扬的一种精神。我到这里来为许总祝寿，不是图个热闹，我每次听他讲话，包括刚才他讲的“笑对人生”，都带给我很多感触。我想，许总做那么大的事业干什么呢？他就是要回报社会。这是一个什么样的人？用毛泽东的话说，这是一个高尚的人，一个纯粹的人，一个有道德的人，一个真正脱离了低级趣味的人，一个有益于人民的人。许总就是这样的一个人！

最后，我再次提议，请大家用热烈的掌声，祝许总生日快乐，健康长寿！

谢谢大家！

主持人：“非常感谢田老板热情洋溢的讲话，现在请姚书记讲话。”姚森隆走到台上，脸上是真诚、喜悦的笑容，他说：

尊敬的许老先生、常老板、田老板、刘政委，各位父老乡亲：

今天，承蒙许总的厚爱，我有幸被邀请参加这场温馨的寿宴；承蒙许总的厚爱，让我们在这里共同分享他非凡的创业历程，以及他崇高的人生志向；承蒙许总的厚爱，让我在这里代表乡亲父老说几句真心话。

第一句话是真诚的祝贺。今天是7月18日，是许总78岁寿辰，我代表县委、县政府，也代表我们的乡亲父老，真诚地恭祝许总生日快乐。

第二句话是深表敬意。许总是我们丰顺县德高望重的关工委名誉主任，是事业有成的实业家，是扶贫济困的慈善家，是心怀故土的杰出乡贤。多年来，他以崇文重商、勇闯天下、坚韧不拔的开拓精神，以诚信重诺、严谨求实的经商之道，以创办公益、回报社会的赤子情怀，完美地彰显了“厚于德、诚于信、敏于行”的新时期广东精神；完美地诠释了不断追求卓越的潮客文化丰富内涵。许总是我们成功的典范，是仁爱的榜样，是我们丰顺人民的骄傲。在这里，我代表丰顺70多万人民再次向他表示崇高的敬意！

第三句话是良好的祝愿。祝愿许总福如东海，寿比南山，吉星高照，金玉满堂，事业骏发，世代辉煌。也恭祝各位领导、各位嘉宾生活喜洋洋，事业步步高。

谢谢！

姚森降发自肺腑的讲话，引起了与会者的共鸣，宴会厅上不断爆发出热烈的掌声。

随后，由榴隍镇党委书记赖建军发表讲话。他说：

尊敬的许总，尊敬的各位来宾：

大家晚上好！

我们相聚在喜气洋溢的金河半岛宴会大厅，热烈庆祝许总78岁的寿辰，在此，我谨代表榴隍镇党委、镇政府和10多万父老乡亲祝愿许总增福增寿增富贵，添光添彩添吉祥！

许总艰苦创业，致富后不忘家乡，对家乡教育、道路等公益事业建设，都给予大力支持，深受家乡群众的爱戴和敬重。他勤劳、善良、朴素的品德，宽广的胸怀，宽厚待人的处世之道，都是我们学习的好榜样。近年来，许总更是慷慨解囊，先后捐巨资，建设家乡的站口小学、坚真教学楼、坚真科学馆、坚真纪念亭、沿韩江堤岸站口公路、扶贫济困助学六大民心工程，令人称赞和敬佩。我代表家乡10多万父老乡亲，对许总表示衷心感谢和崇高的敬意！

最后，让我们一起恭祝许总生日快乐，寿比天长！

主持人：“感谢赖书记的讲话！现在请公司员工代表讲话，大家欢迎！”

年轻英俊的员工代表走上舞台，手握麦克风，声音洪亮：

沐浴着夏日的骄阳，聆听着悦耳的歌声，荡漾着幸福的笑容，在这盛夏的美好季节里，我们迎来了许总78岁寿诞之日，我代表公司全体员工，送上深深的祝福，祝愿老寿星福如东海，寿比南山，身体健康，万寿无疆！

今天是许总的生日，也是我们公司喜庆的日子，祝福许总。也许，我们可以将许总的人生分为三个阶段，即苦难的童年、艰苦奋斗的青壮年、幸福的晚年。许总出身于贫寒家庭，饱尝生活中的酸甜苦辣，但他从小意志坚强，14岁就立志参军。更重要的是，他有一个吃苦耐劳、善良贤惠的母亲。在最艰难的日子里，母亲仍然教育子女坚持诚实、善良的做人准则，这在许总成长的道路上，影响是巨大的。在创业期间，许总艰苦奋斗，顽强拼搏，早上6时准时出发，饿了就在路旁吃点快餐，一天上午可跑9个部门，办17件业务。他经历了太多的困难和艰辛。今天，许总的事业取得了巨大成功，有了一个非常快乐幸福的晚年，但他仍然时时刻刻关心我们员工的工作和生活，给许多优秀员工分了套房，帮助了不少亲戚朋友，却很少为自己着想。在这里，我唱一首我们凯南公司自己创作的歌曲，来表达对许总的尊敬之情：

亲爱的凯南我爱你，让我拥向你的怀抱和你在一起；
亲爱的凯南我爱你，时时刻刻为你献出一切我很愿意；
敬爱的许总呀许总，凯南员工在你关怀下亲如一家……

最后，我代表全体员工衷心地感谢许总，祝您生日快乐，福乐绵长，笑口常开，益寿延年；祝各位来宾万事如意，岁岁平安！

●许应裘切生日蛋糕

主持人："接下来是颁奖仪式，有请许总颁奖！"

许应裘、许桦为优秀员工颁奖，颁奖后合影留念。

接着，主持人叫着"切生日蛋糕，喜洋洋呀"，许应裘执一把餐刀，将高达八层的巨型蛋糕徐徐切开。这时，喜宴进入高潮，9位女职工表演祝寿歌舞，大厅内掌声如雷，来宾们向寿星许应裘致以最热烈的祝贺……

笑声朗朗，喜气洋洋。许应裘在许桦陪同下，向来宾们敬酒、碰杯，生日宴会大厅成了一片欢乐的海洋……

另附：广东多家传播媒介对许应裘78岁生日举行盛大晚宴做了报道。丰顺县广播电视台报道说：

> 颂献南山寿，祥开北海樽。7月18日晚，广州市金河半岛宴会大厅，灯火辉煌，瑞色满堂；群贤毕至，喜气洋洋。在此举行广州凯南房地产开发有限公司董事长兼总经理许应裘邑贤七十八华诞庆典。社会各界贤达，亲朋好友，梓桑代表，中共丰顺县委书记姚森隆，中共丰顺县委常委、县委办公室主任郑春鹏以及凯南房地产开发有限公司全体员工共300多人参加宴会。姚森隆书记在盛宴中发表了热情洋溢的演讲，对许总给予高度评价，礼赞许应裘邑贤不愧为高掌远跖的实业家，博施济众的慈善家，崇文重教的杰出乡贤；热情讴歌许应裘邑贤渊渟岳峙，气备四时，湖海豪情，奋发踔厉，以诚信重诺、严谨求实的经营之道，创办公益、回报公益的赤子情怀，完美地诠释了不断追求卓越的潮汕文化丰富内涵。许总是成功的典范，是仁爱的样板，是我们丰顺人民的骄傲。

附：一、祝嘏许应裘邑贤七十八寿诞

三千美景又添筹，共举霞觞瑞色浮。
商海帆张波壮阔，云天德厚月温柔。
春回绛帐荣嘉木，澍泽枌榆起伟猷。
仁者愿持山并寿，九如岁岁自清遒。

（中共丰顺县委、县政府敬贺，刘柏青撰）

二、书法

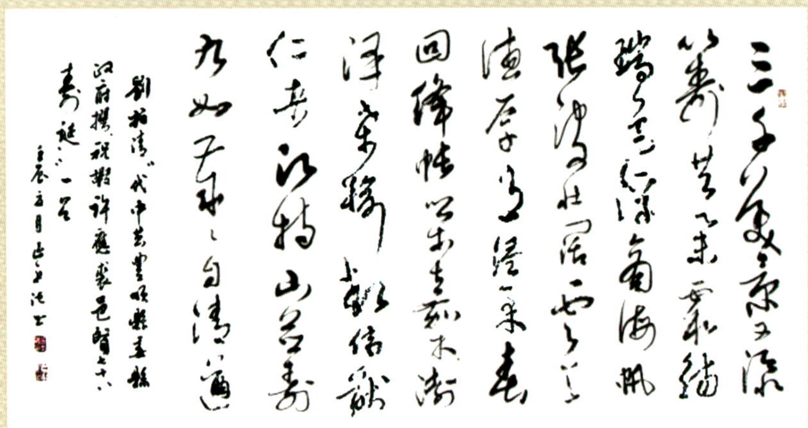

●区永池书

三、唱和

罗滨（广东）

南山好景喜添筹，一例霞光紫气浮。
改革帆张波浪阔，怀乡德厚气清柔。
繁荣市肆民情旺，稳固江山积善猷。
家酿清醇丰顺水，与君共饮力双遒。

蛙声作管弦（广西）

承平海屋又添筹，朗照乾坤日夜浮。
往事随缘甘俯仰，平生守拙济刚柔。
欲编商海纵横录，来载先生深邃猷。
此去磻溪应不远，三多堂上酒方遒。

王贵云（山西）

身同松柏举觥筹，寿域宏开瑞气浮。
骏业翻新财运盛，高风思仰德辉柔。
古道热肠彰薄义，童颜鹤发展嘉猷。
怀仁垂范名乡梓，介福乔龄两劲遒。

林传芳（广东）

三万六千添几筹，今延三纪共云浮。
弄潮击浪知翁壮，拜寿彰功识众柔。
韵逸尺笺情足慰，晖函寸草力初猷。
梓桑滴露垂青史，润物无声细更遒。

李雪莹（黑龙江）

青山碧水共添筹，酒献麻姑蒲绿浮。
商海纵横云路远，锦堂瑞蔼晚风柔。
葱茏南岭培楠梓，突兀湖山展壮猷。
大德人歌无量寿，秦松汉柏气清遒。

咸丰收（山东）

鹿鸣华诞喜添筹，莱彩承欢笑语遒。
觞祝高龄身硕健，筵瞻古象月温柔。
人依蓬岛添春永，我为苍生起屋猷。
待到他年高会日，掀髯一笑瑞云浮。

花开花落无间断，春去春来又一年。

2013 年 7 月 6 日，许应裘 79 岁生日晚宴在广州金河半岛酒店隆重举行。

今晚，高朋满座，嘉宾云集，欢声笑语，其乐融融，正所谓：“丝竹管弦如珠落玉盘，烛光摇影朋友四方来。”

在愉快抒情的气氛中，身着雪白衬衣的许应裘，迈着轻快的步履登上了舞台。他身材高大，魁梧壮实，红光焕发的脸上一双炯炯有神的眼睛，更显得深邃动人，而且嘴角经常漾起一丝微微的笑意，给人们的感觉是永远蕴藏着无穷无尽的旺盛精力。他首先向来宾们招手致意，然后发表了生日讲话。

许应裘这次讲话以“朋友”为话题，引起了来宾们的极大兴趣，为宴会增添了色彩。豪华的大厅里，不时爆发出热烈的掌声……

许应裘在讲话中说：

尊敬的田老板、刘政委、丰顺县委张副书记、馏隍镇党委赖书记，各位嘉宾、亲朋好友，公司全体员工：

大家好！

今天是我的生日，欢迎大家来参加我的生日晚宴。我今天能这么幸福这么快乐，是众位亲朋好友帮助的结果。在这里，首先要感谢田老板，他在百忙之中，风尘仆仆，从北京专程飞抵广州来参加我的生日晚宴；还要感谢刘政委，工作那么忙也来参加我的生日晚宴。今年的生日我要讲的题目是“朋友”，分三点来讲述。

第一点是：朋友情谊无价宝。为什么这样讲呢？我们有句口头禅：“在家靠父母，出门靠兄弟。”这是千百年来反复实践检验出来的真理。看到今天这么热闹壮观的场面，我感到无限幸福，那幸福从哪里来呢？就是靠亲朋好友的帮助，特别是我们公司的常老板，他对我有三个特别，特别关心、特别爱护、特别帮助，他回北京后，我们很眷恋他，想念他。朋友们在一起喝茶聊天的时候，不知不觉就谈到常老板，大家都觉得他是一个好老板，是我们学习的榜样，所以我永远要感谢常老板。还有今天从北京专程来广州参加我的生日晚宴的田老板，他对我的支持一向是逢山开路、遇水架桥，每次帮我办事，只要他出面就很成功，总能凯旋。还有方老板，我找他办事时，他处处给我优先，帮我解决很多重大的困难的问题。还有我们三公司的领导和同志们，都给我全方位的支持，还派甘泉同志直接来帮助我们公司。10多年来，三公司为我们公司的发展壮大做出了很大的贡献。还有陈翔同志，对我的事业也大力支持，我有一个项目，困难到什么程度呢？几乎到了像摘天上的星星一样困难，结果呢？在陈翔同志的帮助下，真的把“星星”摘了下来！我和陈翔同志在一起工作战斗的日子里，结下了非常深厚的友谊和感情。还有夏旭同志，对我的事业也是予以无私的帮助。所以，我是靠亲朋好友的帮助，才有今天发展的大好局面。我认为，官再大钱再多，如果没有朋友，活着有什么意思？朋友的情谊比宝贝还宝贝！

第二点是：好朋友就是亲如兄弟姐妹。做房地产的，开发过程中总会碰到很多困难，处处要找人帮忙。我在天河区的开发项目，就得到了邓、许、杨、张、蓝、王六位朋友的帮忙，特别是邓同志和许同志，他们对我的帮助很大，所以我要感谢他们。在深圳开发东方盛世花园时，也得到了王沙滨、姜虹、蒋伟标、杨文军、王莉、彭建刚、李秋瑾这些同志的帮忙，特别是王沙滨，不管有什么困难，她都会千方百计帮我解决。不但在事业上要有朋友，而且在生活上也要有朋友，俗话说："人无千日好，花无百日红。"我前几年治病就得到了南方医院惠侨楼许书记的帮忙，及时住院及时治疗，还有吴保平、智发朝、韦怀新三位教授，他们医术很高明，给我精心治疗，使我身体恢复很快，我要感谢他们。还有北京的两位朋友，我在住院期间，他们一天打几次电话给我女儿，询问我的情况如何，还专程到医院看望我。所以说，这样深厚的友谊就像是兄弟姐妹一样。

第三点是：对朋友要付出真情。我们平常讲关键时刻见真情，帮朋友要雪中送炭。2001 年我有一个朋友由于种种原因，用过公家 26 万元，他工资每月是 3 000 多元，26 万元到什么时候才能还清？且领导限他 3 天内一定要还，否则就要坐牢。他父亲听到这个消息后马上晕倒，血压猛升至收缩压 220mmHg，送到医院急救，在这种情况下，我帮他渡过了这个紧要关头。还有一位朋友重病住进华侨医院，我去看他，一进门，他含着眼泪对我说："老许，我要走了，但是我死不瞑目呀！我的小儿子在外国留学，现在已经成家了。我们夫妇去看他，他晚上七时到第二天早上八时开的士赚钱，供不起楼，我不忍心小儿子这样辛苦生活。我从外国探亲回来后，老婆突然得了癌症，我不久也要离开人世了。许总，您看能不能帮个忙？"这个朋友平时不轻易找人帮忙，我知道他是万不得已才向我开口的。第二天到香港我便汇款给他小儿子。后来，朋友的病逐渐好转了，10 多年来他经常打电话向我问好。我还有一个朋友，他的右大腿被拖拉机压断了，家里很穷，只能凑到两万块钱，但是开刀夹钢板费用要超过 12 万元，他在床上躺了 3 年多时间，他的五姨妈很有钱，但不肯借钱给他。后来我帮他出治疗费动手术，现在他已经能走路了。最近，深圳有一个很要好的朋友，心地善良，突然得了一种特殊的病，心情很沉重，我知道后对他说："不要紧的，我虽然3年半的时间没有卖楼，没有钱了，但我还有铺位，我卖个铺位给你治疗。"他听后眼泪直流，旁边的人也很感动，在南方医院许书记的帮助下，他及时进入南方医院治疗，病情得到控制，现在逐步恢复了。所以，我认为好别人就是好自己，帮别人就是帮自己，救别人就是救自己，害人即害己。一个人活着要多做好事，积善成德。

最后，祝大家身体健康，万事如意！谢谢大家！

●许应裘接受女儿许桦（左）、助理孙成云（右）献花

许应裘一气呵成，其中至诚至信之情让人动容；关于"朋友"的话题，引起了来宾们的浓厚兴趣，不得不由衷地敬佩。

在许应裘生日宴会上，许应裘的挚友田老板也发表了热情洋溢的讲话，他说：

刚才许总的讲话，让我相当感动，他就讲两个字：朋友。我在想，许总经过几十年的奋斗、拼搏，今天事业非常辉煌，靠的是什么？靠的就是朋友。有人说，有方法才能交到朋友。可是许总不是，他是靠心去交朋友。如何理解这个心呢？第一要有真诚心，这个真诚心很可贵啊，跟许总交朋友20多年了，我发现他这个人非常认真，从来不说假话，说帮你就帮你，所以我们要学习许总的真诚心。第二要有感恩心，不论男女老少，只要帮助过他的人，一点一滴他都记在心中。第三就叫利他心，刚才许总讲了四个例子，当然，许总不是仅仅帮助这四个人，我跟他交往那么多年，看到他帮助过很多人。今天，我们大家来参加许总的生日晚宴，不仅仅是吃个饭说说话，而且要从他老人家身上发现一些闪光的东西，这就是一种精神。如今，我们的国家正在习近平主席的领导下，为我们民族的伟大复兴，为中国梦的实现，全力地拼搏，我想，如果像许总这样有崇高的精神、品质的人多起来，我们的民族就一定有希望。

附：许应裘的挚友田老板参加许应裘生日晚宴回到北京后，有感于许应裘发表的“朋友”演讲，特发来邮件给许应裘。其邮件说：

古圣贤有言：“以势交者，势倾而交绝。以利交者，利尽而交疏。以色交者，花落而爱渝。以道交者，天荒而地老。”你今年寿辰关于“朋友”的演讲很打动人，也很有教育意义。真是：

高德传承施正气，义薄云天日月长。

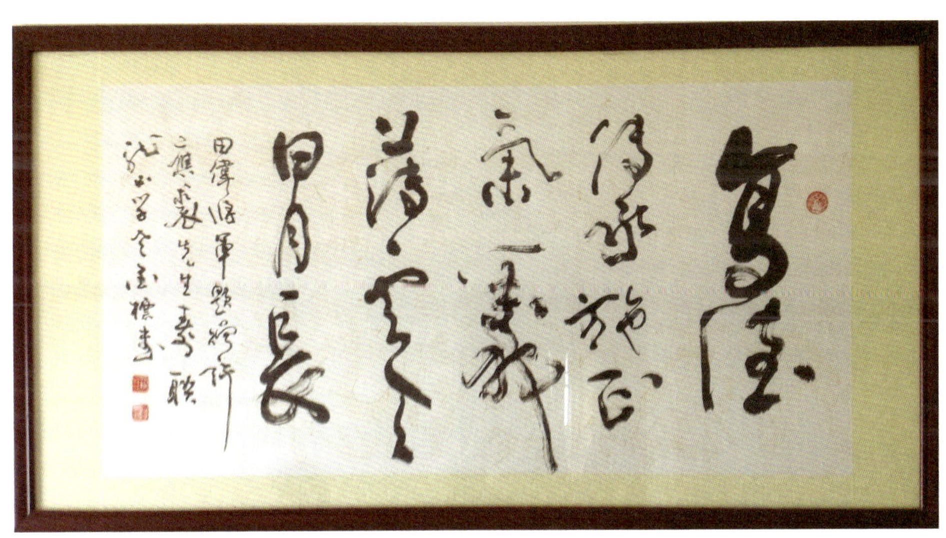

●友人赠给许应裘的寿联

田老板短信中引用的名言，是出自《大学》的一段话，讲的是交友要慎思。意思是说：为了势力而交朋友，没有势力时就会绝交；为了利益而交朋友，没有利益时就会疏远；为了容貌而交朋友，当容貌衰退时就会改变；以道义相交的朋友，时间越久，友谊就越长久。

短信虽仅仅几十个字，却表达了田老板的真情实感，既是他与许应裘之间，心心相印，坦诚相处，深厚友谊的表达；又是他对许应裘的亲切敬慕之情！许应裘爱党，爱国家，爱家乡，爱父母，爱亲人，爱朋友。他的爱是博大的、无私的。然而，许应裘也收获了大家的爱：亲人的关爱、朋友的尊敬。

朋友，这是一个多么美好的名称呀！朋友的称谓，也是五花八门的，如情谊坚贞的朋友，是石友；交情深厚的朋友，为挚友；真诚纯朴的朋友，称素友；坦诚相见，直言相劝的朋友，叫诤友。更有吓人的朋友称谓，如“死友”指交情深笃，至死不相负的朋友；“死党”指非常值得依靠、谈得来的朋友。著名诗人叶千华说过，提起朋友，心头便会涌动起亲切情谊的感觉和暖流，但总说不清“朋友”一词蕴藏了多少或深或浅的含义，也道不明朋友之间凝聚了何种割不断的情感。朋友总是建立在交往中、爱好中和利益关系里。人的相识、相投、相知、相信、相爱和相处之间，所存有的那一份情缘，那一份关爱，那一份慰藉，都得益于人的友谊。古往今来，传颂着多少朋友之间亲密无间的不朽佳话，演绎出多少荡气回肠的慷慨篇章，道其缘由，莫过于“情义”二字，也正如许应裘说的“朋友情谊无价宝”“好朋友就是亲如兄弟姐妹”。这情义就是佛教中讲的一个“缘”字，以使他们能成为为彼此出谋献策的知心密友、寻找知识和探索真理的学友、同甘共苦的战友和志趣相投的好友。

是啊！许应裘走过的每一步，何曾离开过朋友？他在房地产业的顺利发展，就有赖于朋友的热情帮助。他常常情不自禁地说：“在茫茫的人海中，相识本就是一种缘分；成为朋友，就更加肯定是彼此的缘分。朋友的情谊，比天还高，比地还辽阔，像一杯浓浓的酒、一首悠悠的歌。”特别是对那些在他历经磨难的日子里出手相助的朋友，许应裘始终充满着感激之情，永远铭记在心，而且，“滴水之恩，当涌泉相报”，他一直都在报答他们的厚爱。

直到今天，许应裘跟他刚刚开始创业时结识的很多朋友还保持着亲人般亲密的情谊，大家像亲戚一样，经常往来。

许应裘关于“朋友”的演讲，感染了他的朋友们，引起了他们的共鸣，可以说是必然的。因为许应裘的性格豁达豪爽，义字当头，重情义，珍惜友谊，所以在朋友们的心目中留下了美好的回忆。许应裘重情义，给朋友们带来温暖、支持和力量，“为了朋友两肋插刀”“士为知己者死”“剖心酬知己”，这是朋友们对许应裘的一致评价。

正如意大利文艺复兴运动的杰出代表、人文主义者薄伽丘说的："友谊真是一样最神圣的东西，不光是值得特别推崇，而且值得永远赞扬。它是慷慨和荣誉的最贤惠的母亲，是感激和仁慈的姐妹，是憎恨和贪婪的死敌；它时时刻刻都准备舍己为人，而且完全出于自愿，不用他人恳求。"

2014 年 6 月 20 日，许应裘 80 岁生日晚宴在广州金河半岛酒家隆重举行。在生日晚宴上，许应裘的讲话以"乡情"为话题。他说：

尊敬的常老板、田老板、刘政委、杨绍华老英雄、宁志荣老板，各位贵宾、亲朋好友，以及公司全体员工，你们好！

欢迎大家参加我的生日晚宴。在这里要感谢常老板、田老板、杨绍华老英雄，感谢你们专程从北京赶来广州参加我的生日晚宴。

今年我要献给大家一首诗，叫《乡情》。

我爱梅州南大门，温泉香飘处处闻。
同游潮汕后花园，满眼胜境尽是春。
丰顺新区展宏图，政通人和耀乾坤。
韩江欢歌山起舞，浓浓乡情永世存。

我为什么作这首诗呢？2013 年 11 月 27 日，我们一行 8 人在田老板的带领下，到丰顺参观学习，亲眼见到丰顺的面貌发生了巨大的变化。我们所到之处都受到家乡父老乡亲的欢迎，这让我们感受到家乡父老乡亲的深情厚谊。参观学习结束后，在回广州的路上，我对田老板说："明年生日我要作一首《乡情》的诗，献给家乡的父老乡亲和亲朋好友。"这是我作这首诗的原因和背景。现在请让我来解释一下这首诗的内容：

第一句，我爱梅州南大门。

丰顺得天独厚，有着优越的地理位置，地处梅州、揭阳、潮州、汕头的中心，资源丰富，生态环境美丽，因此，丰顺素有"梅州南大门""潮汕后花园"的美称。人人都说家乡好，人人都爱自己的家乡。丰顺是我成长的地方，丰顺有我尊敬的父老乡亲，丰顺出了一个华夏女杰李坚真。每次回家看到丰顺的山山水水，都感到特别亲切，所以我热爱丰顺。

第二句，温泉香飘处处闻。

丰顺有着丰富的温泉资源，相当于10个从化市的温泉资源。我们丰顺家家户户，都充分利用温泉来方便自己的生活，因此，丰顺可谓处处见温泉。

第三句，同游潮汕后花园。

为什么说是同游不是畅游，我们是在田老板带领下组团的，所以就叫同游。刚才讲过了丰顺地处梅州、揭阳、潮州、汕头的中心位置，距离揭阳潮汕的国际机场和厦门到深圳的高铁中心站，只有30分钟的车程，所以丰顺是名副其实的潮汕后花园。

第四句，满眼胜境尽是春。

丰顺有丰富的自然资源，有奔流不息的韩江，有矗立在金瓯山上的坚真纪念亭，有高耸入云的铜鼓峰；丰顺新区壮观雄伟，到处生机勃勃，一片欣欣向荣的景象。放眼望去，丰顺的青山绿水，鲜花盛放，就像一幅春满人间的美丽图画。

第五句，丰顺新区展宏图。

丰顺新区要建成温泉宜居城、生态工业区、生态旅游区，按总体规划分期建设、同步招商、统筹推进，要实现这个雄伟目标，丰顺县委、县政府领导做到决心大、干劲足，思路清、方向明，带头拼搏，牺牲节假日的休息时间，争分夺秒做招商工作。曾永祥县长在介绍丰顺发展规划时，我们看到他两眼充满血丝，可以看出县领导干部是经常加班加点熬夜的，曾永祥县长带我们到各个点参观时，充满朝气、充满自信，丰顺有这么好的干部，是丰顺人民的幸福，相信丰顺会以一个崭新的面貌呈现在世人面前。

第六句，政通人和耀乾坤。

丰顺县委县领导切实落实贯彻中央各项政策，以身作则、身先士卒、苦干实干，使丰顺的经济迅速发展，人民生活得到很大改善。政令通畅、治安稳定、社会和谐、人民安居乐业，县委县政府取得的政绩可以和日月同辉。

第七句，韩江欢歌山起舞。

留隍镇处在韩江边。在深化改革过程中，镇党委镇政府领导带头拼搏，使留隍的面貌发生了巨大的变化，取得的成绩韩江为之歌唱，红岽山为之翩翩起舞。

最后一句，浓浓乡情永世存。

我们到丰顺受到丰顺县委县政府、留隍镇党委镇政府高规格的接待，曾县长，还有原人大主任现任关工委主任胡云流、县委常委郑春鹏、县政府党组副书记李华耀、交通局局长吴伟明、留隍镇党委书记赖建军等亲自接待，还有球山中学校长叶织南的全程陪伴，浓浓的乡情给我们留下了深刻而美好的印象，使我们更加热爱自己的家乡，更加产生了对父老乡亲的深厚感情。

最后，我要感谢常老板、田老板、方老板对我无微不至的关心和帮助。还有三公司全体同志全方位的帮助，此外，夏旭同志、陈翔同志、杨东林同志、甘泉同志对我帮忙也很大，这些我都要铭记在心。还要感谢我们家乡的父老乡亲，感谢亲朋好友，感谢公司全体员工的团结拼搏，才有我们公司的大好局面，才有今天的幸福日子，才有今天隆重盛大的生日晚宴。祝大家身体健康、万事如意，谢谢大家！

2015年7月11日，许应裘81岁生日晚宴在广州南北汇潮酒家隆重举行。在生日晚宴上，许应裘的讲话以“正气”为话题。他说：

尊敬的刘政委，尊敬的贵宾、嘉宾、亲朋好友，公司全体员工晚上好，今天是个好日子，是我的生日，欢迎大家参加我的生日晚宴。在这里要特别感谢我的好朋友刘燕雁不辞万里，专程来参加我的生日晚宴，万分感谢！

今年我生日讲话的主题是“正气”，去年的生日主题是“乡情”。在此，我先讲三句话。第一句话是荣获殊荣，感谢丰顺人民。第二句话是果断决策，抓住良机。第三句话是正气教育，立竿见影。

第一句话，荣获殊荣，感谢丰顺人民。我为丰顺做一点事是应该的，因为我是丰顺人，我和大家一样都热爱自己的家乡，但我做一点小事，丰顺人民、丰顺县委县政府、县交通局给了我梅州市扶贫金奖、省扶贫银奖，感谢你们，在这里我请大家用热烈的掌声感谢丰顺人民对我公司的关心、支持和鼓励，获此殊荣是对我们公司全体员工的鞭策和鼓励，这使公司全体员工大大增强了凝聚力和向心力，对于我公司进行正气教育，起到了重大的作用！

第二个要讲的是，果断决策，抓住良机。2014年4月，深圳东方盛世花园第二期工程必须抓住机遇及时开工，但工程量很大，施工很困难，要深挖20多米的花岗岩，做三层的地下室，并且当时缺乏资金，施工有困难，但是我果断决策，坚决开工，这是经过我科学分析之后的决定，因为江源半岛高级住宅小区有6、7万平方米的现楼，这是我们的底气。在接下来的施工过程中，我们克服了不少困难，采取了不少措施，特别是遇到重大困难的时候，有好朋友林强、陈国平的全力支持，我们将主动权牢牢掌握在自己手里，这是一个伟大的胜利。所以，我们的公司员工有正气，认真负责，忘我劳动，无私奉献，团结拼搏，有这样的正气哪有完不成的施工任务呢?!

●许应裘在生日晚宴上讲话

第三句话，正气教育，立竿见影。在正气教育过程中，我们公司涌现出一大批优秀员工，其中杰出代表是许国平、曾庆玲同志。许国平在正气教育中表现突出，被评为忠孝感恩的典范，他牢记祖母的遗训，具有感恩精神。还有曾庆玲在正气教育中表现很出色，在保护公司财产过程中表现了大无畏的精神，不怕危险，不怕困难，所以她被评为正气教育的模范。每个人活着都要有一股正气，要做一个铁骨铮铮的人，为了歌颂正气，歌颂我们历代的正气英雄，我作了一首《正气歌》：

人生就是一首歌，我为正气谱赞歌。
为国为民是正气，历代正气典范多。
活在人间靠正气，唯有正气振山河。
华夏腾飞中国梦，子孙万代唱赞歌。

●正气歌

我简单来解释一下第一句，人生本来就是一首歌，人生的道路上有曲折，有成功，也有失败，有像大海般汹涌澎湃，也有像一池死水般静止不动。我为正气谱赞歌，我要歌颂正气，歌颂我们历代的正气英雄。什么叫正气？为国为民是正气，我们历代的英雄给我们树立了正气的光辉榜样，比如说岳飞，大家很熟悉的，精忠报国，这就是正气。前几年，我在杭州西湖的岳飞庙门口，看到副对联，很是感动，右面一联是“青山有幸埋忠骨”，左面一联是“白铁无辜铸奸佞”，真正是一个流芳千古，一个遗臭万年。还有大家最熟悉的文天祥，“人生自古谁无死，留取丹心照汗青”。他鼓舞着我们中华民族的英雄儿女英勇杀敌，特别是抗日战争时期，多少爱国志士就是像文天祥一样，和日本人血战到底，敢于亮剑，这是正气。当然，还有李坚真大姐，她是我们最熟悉的革命英雄，是丰顺人民的骄傲和自豪。前年，我和田将军一行8人到丰顺参观学习，我就写了一个感言：“大姐正气光日月，留得清白在人间，一生革命为人民，激励丰顺永向前。”李大姐以其精神激励着丰顺人民不断前进，全国人民都要向大姐学习她的高风亮节。因此，人活着要有正气，一个党没有正气不能前进，一个人没有正气就要走邪路！有正气的人绝对不会受金钱和美色的诱惑。第七句，华夏腾飞中国梦，现在全国人民正在奋发图强实现中国梦，中国梦不是从天上掉下来的，是每个人在自己的岗位上忠于职守、兢兢业业干出来的，实干兴邦，空谈误国，丰顺的干部就是实干家，县委领导带头奋战，都是好样的。最后一句，子孙万代唱赞歌。正气是一个民族的灵魂，一个民族没有正气肯定衰败。发奋图强，实干苦干，忠于共产党，忠于祖国，忠于人民的正气，我们的祖国将会更加美丽，这就是我对正气的认识，我要永远歌颂正气，学习正气，最后祝大家身体健康，万事如意，谢谢大家！

许应裘与本书作者林韩璋在许总生日晚宴上

第十七章

名人的日常生活

被誉为事业有成的实业家、扶贫济困的慈善家、心怀故土的杰出乡贤，许应裘成名了。

成名的人物，就是名人。《吕氏春秋·劝学》云："不疾学而能为天下魁士名人者，未之尝有也。"高诱注："名德之人。"唐代罗隐《酬寄右司李员外》诗："左省望高推健笔，右曹官重得名人。"这是"名人"的最先出处。

广义上的名人，指一定范围内有高知名度的人。这里的范围是相对的，小到邻里、单位部门，大到国家、世界，在其相对的范围内为众人所熟知的都可称为名人。名人可以是各行各业的人。

许应裘的事业取得了巨大的成功，他也得到了社会各界的认可，各种荣誉称号接踵而来：全球人居环境杰出贡献奖、全球人居环境房地产综合奖、2007 年影响中国的典范社区奖、2007 年中国最值得尊敬的房地产品牌企业奖、诚信经营特殊奖、纳税模范"诚信金鼎奖"、杰出企业家奖、丰顺县关心下一代工作突出贡献奖、梅州市扶贫金奖、广东省扶贫银奖等。他先后被聘请为广州留隍乡亲联谊会会长，球山中学校友会会长，丰顺县球山中学名誉校长，丰顺县关工委名誉主任等。2001 年，他应邀参加时任国务院总理朱镕基在北京人民大会堂举行的庆祝中华人民共和国国庆 52 周年招待会。

当然，成名是一种荣誉，是事业成功的标志，是人生奋斗的目标之一。成名了，将不可避免地成为人们注视的焦点，报纸、电视、网络等传播媒介会接踵而至采访。记得在一篇采访许应裘的报道中，记者在报道结尾附上"作者手记"，说："与许应裘的对话是一场心灵的洗礼。他的思

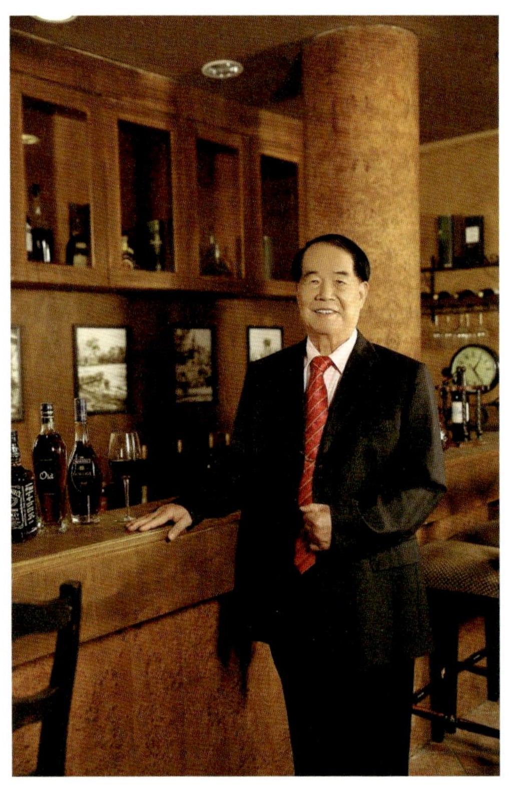
●容光焕发、身材魁梧的许应裘

维极为活跃，他按自己的思维方式‘特立独行’，不理会你采访的条条框框。在交谈中，总能不时地感到他那不断迸发的思想火花。随手拈来的诗词，无限开阔的思维，有点让我应接不暇。”

思维受基因控制，智商是由基因来决定的。高龄的许应裘，思维活跃、精力充沛超过年轻人，他的智商实非一般人可比。但是如果没有强壮的身体，智商再高也是不行的。在众多记者笔下，对许应裘是这样描写的：“身材魁梧，健壮威武，容光焕发，面色红润，性格开朗、乐观、豪爽，身上无不闪耀着青春的火焰，年轻的激情。”“优雅的谈吐，亲切的微笑，儒雅的气质，快捷的步伐，身体却不见一丝老态，第一印象让我觉得他气宇轩昂，学识渊博。”

2013 年我去拜访许总的时候，因多年不见，第一印象觉得他还像以前一样轻健，神采奕奕，腰板挺直，动作敏捷，声音洪亮。我暗想，可能是许总每天喝人参、冬虫夏草之类的滋补品，才使身体这样健壮。

但是，事实很快推翻了我的猜测。这次我有幸跟许总有较多的接触机会。根据我的观察，许总工作的时候，会泡一杯热茶，边工作边喝，中间未曾另加热水，更没有喝人参、冬虫夏草之类。吃午饭时，他与身边的工作人员，包括亲友、厨师一起进餐，跟大家吃的菜一样，而且厨师煮什么，他就吃什么，从不挑嘴，没有特殊的要求。他胃口很好，食量跟年轻人不相上下。

那么，或许有人会提出疑问，许应裘有这样健硕的身体、充沛的精力，其养生之道有什么不同于常人之处呢？

让我们来看看许应裘的日常生活吧！晨曦初露的时候，许应裘就按时起床，身穿短衫短裤，脚着白球鞋，踏着露水到小区草坪上做健身运动。

●许应裘每天坚持运动（之一）

少年时，许应裘就喜欢游泳、打拳、摔跤等体育活动。在隬隍读书期间，从家里到学校翻山越岭要走近10公里路程，每天来回4次，日晒雨淋，风雨无阻，他从小就培养长跑的习惯。到部队的时候，每天都在训练场上摸爬滚打，练成一身好武艺。从事文教工作后，更是运动场上的健将，是篮球明星。创业初期，因业务繁忙，他的运动停了一段时间，业务进入正轨后，他天天坚持运动，直至现在。

许应裘对朋友说："我每天坚持运动至少一个小时，多则两三个小时，时间选择在天刚亮或晚饭前。这时，空气新鲜，清风送爽，晨曦或晚霞把天空织成美丽的锦缎，小区的高楼也披上了金黄的色彩，处处流光溢彩，使人的心情格外轻松、畅快，感觉到运动也是一种享受。由于坚持运动，我的身体一直很好，除了偶尔感冒和小病外，病魔几乎与我无缘。"

报纸曾这样写道："（许应裘）就住在自己开发的小区里，和业主做邻居，一起晨练，切实了解小区的物业管理情况、业主的需求和生活状况。"许应裘还把晨练作为与小区业主交流感情的一个途径，"和蔼的笑容如邻居的伯伯，亲切的笑容中实现零距离沟通"。

●许应裘每天坚持运动（之二）

了解许应裘的小区业主这样说

他："许总从每一个早晨的天边第一缕阳光出现开始，就展示笑容，向人们微笑着。"是的，微笑是人与人之间沟通的桥梁，可以加深互相的理解和信任。

不过，大凡名人，总有与平常人不同的地方，许应裘也不例外。创业时，他主张"饭要一口一口吃，事要一件一件做，仗要一个一个打"，他不靠投机取巧而获利，不会轻易去冒险，至今也没有向银行借贷一分一毫。参加社会活动时，他有着特殊的号召力和亲和力，能起着"挥臂一呼，应者云集"的作用。如2008年3月21日，《南方都市报》深圳置业特攻队到深圳各楼盘踩盘（考察楼盘），作为这次踩盘首站的东方盛世花园，早就在售楼现场拉起了欢迎横幅标语，该楼盘开发商深圳凯南房地产开发有限公司的董事长许应裘则亲自接待（据3月28日《南方都市报》报道，前两次南山、宝安踩盘，各个楼盘中前来接待的最高级别的都是副总经理），他还亲自介绍了楼盘目前的销售情况。在看见置业特攻队车辆不够时，他还主动安排一辆车跟随置业特攻队。大家都说许应裘是一位"杰出的社会活动家"，还在报纸上对东方盛世花园楼盘做了特别介绍。从事社会福利事业，许应裘从来都是大手笔，令人惊叹。连锻炼身体也有他的独创之处，他结合自己的身体情况，自编了一套健身体操，他将广播体操与少林功夫结合在一起，形成一套既是操又是拳的独特体操。

许应裘还热爱音乐，追求艺术。他组织凯南文艺宣传队，自编自导节目，在业余时间开展娱乐活动，活跃生活，锻炼员工身心，鼓励和激励员工，用歌声为公司塑造良好人文环境。我到公司采访时，一位年轻英俊的员工说，当凯南公司招收售楼部小姐和其他员工时，招聘人员首先询问应聘者是否懂得吹拉弹唱，懂者优先录取。因此，公司从领导到员工几乎个个能歌善舞，每逢星期三和星期五晚上，戏剧锣鼓、弦歌乐曲响彻整个公司，曾有人到公司联系工作，走到公司门口，一阵悦耳的歌声从里面传来，还以为这里是戏馆乐厅，走错门了呢！

"让生活充满歌声，让歌声充满生活"是许应裘毕生追求的人生价值。他喜欢唱歌，在宴会上，在喜庆的场合，常常高歌一曲，歌声嘹亮。他唱歌时，脸上洋溢着开心幸福的微笑，真情投入，用心唱歌。他的发音浑圆有力，给人一种特别厚实的感觉。难怪有人说，许总若是进入乐坛，肯定又是一个陈奕迅！许应裘对唱歌也深有体会，他说："在唱歌的时候，全神贯注在歌词的意境之中，随着歌声的旋律起伏，伴随着肢体的动作，使人心情格外愉快，忘掉烦恼；还能陶冶情操，净化心灵，提高艺术修养和气质。"

在大多数人眼里，有钱人的生活就是灯红酒绿。然而，许应裘却过着简朴自在的生活：他不抽烟，不饮酒，不赌博，也没有任何不良习惯，更不会像其他生意人那样将商务活动扩大到纸醉金迷的声色场所之中。他最大的嗜好就是每天去小区晨练，节假日到公园或郊外去游览、练练武术，要不就在家里与家人团聚，喝工夫茶、唱歌。

晚年，本是享受人生的时候，然而对于享受，他有着不同的理解，他常说："享受不仅仅是吃吃喝喝！我的享受就是为国家、为人民做点有意义的事！"用老当益壮形容许应裘是恰如其分的，在他心目中，做一份成功的事业就是享受人生的最佳方式。他表示："在有生之年，我要帮助更多的人过上幸福的生活！"

1997 年 4 月，许应裘捐资 7 万多元成立了丰顺陷隍群文中心文艺演出队。这支演出队不仅在家乡开展文艺宣传活动，还经常到老干院、敬老院做慰问演出。演出队还受到广州陷隍乡亲联谊会邀请，连续三年参加春节团拜会演出，精彩的表演博得外出乡贤的热烈掌声。陷隍群文中心文艺演出队的成立，对活跃农村文化生活起了一定作用，故深受乡民的欢迎。许多乡亲说："许总心中装着家乡，连活跃农村文化生活的事情都想得周到，真是情倾故里，造福家乡人民啊！"

许应裘还是一个"和谐活跃"的企业文化倡导者，主要表现在人居建设方面，他认为房子在承担基本居住功能的同时，更是家庭成员交流互助的载体。他创建凯南游艇会，提出每年"三八"妇女节、"五一"劳动节、"六一"儿童节、"母亲节"和"父亲节"时，开展评选"先进婆婆""先进媳妇""三好学生"等活动；他大力倡导并组织举办社区文化活动，经常组织住户和员工联合举办文艺晚会、各类书画展以及竞技类游戏，为社区营造出浓浓的文化氛围和温馨的人文环境。

除了音乐外，许应裘的另一项爱好是收藏书画及各种艺术品。从青少年时代开始，他就非常喜欢艺术。在部队服役和在广州读大学时，每在博物馆或朋友家里看到一些好的字画和艺术品时，常常凝神观察，久久不愿离去。一次，他在广州参观一个名家画展，直到展馆关门，才依依不舍地最后一个离开。当他分配到文教战线后，有了经济条件，才开始购买一些字画和艺术品。一次，他出门买米，来到街上，看到路旁地摊有人摆卖艺术品，他走近一看，发现一个端砚，造型精巧，镶着闪闪发亮的石珠，刻工精致，让他爱不释手。于是，他把买米的钱全部掏给摆地摊者，换了一个端砚回来。回到家里，妻子正等着米下锅呢，看到拿着端砚回来的许应裘，妻子真是啼笑皆非、无可奈何！2013 年 8 月 16 日，我与廖世民先生到江源半岛花园拜访许总，许总接待我们。谈话以后，许总亲自陪我们去参观他自己收藏的艺术品。书画作品都装裱精致，整整齐齐挂在墙上，以著名画家、书法家的作品为多，也有一些名人亲笔题词，其中当代著名书法家高学隆写的“许应裘先生藏名诗”悬挂在大厅右侧墙壁上的显著位置，十分醒目。许总收藏的艺术品专门摆放在一个大房间里，这些艺术品包括历年来各界人士及亲友送给许总的生日礼物。他介绍这些精品时，脸上洋溢着的是无限深邃恳挚的感情。

●许应裘收藏的艺术品一角

●珍贵的纪念品——提花篮

●中共大埔县委、大埔县人民政府赠送

●丰顺县交通运输局赠送

●泰国中华总商会主席郑明如赠送

●友人赠送

●泰国留隍同乡会赠送

●友人赠送

●友人赠送

●友人赠送的中华名人邮票大全珍藏册

●著名画家陈雨田赠送

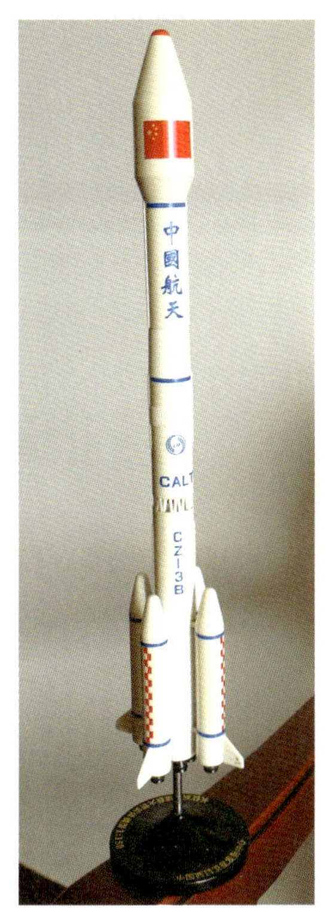

●著名画家王立赠送

●王国屏将军赠送的他当年指挥试验、建造的氢弹模型

许应裘写诗词很有天分，从笔者所收集的他写的一些诗词，便可窥见一二。在冗繁的工作之余，他口吟笔耕，勤于写作，或以诗言志，或以诗抒怀。这些诗作通俗浅白，朗朗上口，空灵清新，韵味深长。他在丰顺县球山中学坚真科学馆落成举行庆典活动时，写了《感言》一首，字里行间，无不赞扬近年来学校教育教学质量不断提升，校风学风越来越好。学校把这首诗作为学生的诗歌教材，其高昂奔放之意激励着学生奋发上进，至今一直为学生所传诵。他在 78 岁生日举行的盛大晚宴上，吟诵了他写的《笑对人生》，这是许应裘以人生为话题而抒发情怀的诗篇，同时也是对自己奋斗几十年人生历程的反思概括和真实写照。本来，以许应裘的天赋，再加上他的勤奋，完全可以成为一个诗人，只因他后来转向商界，忙于业务，没有闲暇朝这方面发展。但是，他对诗词的兴趣依然不减。这些年他带着一双慧眼和诗人的心灵，走南闯北，一边盖楼，一边思考，常常有感而发，佳作迭出，不时给人们送来一份份惊喜。

许应裘把对朋友的深情也写进诗歌中，他在写给挚友田伟的诗中说：

"逢山开路财路通，遇水架桥迎财来。深恩似海义盖天，千秋万代谱赞歌。"诗如白话，于平白中见山歌味与人情味。诗通过"逢山开路""遇水架桥"来赞扬朋友对自己事业的大力支持，他不忘感恩，"深恩似海"油然而生。许应裘说过，"感恩"是一种对哺育、培养、教导、指引、帮助、支持自己的人心存感激的表示，是一种不忘他人恩情的人萦绕心间的情感。学会感恩，是为了擦亮蒙尘的心灵而不致麻木；学会感恩，是为了将无以为报的点滴付出永铭于心。结句"千秋万代谱赞歌"，所谓"借得大江千斛水，研为翰墨颂师恩"，正是此意也。田伟读到许应裘的赞诗后，深为感动，特意奉和一首，其诗曰："逢山开路靠己力，遇水架桥靠友帮。得道天助人亦助，义胆忠肝书春秋。"

许应裘出口成章，他每一次讲话整理出来就是一篇美文，且处处显露出闪光的语言。细读起来，发现里面有许多深刻的人生哲理。本书附录部分《许应裘精彩感言百句》，就是从许应裘的发言稿及书稿中整理出来的。这些精辟的感言，既是许应裘在其人生、事业中的极为精辟的见解，也是他"诗为心韵，文为心声"的真实写照。许应裘的一位挚友说："读许总的感言是我的一大乐趣，从他身上不仅学到了丰富的知识、人类珍贵的智慧，而且也学到了为人的准则和行为规范。"另一位挚友说："读到这样的感言，令人拍手叫绝，赞叹不已，除了富有人情味和深刻的哲理，给人一种鞭策、鼓舞和引导的力量外，还感觉到许总是一位真正的儒商。"

许应裘是一位精通商贸之道，又酷爱文学、钟情艺术的人。他毕业于中文系本科，又是文教工作者，是个文人；后来从商，经过顽强的艰苦奋斗，终于成为闪耀于广州、深圳房地产界的一颗明星，是个企业家。文与商的交融并沸腾于他血液中产生了巨大能量，在他的身上，充分体现着"儒商"的品格。他口吟笔耕，勤于写作，写下了一批诗词和感言，在人们面前树立了"儒商"的形象……

总之，许应裘的业余生活丰富多彩，他积极锻炼身体，保证精力旺盛地投入到工作和学习中；他用音乐和文学来陶冶自己，培养高尚情操，不断完善自己。许应裘洁身自好，律己甚严，正如奥斯特洛夫斯基所说的："人的一生可能燃烧也可能腐朽，我不能腐朽，我愿意燃烧起来！"

一天下午，许应裘的一位老朋友来访，找许应裘聊天。许应裘泡了两杯清香四溢的热茶，端了一杯给老者，风趣地说："俺家乡有一句俗话说：'饮酒四人茶宜三'，意为喝酒要四人饮茶要三人，而我们只有两人，只能饮大杯茶了！"

老者笑着说："一样，一样，喝大杯茶才过瘾呢！"

于是，两人便海阔天空地聊了起来。

老者呷了一口，说："许总，我吃了不少滋补品，但身体总不见好，比起你……"

许应裘说："目前的滋补品不外是人参、鹿茸、冬虫夏草，它们并列为三大滋补品，但它们都有不同的功效啊！"

"只要能滋补，管它有什么功效。"

"难怪你身体这样瘦骨落肉。"

"哦，怎么说呢？"

"滋补品其实都是药材，不会像天然食物一样，对任何人都有效。"于是，许应裘打开话匣子，大谈起滋补品来，"说起人参，这可是驰名中外、老幼皆知的名贵药材，它有大补元气、复脉固肢、补脾养肺、生津安神的功效，还有愈后恢复、增强体力、调节荷尔蒙、降低血糖和控制血压等作用。人参发挥功效在于它的根部含有皂苷成分，据说每当月明之夜，人参便露出地面来，吸收月光的精华，并且闪闪发光。什么种类的参最好？中医讲究道地药材，也就是说产地最重要，南橘北枳说的就是这个道理。历来长白山野人参含皂苷成分较高，加上生长环境的独特优势，被认为是最地道的人参，它生长需要极长的时间，在雨露和阳光的滋润之下，才慢慢形成，因其取之不易，所以价格高昂。如何鉴别人参的好坏，主要通过人参的几个重要部位，一首打油诗说得好：'星点芦细毛毛艼，人字菱形短鸡腿，深兜纹粗锦缎皮，龙缠须上缀珍珠，健壮小巧芦须长，轻如海绵野山参。'大意就是：芦长须长身子短；参体最好为菱形；纹路要多且深；须和芦部都很长，须上有一个个小小的珍珠艼；身子很轻。鹿茸，它是梅花鹿或马鹿的雄鹿的嫩骨，这种带茸毛、含血液的幼角就叫作鹿茸。它是一种贵重的中药，用作滋补强壮剂，有补肾壮阳、生精益血、补髓健骨的功效。从东北梅花鹿身上采收的叫'花鹿茸'，质量最优；从东北马鹿身上采收的叫'东马茸'，品质较优；西北所产的叫'西马茸'，品质较次。冬虫夏草是一种真菌，实际上它是寄生在蝙蝠蛾科昆虫幼虫上的子座及幼虫尸体的复合体。它的功效主要是保肺益肾、止咳化痰、养精益气，是一种传统的名贵滋补中药材。最好的冬虫夏草产自西藏那曲和青海玉树，那里出产的冬虫夏草以色正、体满、营养价值高而闻名于世，被冠以'虫草之王'。然而，药材的价值，仅仅表现在需要服用这种药物的患者身上，不是每个人吃后就能起到作用的，相反，有的还会起到副作用。比如说，阿胶，也是一种传统的滋补药，它有补血止血、滋阴润肺、延缓衰老等功效，但脾胃虚弱、消化不良者和高血压、糖尿病等患者就不能服用，不但不能达到滋补目的，而且会导致新的病症……”

老者听罢，略有所思，说：“不是说经常吃滋补品就可以强身壮体、益寿延年吗？”

许应裘俨然是位中药专家，侃侃而谈：“年纪大了，吃些滋补品，未尝不可。但是，经常吃滋补品的人可以益寿延年的话，那么卖滋补品的药店老板一定活得最长啊。秦始皇嬴政就不用派徐福去海外寻找长生不老药了，因为凭借着他的财势和权力可以大量购买滋补品来保命。我是没有经常吃什么滋补品的，我三餐都要吃大米饭，菜主要是蔬菜，也吃些鱼肉，但没有刻意去制定膳食的营养搭配，三餐准时，极少吃零食。俗话说‘心旷神怡’‘心宽体胖’，这是我从生活实践中得来的好经验，心境开阔才能够安适舒泰。人要想得开，看得透，提得起，放得下，这就是养身必先养心的道理。所谓养心，自然不是指保护好心脏，而是指调控好心态，包括思想、感情、情绪、意念等。人的心态需要保持平和，犹如人的体温必须保持正常一样。古人称，动以养身，静以养心。动则多运动，多锻炼，储蓄健康；静则多宽心，多释怀。元代王隐居《衰老论》说：‘盖年老养生之道，不贵求奇，先当以前贤破幻之诗，洗涤胸中忧结，名利不苟求，喜怒不妄发……神虑不邪思。’尤乘集《疗心法言》中也说：‘人多烦我少记，人悖怖我不怒；淡然无为，神气自满，此长生之药。’是呀，人少忧愁，淡泊名利，不计较得失，广交朋友，因而与人无冤无仇，人自然乐观开朗，也就是说人在愉快的心情中进餐，胃口好，肠胃消化吸收也快。你说呢？”

老者说：“是呀，有医学研究表明，70% 以上的胃肠疾患与情绪变化有密切关系，不良的心理因素、精神过度紧张或忧郁悲伤，更容易致病。”

许应裘说：“所以说，良好的情绪有利于人们的健康。因为当人精神愉快时，中枢神经系统兴奋，指挥作用加强，人体内进行正常的消化、吸收、分泌和排泄的调整，保持着旺盛的新陈代谢。因此，不仅食欲好，睡眠香，而且头脑敏锐，精力充沛。根据现代医学研究机构对四川省 372 名百岁老人的调查，98% 的寿星具有开朗乐观的性格。”

老者对许应裘的养生之道很感兴趣，也深有同感，他说：“你说得对呀！年纪越大，越要保持开朗乐观，学会控制自己的情绪，养成喜笑颜开、无忧无虑的性格，生活在幽默风趣、欢乐轻松的气氛中，正所谓‘笑一笑，十年少；愁一愁，白了头’啊！”

“还有，”许应裘说到兴头上，滔滔不绝，继续讲他的养生心得，“养生中心态最为重要，一个人，特别是老年人，要充分享受生活中的‘三乐’。知道满足，就总是快乐，不要与别人比权力、比地位、比珍宝，不能看不惯周围的一切，整天牢骚满腹，怨天尤人，要安于已经得到的利益、地位，经常欣赏自己已经取得的成就，学会肯定自己，这是第一乐——‘知足常乐’；心境坦然，怡情放怀，不要患得患失，不为名利而争，不为琐事烦恼，要培养宽宏大度、襟怀坦荡的品质，沉浸在生活、工作中，就能够体会到其中的乐趣，陶醉于自己的快乐世界当中，这样就能忘却外来世界带来的许多烦恼，这是第二乐——‘自得其乐’。”

“是呀，”老者插话说，“知足常乐、自得其乐可以使人有愉快的精神状态，一旦心情开朗，定能福寿俱增。那么，什么是第三乐呢？”

“第三乐是‘助人为乐’，就是要帮助别人，热心公益，扶贫济困。据调查，长寿老人绝大多数都乐善好施，伟大的医学家孙思邈扶贫济困，免费为人治病，被尊为‘药王’，他活到102岁高龄。同时，与周围的人相处愉快，多交朋友，乐于交谈。当你遇到困难、挫折，甚至遇到不幸时，你可以向朋友倾诉苦衷，从他们的劝告和开导中得到力量和帮助，这样，苦闷的情绪会慢慢消失，从而变得豁达、轻松。当人的心情快乐起来时，人自然就幸福起来了。”

许应裘又喝了一口茶，说：“幸福是什么呢？有人说，小时候幸福是一样东西，得到了就会幸福；长大后幸福是一个目标，达到了就会幸福；成熟后幸福是一种心态，领悟了就会幸福。然而，老年人的幸福是什么呢？我的体会是，幸福就在你的身边，不是锦衣玉食，不是腰缠万贯，不是荣华富贵，而是过得平平淡淡，开心度过每一天，当你想吃的时候有得吃，当你想睡的时候就能睡，当你想被爱的时候就有人来爱你，这就是幸福。”

老者听得入了迷，直到许应裘提醒他喝茶，才回过神来，他不无敬佩地说：“真是听君一席话，胜读十年书呀！”

看着年逾八旬的许应裘，眼不花，耳不聋，还有一口健康的牙齿，说话嗓音洪亮，走起路来比年轻人还快，老者不禁感慨万千。

这时，夕阳西下，在天边留下道道霞光，洒落在珠江河上，河水浮光跃金，似乎一颗颗神奇的小星星在闪闪发光。在美丽的夕阳余晖下，天光江色浑然相融，熠熠生辉，把珠江河畔的江源半岛映照得更加美丽了。许应裘心里格外爽快，清了清喉咙，朗诵起李白的诗来：

君不见黄河之水天上来，奔流到海不复回。
君不见高堂明镜悲白发，朝如青丝暮成雪。
人生得意须尽欢，莫使金樽空对月。
天生我材必有用，千金散尽还复来。
……

●夕阳西下的珠江河畔

许应裘为人坦荡，心胸旷达，所以，在做事情的态度上必定乐观积极，眼光独到，并且拥有自己的一套独特的处事原则，那么，办成事情的概率就会大一些。想办的事情办成了，该做的事情做好了，所谓“万事顺心”。同时，他一贯奉行与人为善的处世哲学，不与任何人积怨，处理好人际关系，减轻了压力，自然就“心宽体胖”了。

他喜欢广交朋友，无论是员工、群众，还是领导、同事，都有他的朋友。他说，只要知心知性，情投意合，便是朋友至交、兄弟姐妹……他又说，广交朋友使他收获了四个健康益处：一是朋友多了不易得病；二是朋友多了睡眠更香甜，一个人越孤僻，辗转反侧难以入睡的次数就越多；三是朋友多了大脑更敏捷，认知能力下降的风险会降低；四是朋友多了寿命更长久，因为有了朋友的关爱，生活才会更美好，人就会更加健康长寿。

这些都是许应裘的养生之道。

许应裘在日常生活中，除了把全部身心投入工作和个人爱好之外，还积极参加社会活动。他参与组建广州溜隍乡亲联谊会。许多溜隍乡亲外出谋生，有的漂洋过海，因此，溜隍乡亲遍布五湖四海，他们在社会的各行各业都有所发展，许多人取得了突出成就，对社会做出重要的贡献。而在广州地区事业有成的溜隍人就有不少。多年来，广州的溜隍乡亲为了谋生和实现自己的理想，各自勤奋地工作。虽然大家都生活在同一个地方，但也难得见上一面。因此，许多乡亲都希望能够成立一个同乡会。在许应裘以及其他乡亲的共同努力下，1996 年 10 月，广州溜隍乡亲联谊会、球山中学校友会正式成立，许应裘被推举为联谊会顾问。1998 年，许应裘赞助了 3 万元，在广东省委小岛宾馆酒楼举行新春团拜会，这次团拜会有 200 多位乡亲出席，许应裘做了热情洋溢的致辞。许应裘对于家乡联谊会的成立和发展，可谓功不可没。

●许应裘与亲友参观叶剑英纪念馆，瞻仰叶帅铜像，并在叶帅铜像前留影

●许应裘与田伟在叶帅铜像前留影

可以说，名人许应裘的日常生活很忙碌，每天他总有许多事情需要去完成，事情无论大小，对他来说，都是很重要的。当他完成一件事后，就会觉得心情格外轻松，因为在忙碌中有所收获，感到充实，当人感到充实的时候就会感到很快乐，人生也因此变得更加精彩。

●许应裘与开国将士英雄杨绍华在江源半岛花园新居会客厅合影

●许应裘在丰顺县与亲友合影（左起：孙成云、许应裘、田伟、许桦）

许应裘在忙碌中找到了自身的价值，甚至忘记了自己的年龄。他把名利、地位、得失都看得很淡很淡，得之不喜，失之不忧，宠辱不惊，去留无意。“看庭前花开花落，望天上云卷云舒”，自得其乐，使生活充满快乐，从而为社会多做贡献。

第十八章

薪火传承，筹划明天

2012 年，许应裘在他 78 岁生日晚宴发表讲话时，深情地朗诵了一首赠给女儿许桦的诗，诗的内容是：“江源鲜花向阳开，满怀激情澳洲来。分担父亲苦与忧，万般困难脚下踩。”许桦满怀激情，从澳洲回来了，留在父亲身边，帮助他工作。许应裘很爱他的女儿，只要一提起女儿，那种抑制不住的自豪感便油然而生。

许桦做事认真、投入，而且有其父刻苦耐劳、自强不息的作风。她既保持了老一辈传统的和谐经营之道，又吸纳国外先进的科学文化知识，在工作中处处显露出她的智慧和才华。她遇到任何困难都表现出潇洒自如、迎难而上的从容风采。

许应裘为许桦的成长倾注了大量的心血。

许应裘深知，父母是孩子的第一任老师，有什么样的父母就有什么样的孩子，父母的一言一行对孩子的成长都有着潜移默化的影响。清代李雍熙在《孝行庸言》中说：“天下有贤父兄，何患无贤子弟哉!”所以，许应裘很重视对孩子的家庭教育。

家庭教育作为学校教育与社会教育的必要补充，其作用是不可替代的，诚如清代学者孙奇逢所说：“端蒙养，是家庭第一关系事。”自古以来，我国涌现出许多家庭教育思想家和系统阐述家庭教育主张的专著。如南北朝时期最博学的教育思想家颜之推，把自己的家庭教育主张撰成《颜氏家训》；宋代袁采则撰成《袁氏世范》，素有“《颜氏家训》之亚”之美称。此外，明代庞尚鹏的《庞氏家训》、吴麒徵的《家诫要言》，清代陈宏谋的《五种遗规》、孙奇逢的《孝友堂家训》等，也都很有影响。至于近现代，诸如梁启超、陶行知、陈鹤琴、叶圣陶等许多教育家，林则徐、曾国藩、宋耀如、冯玉祥、傅雷等许多著名人士，他们又进一步发展了古代家庭教育主张、思想和实践。总之，我国不仅有重视家庭教育的优良传统，而且积累了极其丰富的资料。

许应裘善于运用历代积累下来的成功的教子方法，他曾经对朋友说："清代郑燮的《潍县署中寄舍弟墨第二书》中说：'余五十二岁始得一子，岂有不爱之理？然爱之必以其道，虽嬉戏玩耍，务令忠厚悱恻，毋为刻急也。'大意是郑燮52岁才得到一个儿子，哪有不爱之理？但是爱他也要讲究方法，虽然让他自由地嬉戏玩耍，但是也会教育他要忠厚、有同情心，没有一刻不是在替他担心着急的呀！先贤郑燮说得没错，'爱之必以其道'，但关键是'不可妄憎爱'。朱熹也说过：'父母爱其子，正也，爱之无穷，而必欲其如何，则邪矣。'我只有一个女儿，我怎能不爱她呢！但'欲惜惜在心，勿惜在面'（潮汕俗语，意为要爱就爱在心里，不要在表面上流露出来），在让父爱的光辉时时刻刻照耀着她的同时，也严格要求她知书识礼、正直质朴。"

一天，小许桦正在跟孩子们嬉戏，许应裘走近她，笑着说："许桦，爸爸有话问你。"

小许桦闪动着一双灵动的眼睛，说："爸爸，你说吧！"

许应裘说："你长大了要做什么？"

小许桦答不上来了，摇摇头。

许应裘说："爸爸给你讲个故事。"

一听父亲要讲故事，小许桦兴趣顿生，高兴地说："爸爸，快说呀！"

许应裘有板有眼地讲起来："一对夫妇有两个孩子，孩子还小的时候，父母决定为他们养一只小狗。小狗抱回来以后，他们想请一位朋友帮忙训练这只小狗。在第一次训练前，女驯狗师问：'小狗的目标是什么？'夫妻俩面面相觑，他们实在想不出狗还有什么另外的目标：'一只小狗的目标？那当然就是当一只狗了。'女驯狗师极为严肃地摇了摇头说：'每只小狗都得有一个目标。'夫妇俩商量之后，为小狗确立了一个目标——白天和孩子们一道玩，夜里要能看家。后来，小狗被成功地训练成了孩子们的好朋友和家里的守护神。"

许应裘讲完故事，然后语重心长地说："自此以后，这对夫妇牢牢记住了这句话——做一只狗要有目标，那么，做一个人更要有目标了。所以他们从此树立了奋斗的目标，这个男人后来成了美国的副总统，他的名字叫阿尔·戈尔。"

故事的魅力，父亲的情怀，使小女儿深受启发。由于许应裘对女儿的教育开始得早，许桦从小心里就有了一个现在勤奋学习，将来成为有用之才，能建功立业，报国为民的目标。

当许桦在国内读完小学和中学之后，许应裘就将她送到国外去留学深造。

许应裘跟朋友谈起这件事时，说："现在是科技信息化、经济全球化和国际化时代，把孩子送出国，接受较为先进的教育，也可增长她的见识。但是，女儿年龄比较小，自控能力较差，人生观尚未成熟，到一个没有约束的环境，父母当然不放心。但是，为了她的未来，就是再不放心也要放心。"

许桦从国外大学毕业后，留在澳洲工作，直到几年前，许应裘才将她召回广州，让她留在身边，帮助自己，许应裘言传身教，精心培养，放手让她处理一些工作，并经常教育她要努力工作，与人为善；做生意要注重信用，遵守承诺等等。

一天晚上，父女俩吃完晚餐，坐在套间里聊天。

许应裘说："许桦，你回国已有一段时间了，爸爸总没空冲泡工夫茶给你喝，今晚爸爸就给你烹煮一次吧！"

许桦高兴地说："好呀！"

许应裘一边用电炉烧开水，一边说："工夫茶过去有一整套茶具，共12件，包括茶壶、茶杯、锡罐（装茶叶用）、小砂锅、茶洗（上有孔盘，亦称茶筛）、茶碟（放茶壶或盖瓯用）、泥炉、羽毛扇（扇火炉用）、龙缸（贮清水用）、水壶、风炉柜、茶橱。茶壶俗称盖瓯、冲罐，正宗的是宜兴产紫砂陶壶，样子像个大红柿，有把手、壶嘴和壶盖。茶杯是瓷的，半个鸡蛋壳大小和厚薄，晶莹如玉。"

许桦问道："爸，茶杯为什么只有三个？"

"家乡有句俗话说'茶三酒四踢跎二'，是说喝茶最好邀请三个人，故一套工夫茶具，俗例是只配三个茶杯。"

"来了四个人呢？"

"让在座的长辈先喝，晚辈的等待筛第二轮茶再喝。"

这时，水烧开了，许应裘先用开水将茶杯茶盘烫洗一遍，接着又拉开了话匣子，说起冲泡茶的"工夫"来。他说，冲泡工夫茶讲究好火好水，水以山间的泉水为上等，江水为中等，井水为最差，工夫茶喜用山泉水，"山秀泉神，真水无味"，取其清纯无杂质。但在城市中不易取得山泉水，只能大体取澄清的自来水。至于好火，俗称活火，是指用泥炉烧开水，以干榄核作炭，不停地用扇子扇风旺火，使水烧开，水沸至锅内冒起成串小水泡，状如虾须便要取起冲用。现在简化了，改用电炉烧开水。虽有好水好火，但不善冲泡，就会前功尽弃。潮州人总结出一套“高冲低筛，刮沫淋盖”的方法，称为八步法，即纳茶、候汤、冲泡、刮沫、淋盖、烫杯、洗杯、筛点，每一步都有讲究。筛茶时，又有两句口诀：“关公巡城，韩信点兵。”意思是冲泡时，不能筛满一杯再斟另一杯，而要像关公巡城一样，依次来回均匀筛进每个杯子里，使每个杯子里的茶水浓淡一致，表示对在座饮茶的人一样对待。每筛一轮茶时，罐里茶水尽量筛出，点滴不留，貌似韩信点兵多多益善……

许桦听得入迷，又看着父亲像魔术师那样泡茶。茶泡好了，热气袅袅，幽香扑鼻。她捧起茶杯，喝上一口，觉得口中有些苦涩，但随之就感到甘润清甜起来，一股清香直沁肺腑，她连连赞许道：“好茶，好茶！”

许应裘捧起茶杯，慢饮细酌，芳香在舌尖缓缓滑过，嘴中似嚼了橄榄一样，啜毕还将杯口移近鼻孔，品其缕缕甘泽之气，然后才慢条斯理地说：“蜜味还未出来，好茶还在后头呢！”

许桦笑着问道：“爸，这是什么神奇的茶叶啊？”

许应裘说：“说起这茶叶，来头可不小呀！它原产地在凤凰山，传下许多故事，其中有口含香木的凤凰。”

“爸爸，快说呀，凤凰怎么口含香木？”

“传说很久以前，凤凰本是玉皇大帝的坐骑，后来下凡到潮州，变成了凤凰山。凤凰山山势巍然屹立，雄伟壮丽，山间云雾缭绕，银瀑飞泻；山上苍松翠柏，异草奇花遍布。远眺凤凰山，恰似一只昂首挺脖，遥视潮梅大地的凤凰。”

许应裘接着说，相传南宋末年最后一个皇帝赵昺，被元兵追赶，带着一朝文武大臣向南奔逃，几经周折，爬上了凤凰山的第二高峰乌岽山，此时已经筋疲力尽，饥渴难忍了。这时，一只美丽的凤凰，口里叼着一束飘香的树枝，驾着一朵彩云，飞到乌岽山上空，把树叶掷到赵昺面前，然后长鸣一声，又向远方飞去。随行的人有识得茶者，立即摘下嫩叶送给赵昺。赵昺细嚼之下，顿觉满口清香，生津解渴，倦意全消，并把剩下的茶叶赐给群臣解渴。赵昺把余下的茶枝和一对并蒂的茶果播种在山顶上。不久，乌岽山上便生长出一片茶林。茶叶在宋代被称为“侍诏茶”，也名“贡茶”，后人栽制，名为“宋种”。凤凰山茶农祖祖辈辈，历经几百年传播，将“宋种”茶培育出具有各种香型的单丛茶，有“姜花香”“夜来香”“玉兰香”“芝兰香”“黄枝香”“蜜兰香”“茉莉香”“杏仁香”“桂花香”“肉桂香”“通天香”等等。

许应裘讲完故事后，从茶罐里取出一把茶叶，说：“我们泡的是‘肉桂香’，你看，沉甸甸的，条索略为弯曲，呈油润黑褐色，一看便知是好茶。”

在父亲的感染下，许桦对茶文化也产生了兴趣，忙问道：“爸，单丛香茶采制工序复杂吗？”

许应裘又拉开话匣，说：“我曾听凤凰茶农讲过，单丛香茶采制流程十分细致严格。采茶时，日光过强不采，晨露不采，下雨不采。一般是下午两三点时开始采茶，至四五点结束。采茶回来后，要在当天晚上进行加工，经过晒青、凉青、碰青、杀青、揉捻、干燥6个工序，从夕阳残照一直制作到天明才制成毛茶。这种茶是一种介于红、绿茶之间的半发酵焙茶，素以其形美、色翠、香郁、味甘而称绝。其品类特点是外形较挺直，条索壮硕，色泽黄褐，有天然的各种香气，黄艳清绿水色，滋味浓郁带甘，醇喉爽口，并带有独特的山韵蜜味。具有耐冲泡、香气涵长盈溢、甘味久存的特点。最神奇的是，茶的香气经久不散，泡后隔夜不变色，不变酸，色、香、味俱佳。”

许桦对父亲知识面之广惊叹不已，说：“爸，你也成了半个凤凰茶研究专家了！”

许应裘呵呵地笑起来，似乎对这“半个”的“职称”还不满意，他说：“你说我是半个凤凰茶研究专家，我还是半个烹煮工夫茶专家，合起来就是一个完整的专家呀！”

父亲一句风趣的话，逗得许桦笑得前俯后仰。

“其实，潮汕人家家户户都会泡一手好工夫茶，都是烹煮工夫茶专家，这是一种传统茶文化啊！传统的东西，只要符合人民的利益，就要继承下来。比如，我国古代经商要‘货真价实’‘言不二价’，不说谎，不欺骗，在商店挂着一个牌子，写着‘童叟无欺’，这就是重视信誉，这些优良传统还是要继承和发扬的。还有，古代经商重商德，什么叫商德？简单来说，就是商业应遵守的行为规范。古代商德的核心是‘诚信无欺’，具体表现在对消费者负责，如在商品价格上要‘价实’，商品质量上要‘货真’，商品计量上要‘量足’，经营服务上要‘守义’。”许应裘说着，突然对许桦问道：“你说说，什么叫‘无奸不商’？”

许桦笑了笑，回答说："不就是世上做生意的没一个好人吗？"

"不，"许应裘一本正经，俨然是一个正在上课的老师，说，"无奸不商原来是'无尖不商'，是说古时候开粮行、卖谷米的是用升或斗量的，商人卖谷米每次都把升和斗堆得尖尖的，尽量让利，以博得回头客，所以叫无尖不商。这是一句被误传了几千年的俗语，原本是表现古代商人诚信无欺的商业道德的。"

许桦对父亲与众不同的回答很感意外，她想，自己虽曾在国外留学，却对祖国传统文化很陌生，显然还须狠狠地补课。于是，她认真地听父亲讲着……

"还有，"许应裘继续说，"古代商德表现在爱国美德上，商人在处理自己和国家的利益关系时，遵循国家利益高于一切的原则，这突出表现在保家卫国的反侵略斗争中，如春秋时期郑国的弦高、西汉时的卜式、南宋时的魏胜、明代的阮弼等；在反侵略战争中，捐金助饷、执戈抗战、怀念故土、谴责投降。"

许应裘说着，情不自禁地吟诵起一首歌谣：

郑国商人名弦高，贩牛来往秦和郑。
一天驱牛过滑地，忽闻远处兵马声。
刀光剑影耀人眼，大军千万东南行。
弦高暗暗去打听，原来都是秦国兵。
要想偷偷袭郑国，北门城里有来应。
郑国此时真危急，弦高心里暗吃惊。
左思右想无计策，忽然情急智谋生。
挑选肥牛十二只，乔装打扮到秦营。
秦将认郑已有备，只得收兵转回程。
笑谈退敌推弦高，千秋万代留美名。

许桦用手打着节拍，说："爸，你吟诵得真好听，但不知这是什么歌谣啊？"

许应裘说："这是我读小学四年级国文课时的一篇课文，题目叫'商人弦高'。弦高就是我刚才提到的春秋时期郑国人弦高，他是一个普通商人，以贩牛为业，一天买了几十头肥牛，正准备赶到滑国去转手倒卖，途中突然听到兵马声，秦穆公已派大队人马出发去偷袭郑国了。弦高吃了一惊，急中生智。他打起犒劳秦军的旗号，选了12头肥牛，又买了许多劳军礼品，以郑国使臣名义，犒劳秦军，从而避免了一场战争灾难的发生。一个两千多年前的小商人，在自己的国家面临危难之际，想到的不是保全自己的性命和财产，而是采取了完全相反的举措——拿自己的性命去冒险，为了保护国家的利益而牺牲自己的财产。这些古代商德都值得我们重视和发扬。”

许应裘停顿了一下，清清嗓音，继续说：“当代影视大亨、著名慈善家邵逸夫曾说：‘一个企业家最高的境界是慈善家。’这位百岁老人让世人津津乐道的，除了他一手开创的‘影视王国’，影响几代人的电影、武侠剧等，更有他以慈善为念，为祖国教育事业尽心尽责、不遗余力的赤子情怀，他慈悲为怀的一生可歌，可泣，可长叹，可深思……”

许应裘滔滔不绝、侃侃而谈，许桦听得津津有味，特别是从父亲口中吐露出的这些引经据典的经商之道，对于许桦来说，真是金玉良言，她感到这是她工作的力量的伟大源泉，又是她不断修身养性、为人处世的金科玉律。她认真地说：“爸，您放心，我会牢记您的话，努力学习古代的哲学思想，以仁爱、忠义、道德作为精神动力和行为杠杆，不断努力进取，凯南一定能够在稳健中寻求发展，凯南的明天一定会更好!”

许桦从国外回来后，只要不外出办事，每晚都在家里吃饭。她说：“父亲总是不断地教育我，怎样做一个正直的商人，怎样从古代的商德中吸收做人的营养。他多次提醒我，先学做人，再学经商，因为作为商人，每天都在与人打交道，如果不重信用，不守诺言，有谁要跟你做生意呢？一件事一经承诺，就要负责到底，取得人家的信任；同时，待人接物，要保持客气，尊重别人的意见，体会别人的心情，千万不要意气用事，这样，待人以诚，有信誉，企业才能生存并能继续向前发展。”

不仅如此，许应裘还总结出前人的修身之道来教育下一代。许应裘常常这样教导他们：“你们要牢记十六个字，即大道至简、大智若愚、有容乃大、上善若水，这可是流传千年的我国四大智慧，也是做人的基本道理。‘大道至简’是指大道理是极其简单的，简单到一两句话就能说明白，所谓‘真传一句话，假传万卷书’。所以，复杂的事情要简单去做，简单的事情要重复去做，重复的事情要用心去做，坚持下去，这样就没有做不成的事情。‘大智若愚’的‘愚’是指表面糊涂，心里明白，小事糊涂，大事精明。毛泽东曾称赞叶剑英元帅‘诸葛一生唯谨慎，吕端大事不糊涂’。这句话是说做人不能太精明，要低调做人，不要小聪明，让自己始终处于冷静的状态，在‘低调’的心态支配下，兢兢业业，才能做成大事业。‘有容乃大’语出民族英雄林则徐题于书室的一副自勉联：‘海纳百川，有容乃大；壁立千仞，无欲则刚。’比喻要拥有像大海一样的宽广胸襟。原谅有过错之人，就可成为朋友；心中常想着朋友，便可成为手足、知己。做人大度，方能大气；胸怀博大，可容世界。‘上善若水’意思是说，人的品格应该像水一样，水造福万物，滋养万物，却不与万物争高下，这才是最为谦虚的美德，即做人的至高境界。这种境界就是怀着一颗仁爱之心，无论自己身处何境，都对这个世界充满爱心，爱身边的每一个人，并给予他们关怀，而不求回报的奉献精神。”

由于许应裘的言传身教，精心培养，他的下一代在处理企业的一些大事情及一些比较棘手的商务问题上，都显示出惊人的胆识和灵敏，他们将祖国传统文化和老一辈保持的和谐传统的经营之道，与现代先进的管理知识融会贯通，谱写了年轻一代儒商的新篇章。

凯南地产是许应裘亲手创建起来的，他的下一代接过父辈的接力棒，无可厚非，但许应裘一再提醒他们，自己要有志气，要自食其力，自立自强，不要笼罩在父辈们的阴影下，必须凭着自己的聪明才智和努力奋斗去创造财富。

许桦曾经对采访她的记者说：“爸常对我说，我给你一笔钱，任由你去花，直至钱全部花完之后，你并没有感到真正的快乐，因为这钱不是你自己赚来的，你没有能够体会到创业的艰辛，当然更体验不到花钱的乐趣。但是，如果这笔钱是通过自己的努力赚来的，你就不会随便去花，而是要用这笔钱去做更大的生意，赚更多的钱，到了那时，你去花钱，才会觉得真正开心，品尝出成功的滋味，这就是俗话说的，吃自己种的瓜——格外甜。”

可以说，许应裘对下一代的培养，教导他们最多的是怎样做人。许桦说，当父亲事业有成，积累了一笔财富之后，常对他们说，属于他个人的财富，只是给自己和亲人买足了人寿保险。他如果把财富留给他的后代，那只能富了许氏一家；如果把财富用来培养家乡的下一代，将来整个家乡的人都能富起来。他捐建家乡学校、教学楼、科学馆，就是为支持家乡教育事业的发展，培育更多的人才，为家乡的发展贡献力量。正如改革开放的总设计师邓小平说的，把爱献给教育，献给下一代的人是世界上最幸福的人。

一代儒商许应裘，无时无刻不在关注着他优秀的下一代，给予他们更多的人文关怀。年轻一代的接班人，亦不辜负父辈们的期望，将会创造出更为辉煌的事业！

真诚地祝福许应裘先生和他优秀的下一代！

2016 年春，许应裘设立了“坚真慈善基金会”。设立该基金会是为缅怀华夏女杰李坚真的丰功伟绩和革命精神，将李坚真伟大的革命精神和崇高的革命品德世世代代传扬下去，永远激励着人们奋勇向前。该基金主要用于资助学校建设、扶贫济困和开展公益活动等。许应裘表示，未来他的大部分资金将捐献给坚真慈善基金会。

↘附　录

许应裘精彩感言百句

一、人生感言

1. “民无信不立”，诚信比生命更为重要。

诚开金石，信步天下；无诚不得人心，无信寸步难行。

2. 我靠的是诚信，人家有地皮的单位都很相信我，所以，诚信就是财富。

3. 信诺第一、诚实至上、稳重做人是我处世的哲学。

4. 人生价值的实现，都寄托在房地产业上，“安得广厦千万间，大庇天下寒士俱欢颜”就是我追求的人生理想。这是一份高尚的事业，也是付之心血的精神寄托。

5. 享受不仅仅是吃吃喝喝！我的享受就是为国家、为人民做点有意义的事！

6. 做一份成功的事业就是享受人生的最佳方式。在有生之年，我要帮助更多的人过上幸福的生活。

7. 人最大的快乐是给予，而不是索取。把快乐撒向人间，把忧愁留给自己。

一个人快乐不是真正的快乐，大家好才是真的好。

8. 众志成城人心齐，马不扬鞭自奋蹄。

9. 古人云：“百心不可得一人，一心可得百人。”交友贵在真诚。交了很多知心朋友，是我人生中最大的收获。

10. 真正的朋友是在危难时帮你的人，不是锦上添花的表演者。

11. 我永远都是一个普通的兵。

12. 我的工程师、我的技术力量隐藏在人民群众之间。

13. 感恩是幸福的源泉，不懂得感恩的人，永远没有朋友，永远得不到幸福。

14. 一个人要艰苦奋斗，做什么事情都有成功的可能。

一个人应该永不知足，我一生引以为豪的是一直在奋力向前。

15. 教育事业关系到一个国家、一个民族的兴旺发达，要想改变我们山区的面貌，就要提高文化教育水平。对于家乡的教育事业，我一定要下足决心，无论小学也好，中学也好，我都要尽自己的努力，为家乡的教育事业做贡献。

16. 丰顺县委、县政府很重视教育事业，要把我们丰顺建设成教育强县，我觉得这个举措符合民心，我更要大力支持，以后呢，我计划每年做一件与丰顺文化教育有关的事，以实际行动支持丰顺县委、县政府。

17. 人才是国家繁荣发展之根本。

18. 兴建坚真科学馆的目的在于纪念华夏女杰、中国妇女运动先驱李坚真大姐，弘扬李大姐精神，激励广大学子勤学苦练，立志成才。

19. 把丰顺县球山中学办成学生满意、家长满意、社会满意的学校，希望同学们刻苦学习，为国争光。

20. 球中师生好作为，庆典一举胜春雷。校风严整展新貌，教育成果显光辉。

21. 我所追求的是淡泊人生，不追求功名利禄，所以我始终保持着良好的心态。

22. 我虽然淡泊人生，但我有大志，虽年事已高，但还要做一番大事业，正是老骥伏枥，志在千里。

23. 我人能走路，就还要走，就要把好事做下去，做到不能做为止。

24. 一说到童年，我觉得自己经历的是苦难的童年。旧社会，我妈妈23岁就已生了三个小孩，有一个姐姐、一个哥哥，我最小。妈妈是靠一根扁担和一把镰刀来养活我们，我觉得妈妈好伟大，在那么艰苦的岁月中能够把我们养大成人，那很不简单，是妈妈让我学会了艰苦奋斗，我才有今天。

25. 童年的艰难生活，母子相依为命，使我从小就养成吃苦耐劳的习惯，并奠定奋发向上的志向。少年的我常对母亲说："不要哭，不要怕，我长大赚钱孝敬你，让你过上好日子。"

26. 母亲是一座山，是高入云霄的山；母亲是一条河，是汇进大海的河；母亲是一颗星，照亮了儿女前进的道路。母亲虽然谢世了，但我总是感觉到，母亲活在我的心里，母亲的精神，一直在我心中永生！

27. 自己的童年是从艰难困苦的日子里走过来的，我深知贫穷是什么滋味，所以，我愿意帮助那些贫穷的人脱离困境。

28. 尊老、爱老、敬老，是人类的美德，人人都会变老，这是人生的必然规律，我每年中秋节和春节都要亲自回到家乡，为敬老院的老人送上红包，仅仅表示一点心意。

29. 灵感是一瞬间的感觉，如果不牢牢抓住，它就一闪而过了。

30. 机会的大门为那些满怀抱负、希望有所作为的人敞开，而不懂得怎样追求它的人，机会的大门即使在他面前，他也察觉不出来，成功的人就是那些善于把握机会、勇于获取胜利果实的人。

31. 命运难以捉摸，往往不以人们的意志为转移，只有领略过命运的甜、酸、苦、辣，才会感到命运真是个奇特的东西，我很幸运，命运之神特别眷恋于我。

32. “志当存高远，慕先贤。”诸葛亮这句话是我的座右铭。我从小就深知，不要为眼前有了衣食就贪图安逸，不要因暂时有点成绩就丧失斗志，一个人要有远大的志向，志存高远，奋勇向前。

33. 事业成功了，不要做为富不仁的事，既要做一个企业家，又要做一个慈善家，要多做好事，积善成德。

34. 一个人要承受压力才能健康地生活。人来到这个世界上，就是要迎接困难、战胜困难。

35. 我不吸烟，不喝酒，不赌博，唯一的爱好就是早起晨练。我从来不觉得自己是个富人，总感觉还生活在昨天。

36. 赚钱首先是为国家创造经济效益，为自己的亲朋能过上有质量的生活。其次是为公益事业。我的愿望是赚钱后，能为国家做几件像样的公益事业。

37. 办公益事业，没有钱是办不成的，如果我捐出的有限的钱，能为社会带来一些益处，我就终生无愧。

38. 我不是守财奴，我要那么多钱干什么？但我很想再多赚一些钱，去帮助那些需要帮助的人。

39. 笑谈畅饮话春秋，功名利禄非吾求。老骥不惧崎岖路，奋蹄万里志已酬。人生珍贵重品德，回报社会名不留。赢得今朝安宁日，不负江河万古流。

40. 笑是自信，笑是蔑视困难、战胜困难的坚强意志。

41. 人生如画，从微笑开始。就企业来说，企业是一个大家庭，企业主与员工需要彼此关爱，有企业就有爱，有爱才有企业！从一个最简单的微笑开始，无声地散发出你对员工的关怀与鼓励。

42. 当你对刚出差回来的同志关心地说："你辛苦了！"归来的同志一定会感到暖暖的。事虽小，却是心连心的体贴，温暖从这里，散播开来，充满人间。

43. 把学习作为一种责任、一种追求，通过学习增长知识，增加智慧，增强本领，"学而优则存，学而优则进，学而优则胜"，这是被实践一再证明的颠扑不破的真理。

44. 血泪孕育成功的花，勇敢地迎接风雨、雷电，在曲折坎坷的人生路上一路高唱凯歌。

45. "生命诚可贵，爱情价更高；若为自由故，二者皆可抛"，说的是过去的人是为了自由可以放弃生命的。在今天，很多人活着是为了钱而不要命的，那么，这首诗可改为："生命诚可贵，爱情价更高；若为金钱故，二者皆可抛。"

46. 人类没有哪个时代像现在这样充满着迷惘和压力，爱的能力在丧失，爱情被金钱的力量塑造着，显得那么虚假。

47. 很多人在思考，人类要走向何处？现实世界到底是文明还是野蛮？什么是文明？是人与人之间的平等、宽容、尊严、善意和爱；野蛮则是人的主体性、私密性、尊严都被侵蚀。一方面是文明社会，另一方面是被压制的人性。我们不用思考文明是什么，只要自己有了意志，有了行动，按照自己的良心做事就好。

48. "我是谁？""我在干什么？""我的生命出现在这个世界上究竟有什么意义和必要？"这些年来我个人的遭际，苦乐年华的人和事，使我进一步思考人生。

49. 弥勒佛像边有副对联，上联云："大肚能容容天下难容之事。"凡事不必过于计较，采取宽容的态度，这样，就少了这样那样的烦恼，也使自己能经常地保持乐观豁达的生活态度。

50. 天天开心，知足常乐，潇洒人生康而寿。

报答社会，老有所为，继续奋斗谱新篇。

好别人就是好自己，帮别人就是帮自己，救别人就是救自己，害人即害己。

二、经商感言

51. 我是从 1993 年开始从事房地产行业的，“为业主建更适合居住的房子”“负责到底”是我一贯追求的地产境界！

52. 一个家庭，多少年的血汗钱才能买一套房子，如果我们盖的房子质量不过关，那怎么能对得起业主！所以，我一定要求工程质量达标，用料真实，哪怕是一根柱子、一个钉子，都要求做到最好，我们要做就做一流的房子！什么二流、三流统统不要找我，我要建一流的房子！

53. 我要求企业做稳，小而精，精而强，追求高效。发展过程中，我们不做气球，而是要做皮球。因为气球高高飞在空中，大而美；皮球虽圆滚滚地跑在地面上，毫不起眼，却坚实耐踢，经得起打磨，不像气球遭遇大风就会游移不定甚至爆炸！

54. 饭要一口一口吃，事要一件一件做，仗要一个一个打，一口吃不成胖子。

55. 凯南地产的发展理念是：不求数量，只求口碑和质量，稳健发展，以客户需求为目标，真正做到让客户满意。

56. 要做到胸有成竹，盖房子是一项很精密的工程，要对业主负责，所以绝对不能马虎。

57. 舍弃商业利益，孜孜探索更适合居住的、更具创新精神的建筑。

58. 凯南地产旨在将金丰花园打造成教育人文社区，因为教育的意义非常重大，不仅仅改变了社区周边的教育环境、人文环境，更承载树人的历史责任。

59. “金丰花园一切从孩子出发”的思想为生活在这里的家庭解决了后顾之忧，也为孩子的健康成长打造了一个优质平台。

60. 准确定位企业的发展方向，坚持不断地进行品牌的塑造和持续发展，通过整合营销来实现消费者对企业品牌的定位。对于凯南地产所有项目开发的定位，就是凭借企业自身的优势，形成项目独树一帜的品位和风格，为城市建设和居民居住环境的改善做出应有的贡献。

61. 凯南以高起点、高标准、高姿态进行商品房开发，坚持走专业化、规范化、品牌化的企业发展道路，立足珠三角。

62. 凯南本身就是一个品牌标志，怎样利用好凯南的品牌优势，将“专业、诚信、责任”的服务价值理念深入到房地产开发中来是凯南地产始终不变的追求。

63. 品牌地产必须要引入先进的理念，竞争的加剧带来品质的提高。我们要学习现有优秀产品的运作方式，做足产品，为提升区域形象起到一定的作用。

64. 我们的项目东方盛世花园在这么激烈的市场环境下诞生，正是市场对我们最好的考验。我相信真正有实力的项目是不怕竞争的，相反市场的良性快速发展可以为高品质项目提供更有效的运营空间。

65. 无论什么企业都要遵纪守法，做人也要遵纪守法。

66. 要成为一个成功的开发商，必须具备三个条件：一是小老板的精神；二是中老板的眼光；三是大老板的气魄。

67. 凯南公司是广州市房地产行业中唯一能够按时交楼的公司，在广州市民心目中的形象更高大，诚信度更强，为我们今后江源半岛商住楼的发售，开辟了光辉的前景。

68. 我们公司的员工，是世界上最优秀的员工，工作主动积极，认真负责，尽忠尽职，表现了主人翁的精神。

69. “古者富贵而名摩灭，不可胜记，唯倜傥非常之人称焉。盖文王拘而演《周易》；仲尼厄而作《春秋》；屈原放逐，乃赋《离骚》；左丘失明，厥有《国语》；孙子膑脚，《兵法》修列；不韦迁蜀，世传《吕览》；韩非囚秦，《说难》《孤愤》；《诗》三百篇，大底圣贤发愤之所为作也。”历史上成就大事业者，必与经磨难的仁人志士一样，有一段艰难痛苦的历程。我在创业过程中，承受了常人难以承受的压力，只有历经磨难，经过失败，再吸取教训才能达到成功。

70. 其实，失败并不可怕，最重要的是失败之后是否还有信心，是否还保持着清醒的头脑，总结经验，变逆境为顺境，重新开始。

71. 在房地产开发建设过程中，要把社区环境建设和自然生态保护作为重中之重。

72. 江源半岛保留着一片广州地区非常少见的、历经半个世纪的古榕林。建筑的位置是可以调整的，而原生态的古榕却不可复制，作为一个有责任的开发商，必须舍弃短期的商业利益，为自然环境的保护，为人居环境的改善做出应有的贡献。

73. 东方盛世花园应势而建，穿梭于繁荣与静谧之间，将城市生活提升到一个新的高度，文化品位、生活方式的改变带来品质上的改变。

74. 没有辛勤的耕耘，就不会有真正的收获；没有奋力拼搏，就没有创业的成功。

75. “螳螂捕蝉，黄雀在后。”蝉、螳螂都只看到眼前的好处，而不知祸害就在后面。商场如战场，虽没有枪林弹雨，炮火硝烟，却是一个竞争激烈的商业战场，企业存亡取决于其领导人的智慧与胆识。

76. 一个优秀企业家必须具有预测市场经济形势的能力，并且是一个勇于承担风险，能够掌握未来的人。

77. 冲出一条血路再纳百川，说起来容易，做起来却很难。只有沉着冷静，善于应变，集胆识、才气和运气于一身的人才能做到。

78. 一个企业家既要具有“博采天下之所长，而为己用”的胸襟和能力，又要懂得“有容乃大”的道理，如此才能广招天下能人，帮助你，跟你一起工作。

79. 有人说，老板办公司，养活了员工，这是过去的观点。我要说的是员工养活了老板，养活了公司。

80. 任人唯贤，知人善任，既要严格要求，又要宽厚待人；唯亲是用，是家族式管理的做法，表示不相信外来的人。

81. 房地产开发，不是完全以商业的模式运作，而是在这个过程中除了要倾注一个发展商本应具有的“责任”外，还带有一种特殊的感情——对业主和员工的亲情。我就住在自己开发的小区里，把住户当亲人，与住户一起晨练，和很多业主成了朋友，小区里的孩子见到我都叫爷爷，有的见到我非让我抱抱才觉得过瘾。人人常说“千年亲人，万年邻居”，大家住在一起，就要互相关照。

82. 在城市土地资源越来越稀缺的大势面前，创造出惬意的居住环境，成为当下房地产开发的有力竞争手段。而创造舒适生活空间的本来目的就在于营造城市高品质生活氛围，打造属于城市人的高品质生活方式。

83. 入户花园、超大观景阳台、错层楼台、内廊明窗、大凸窗……舒适的户型设计串联起的是居住者惬意、安详的生活；房型的通透，更让居住者在东方盛世花园精心打造的家居空间里，畅享视觉空间的无限外延。

84. 东方盛世花园采用了“依坡地就势”的方式，房子排列有序，园林建造随地形自然起伏、高低错落，随处可见坡道、台阶、花草、树木，反映出绿色的天然性，为居住者营造健康、舒适的社区生活和休闲的环境。

85. 企业的发展来自社会的支持，当企业取得经济效益之时，就应该承担更多的社会责任，加倍地回馈社会。

86. 现在，中国正步入“构建和谐社会”的战略发展转型时期，企业作为中国经济发展的主体，更应该为和谐社会的构建建言出力。

87. “服务社会、回报社会”“致力于生态保护与和谐人居的构建”是广州凯南地产始终秉承的企业发展之路。

88. 我创业时白手起家，凭借“诚实守信，开拓创新”的经营方针和“诚信无价宝，情义比天高”“感恩是做人的根本”的做人准则一步一步发展起来。

89. 公司一贯坚持品质超群的原则，为项目的开发建设工作做了充分的准备。在规划设计中，以自然为师，将建设融入自然，追求的是建筑与自然的和谐，建筑与人的极致和谐。从建筑形态、园林风格乃至户型设计，均能发现设计者“先到花园后到家”“以人为本”的匠心巧思。

90. 将乡土建筑完全功能型、自发式的形式呈现上升为一种概念化的、融入审美取向和形式结构的、艺术与功能并重、主动式的形式语言。

91. “大树底下可乘凉”，倡导尊老爱幼、邻里和睦，营造健康、舒适、亲和、聚气、节能的生活环境。

92. 如果开盘（指楼盘开始销售）后没有解决交通不便的问题，那消费者就会骂我们，所以，我们宁愿拖后开盘，也决不让业主买个半成品。

93. 我们说要保护藏羚羊，到海拔这么高的地方去保护原生态，那些东西可否在动物园圈养，自己造一些生态林？当然也可以！但那不是原生态。

94. 只有原生态才具备对小区的影响力，园林只具备观赏的价值，或者具备一些对社区气候微调的功能，所以我们说原生态的生态价值是最大的。

95. 在这块园林里，我们保持原汁原味，也许没有一种规划美感，但是有一种自然的美感，对于生活的沉淀，历史的沧桑感通过这些树不断散发出来，成为一种社区的气质，不是一种规划的东西，完全是两种不同的气质。

96. 为业主着想，我们的策略是精耕细作，即使在楼盘销售完毕后还要做好小区的配套设施建设、物业管理，以及维护和保养设施等工作。“负责到底”是我们对小区建筑质量和生活质量的承诺。

97. 组织成立了环保监督队伍，经常开展社区环保活动，积极监督社区污染源，如废气、扬尘、油烟污染等，积极宣传有关法律法规并认真贯彻落实。

98. 积极宣传噪声防治的法律法规并认真贯彻落实，有效控制社区内噪声污染源，并提倡污水处理再利用及推广太阳能和其他节能装置等。

99. 在工地上，我跟工人一起吃饭，有时还和他们住在一起，这是过去当兵打仗时养成的好习惯。毛主席都说，要节省每一个铜板，所以做企业，即使能赚到钱，也要带头节省。

100. 我盖的房屋里住的都是自己一家老小、亲朋好友，一个小区一整栋楼共 54 户都是亲人、朋友，司机都有三房一厅。我就像是一个小区的“大家长”，维持着“大家庭”的秩序，保安、保洁员……大家庭里每一个人的生活我都关心。

后　记

我感到很幸运，我与著名儒商许应裘先生的家乡同在广东省丰顺县留隍镇。20 世纪 90 年代以来，我就听到许多关于许应裘先生的传奇创业故事，特别是他爱国家、爱家乡、爱人民、爱亲人、爱朋友的一片赤诚之心令我很是敬佩。为这位乡亲立传的念头，早在心中萌发。

2008 年冬季，我应广东省出版集团的一个朋友之约，撰写文章《儒商翘楚——记荣获“全球人居环境杰出贡献奖”许应裘先生》，约 3 万字；2010 年夏季，我在编著《万江乡土大观》一书时，专门撰写了“广州房地产界儒商巨贾——许应裘先生”一章，都是写许先生的业绩和贡献的。

许应裘先生是一位传奇的、不同凡响的人物。用我们家乡领导和他的朋友的话来说：

> 许总是我们丰顺县德高望重的关工委名誉主任，是事业有成的实业家，是扶贫济困的慈善家，是心怀故土的杰出乡贤。多年来，他以崇文重商、勇闯天下、坚韧不拔的开拓精神，以诚信重诺、严谨求实的经商之道，以创办公益、回报社会的赤子情怀，完美地彰显了“厚于德、诚于信、敏于行”的新时期广东精神；完美地诠释了不断追求卓越的潮客文化丰富内涵。许总是我们成功的典范，是仁爱的榜样，是我们丰顺人的骄傲。（姚森隆，丰顺县原县委书记）
>
> 许总做那么大的事业干什么呢？他就是要回报社会。这是一个什么样的人？用毛泽东的话说，这是一个高尚的人，一个纯粹的人，一个有道德的人，一个真正脱离了低级趣味的人，一个有

益于人民的人。许总就是这样的一个人！（田伟，许应裘先生的挚友）

这几年来，我在紧张繁忙的工作之余，一直在收集有关许应裘先生的资料，以获取一些素材，希望有朝一日能够撰写一部许应裘先生的传记。然而，许先生尽管在商界呼风唤雨，但是做事却极为低调，生活也不张扬。记得我在1995年因编纂《丰顺人物辞典》一书，特地从丰顺专程到广州拜访许先生，请他介绍他的业绩，以便入编该书。寒暄落座后，开场就令我颇为尴尬，他说："我没有什么可写的。"失望之余，却也为他淡泊名利、不求闻达的人格深深感动。这不正是许应裘先生最令人肃然起敬的可贵的精神和品格吗？许先生的婉辞更使我坚定了创作《许应裘传》的决心，我继续搜集资料。直到2013年夏季，我终于又有机会专访许先生了，许先生在他刚刚搬进去的新居接待了我。许先生是1993年开始从事房地产行业的，他盖了很多高楼大厦，但直到78岁时才搬进新房子。他把新房子先给别人，让别人先享受，这叫作什么呢？一个跳跃的、鲜活的声音在我的耳边响起："先天下之忧而忧，后天下之乐而乐。"我想，范仲淹老夫子的话或许就是许先生的真实写照，我不由得心头一阵滚热。

许应裘先生跟我谈起了他创业时的一些情况，并诚恳回答我的一些提问。借此机会，我提出为他写传记。许先生听后，坦诚地告诉我，以前曾有人要求采访他，为他作传，被他拒绝了。他又谦虚地说他没有什么可写的，只是做了一些自己应该做的事情。他谈起最近捐赠巨资支持建设坚真韩江大桥，深有感触地说："办公益事业，就需要钱，我的钱来自社会，就要用在社会，只要我捐出的有限的钱，能为社会带来一些益处，我就终生无憾了！"我清楚记得许先生说到这里，心情很是激动，眼里似乎闪动着泪花。是的，终生无憾，这生动地诠释了许先生热爱

●许应裘先生站在坚真韩江大桥前的广场上

家乡、热爱人民的真情实感！我深知，许先生为了他的追求，他的事业，付出了一生的心血；而我作为一个致力于文化事业的工作者，更有责任把许先生的传记写出来，不但要流传于今世，而且要传给后人，让今人和后人从榜样身上汲取精神力量。于是，我激动地说：“许总多年来至诚至善，坚持为人民做好事，有口皆碑，可贵的精神是永恒的，对您来说是终生无憾了。如果在我有生之年，能够把您坎坷人生、艰苦创业、对国家对社会对人民奉献的事迹写出来，这是我一个文化人锲而不舍的追求，对我来说，也能终生无憾了！”

许应裘先生对我这番突如其来的话语感到震惊、豁然，便没有再说什么。得到许先生的默许之后，我有了较多的机会接触和采访许先生。接下来长达几个月的时间里，我日不停歇、夜以继日，紧张地开始了《许应裘传》的写作。

我总觉得，与许应裘先生同乡是我的缘分，与他接近是我学习的机会，为他写传是我的荣幸。所以，我写作《许应裘传》时，投入了全部的热情。当写到许应裘先生苦难的童年，许先生的父亲过番，许先生到泰国寻亲的一幕幕时，我的泪水常在眼里打转，内心在痛苦中颤抖着；当写到许先生在创业过程中遇到重重困难和种种挫折时，我不断地对自己说“会过去的，他一定会挺过去的”，暗暗地祝祷他早日渡过难关；当写到许先生创业取得成功时，我竟忘情地叫起好来，心里非常高兴；当写到许先生广种福田时，又为他报效祖国、造福桑梓而赞叹不已，为家乡能有这样一个慈善家而感到由衷的欣慰、自豪；当写到许先生年届耄耋，但没有放弃事业去享受人生，而是仍然冲锋不止、奋斗不息时，我更感到敬佩。

一代儒商许应裘

《许应裘传》用充满真挚感情的笔调，细致入微地描述了许应裘先生从1935年出生至2013年的坎坷人生历程和艰难创业的事迹，以及他的商海传奇、人生感言等。然而，作为企业家的许先生，跟大多数企业家不同的是，他既是一位腰缠万贯、精通商贾之道的企业家，又是饱读诗书、才华横溢的知识分子，在现实生活中，他把这两种身份糅合在一起，并将自己的生命与国家、与人民融合为一体，正如他所说："事业成功了，不要做为富不仁的事，既要做一个企业家，又要做一个慈善家，要多做好事，积善成德。"另外，许先生还有句名言："好别人就是好自己，帮别人就是帮自己，救别人就是救自己，害人即害己。"这概括了他一生的追求，也表明了他身上所具有的诚信中和、礼义仁德、儒行与贾业统一的现代儒商精神。许应裘先生的一生，实际就是一部中国现代儒商史，所以，本书虽然涉及他波澜壮阔、跌宕起伏的各个方面，但主要笔力用于刻画一个现代儒商的光辉形象。

"明月照积雪，朔风劲且哀。"癸巳年小寒，天气比往年都冷。然而，梅花就开在冬天，它不怕天寒地冻，不畏冰袭雪侵，天气越冷反倒开得越美、越艳。每到寒气袭肌的早晨，梅花散发出来的香气，总是那么别具神韵，清逸幽雅，古人称之为"暗香"，多么沁人心脾。我喜欢冬天，喜欢"宝剑锋从磨砺出，梅花香自苦寒来"这句古诗。就在这时，《许应裘传》终于完成了初稿，作为作者，有一种如释重负之感，但那种轻松感稍纵即逝，更多的是惶恐不安。自知凭我手中的拙笔，未必能够刻画一代儒商许应裘先生的风采之万一。因此，我恳请许应裘先生和亲友们批评指正，为进一步修改这部作品提出宝贵意见。同时，借此机会，向许应裘先生表示深深的敬意，如果没有他的支持、帮助和启迪，我是不可能顺利完成这部书的撰写工

●许应裘先生与作者合影

作的。

《许应裘传》一书的资料主要来源于许应裘先生周围的亲戚朋友，以及一些报纸资料，特别是一些史料，因为年代久远，所以难免有不当之处，敬望原谅。本书撰写有两个原则，一是本着真实是一切历史和文学作品之生命的信念，二是争取做到历史的真实和文学的真实相统一。在写作过程中，得到了许应裘先生的女儿许桦、助理孙成云以及他周围亲戚朋友的热情帮助；还得到了广东省人民政府办公室副研究员廖世民、丰顺县关工委主任胡云流等先生以及一直关怀和支持我的众多朋友们的无私帮助，谨在此一并致以衷心的谢意！

林韩璋

2014 年 1 月新春记于广东丰顺

附　记

本书完成初稿后，许应裘先生纠正了几个错误，又蒙许多人士厚爱，或提出批评意见，或补充珍贵资料，尤其是中国国际友好联络会顾问、广东省海外联络办公室原副主任田伟先生审阅全部书稿，提出了一些宝贵的意见和建议，并为本书热情作序，又希望尽快定稿，早日出版。田伟先生对这部作品十分关心，使我很受感动。

根据许多热心人士的意见，我对《许应裘传》增添了许多新的情节，做了进一步的修改，至今已完成了第三稿。修改稿突出描述了许应裘先生这位当代著名儒商的情怀，不仅仅突出他历经磨难仍坚韧不拔、勇于应对各种挑战、敢为人先的创新意识，更突出他仁爱至上、以利取义的核心价值理念及其以诚立业、修身向善的道德修养，还突出其关注社会责任、为社会做贡献的奉献精神。我写这部书，并不是为写许应裘先生而写许应裘先生，而是想通过为许应裘先生立传，既丰富儒商文化宝库，又对培育有道德的现代企业家起到一定的借鉴作用。但愿这美好的愿望能够获得社会的认可。

再一次向一直关心且支持《许应裘传》的撰写和出版工作的各界人士表示深深的谢意！

林韩璋

2014 年 10 月 30 日记于广州

↘又　记

乙未年初冬的一天，天气晴暖，我又来到了广州，为《许应裘传》一书补充近两年的一些资料，并做最后的定稿工作。在江源半岛花园小区，我拜访了德高望重的许应裘先生，只见他容光焕发、神采奕奕，有着春风煦阳般的风采，心中欣喜万分！在谈话中，他片言出道义，滴水见阳光，以他丰富的人生阅历，深厚的文化底蕴，给予我们无限的关爱和勉励，感动了在场的每一个人。更令人敬佩的是，他即兴吟咏《红楼梦》中林黛玉的《葬花词》，竟然一字不漏，且如歌如吟，婉转悠扬，顿时响起一阵热烈的掌声。我觉得许总的神采、惊人的记忆力依旧不减当年。他这么大的年龄，身体还是这么健康，思维还是这么敏捷，真是非常值得我们高兴。许总的挚友田伟先生说的一段话，道出了我们共同的心声。

那是在2015年11月29日下午，田伟先生从北京专程来到广州看望许总。在许总为他设的家宴席上，他异常兴奋地说："见到许总身体这样健康，我感到万分高兴和欣慰！许总的健康是许氏家族兴旺发达的标志，也是许氏家族的无限幸福，也是我田某的幸福，也是所有朋友们的希望！希望大家爱护好许总，许总的健康长寿是我们最大的愿望！"

许应裘先生的另一位朋友邢总在给许总的短信中说："听到田先生的这番话，我感动得热泪盈眶，并深有同感。因为我知道，您的生命已经不属于您自己，而是属于更多人；您的长寿是亲人的福气，朋友的幸福，也是乡亲的幸福，更是国家和人民的幸福。俗话说，小爱爱亲友，大爱爱天下。您厚德又有大爱，为人处事谦卑、大度、宽容豁达，待人和蔼可亲。您对亲友、对家乡、对社会，都是那样的无私，让更多的人和群体得到温暖、关怀和帮助。您的大爱感天动地，您是一位乐于奉献、勇于承担社会责任的企业家和慈善家。您是亲人的骄傲，朋友的骄傲，家乡的骄傲。我为能有您这样一位德高望重的朋友而感到自豪和骄傲！您在我们心里，是自然界中最温暖的太阳，为了能造福更多的生命，改善更多人的生活品质，请您一定要保重安康！”

还有另一位朋友的儿子，现留学英国，他在给许总的短信中说：“上次见到您，我的心里就有一种很亲切的感觉，特别喜欢您那种大家长似的说服和教育方式，觉得您非常温和，非常慈祥，很有亲和力，跟您在一起没有距离和陌生感。今天又有幸到您家里拜访，看到您的事业是那么成功，您真的很了不起，很伟大；而您的为人又是那样谦卑随和，更让我发自内心地崇拜您、敬佩您、仰慕您。在这里，我向您承诺，今后我要更加用功读书，用知识增加自己的智慧，不断完善自己，提升自己，希望将来能跟您一样，有能力报效国家，有能力让母亲过上幸福的生活。您永远是我人生中学习的榜样，事业中奋斗的目标。祝您万事如意，健康长寿。”

写至此，我难以用语言来表达自己此时此刻的感受和心情。因为任何文字在这里都会显得苍白无力。记得《大学》中有句话：“大学之道，在明明德，在亲民，在止于至善。”意思是说，大学作为有关政治和哲理的高深学问，它的原则在于发扬正大的品德，去垢显真，将达到至善完美的境界作为最高的人生目的。做人要有良心，更要有爱心；交友要真心，对朋友要放心；对亲友要关心，对父母要有孝心。更重要的是，对国家、对人民要有高度的责任心和忠诚心，这就是大学宗旨所弘扬的光明正大的品德。许应裘先生就具备这样的品质，并不断完善自己的人生，不断演绎人生的精彩。有着仁义礼智信的儒雅人格的许应裘先生，是一颗从粤东韩江之滨升起来的“儒商之星”，实至名归。

文移北斗成天象，日捧南山作寿杯。愿以此书，作为我献给尊敬的乡贤许应裘先生 82 岁大寿的贺礼！

林韩璋

2015 年 12 月补记于广州金湖宾馆

图书在版编目（CIP）数据

许应裘传/林韩璋著．—广州：暨南大学出版社，2016.5
ISBN 978－7－5668－1529－3

Ⅰ.①许…　Ⅱ.①林…　Ⅲ.①许应裘—传记　Ⅳ.①K825.38

中国版本图书馆 CIP 数据核字（2015）第 153746 号

许应裘传
XU YINGQIU ZHUAN
著　者：林韩璋

出 版 人：徐义雄
责任编辑：武艳飞
责任校对：刘舜怡
责任印制：汤慧君　周一丹
封面设计：传欣设计

出版发行：暨南大学出版社（510630）
电　　话：总编室（8620）85221601
　　　　　营销部（8620）85225284　85228291　85228292（邮购）
传　　真：（8620）85221583（办公室）　85223774（营销部）
网　　址：http：//www.jnupress.com　http：//press.jnu.edu.cn
排　　版：广州市天河星辰文化发展部照排中心
印　　刷：深圳市新联美术印刷有限公司
开　　本：787mm×1092mm　1/16
印　　张：19.75
字　　数：340 千
版　　次：2016 年 5 月第 1 版
印　　次：2016 年 5 月第 1 次
定　　价：108.00 元